半成岩地层明暗挖结合超深地铁车站绿色建造关键技术

王炳华　黄钟晖　王景春　等著

中国建筑工业出版社

图书在版编目（CIP）数据

半成岩地层明暗挖结合超深地铁车站绿色建造关键技术 / 王炳华等著. — 北京：中国建筑工业出版社，2022.10

ISBN 978-7-112-27968-5

Ⅰ.①半… Ⅱ.①王… Ⅲ.①地下铁道车站－浅成岩－工程施工－无污染技术 Ⅳ.①U231.4

中国版本图书馆CIP数据核字(2022)第174366号

责任编辑：李玲洁　王　磊
责任校对：姜小莲

半成岩地层明暗挖结合超深地铁车站绿色建造关键技术
王炳华　黄钟晖　王景春　等著

*

中国建筑工业出版社出版、发行(北京海淀三里河路9号)
各地新华书店、建筑书店经销
北京红光制版公司制版
北京建筑工业印刷厂印刷

*

开本：787毫米×1092毫米　1/16　印张：17¼　字数：426千字
2022年10月第一版　　2022年10月第一次印刷
定价：**68.00**元
<u>ISBN 978-7-112-27968-5</u>
(39767)

版权所有　翻印必究
如有印装质量问题，可寄本社图书出版中心退换
(邮政编码100037)

前　　言

城市的快速发展加大了城市交通的需求，为了缓解城市交通压力，解决人口众多、交通拥堵的现状，地铁是解决这一难题的重要途径。地铁工程的特点决定了其车站要修建在人流集中的区域，然而人流集中的地方往往高楼林立，各种地下管线纵横交错，地面及地上高架交通繁忙，城市环境非常复杂，工程特点常常是明暗挖结合，基坑深、窄、长。在这样的环境下施工必然会对周围的环境产生不良的影响，所以地铁车站的施工过程中，在保证地铁本身工程安全质量和工程进度的条件下，如何安全、经济、有效地控制地铁车站施工开挖引起的变形问题，如何保护邻近的建筑、道路和各种管线等显得尤为重要。

半成岩地层广泛分布于广西、云南、贵州、四川、甘肃等地，岩土体遇水易软化崩解，隧道坍塌、基坑变形等工程事故屡有发生，该地层中地铁工程施工安全控制、环境保护等方面仍存在亟待解决的技术瓶颈。南宁地铁青秀山站位于富水（泥质）粉砂岩的半成岩地层中，为超深明暗挖结合车站，由2纵2斜4竖5横13个洞室、37个转换节点构成的暗挖隧道群和明挖偏压基坑组成，车站埋深深（最大深度64m），结构复杂，加之坐落于5A级景区，设计与施工难度极高，绿色建造要求迫切，但国内尚未形成统一标准的城市轨道交通工程绿色建造技术体系，推进城市轨道交通绿色建造是实现碳达峰、碳中和目标的重要途径之一。南宁是北部湾经济区的核心城市，也是面向东盟国家的区域性国际城市，一旦发生工程事故，其经济损失、社会影响巨大。

为解决上述一系列工程难题，本书以南宁地铁青秀山站为依托，采用理论分析、数值模拟、室内试验、现场监测等综合手段，形成了半成岩地层明暗挖结合超深地铁车站绿色建造关键技术。全书共分为六章，涵盖以下内容：第1章由王景春、王炳华、黄钟晖撰写，综述了城市轨道交通发展现状，重点介绍了青秀山站工程建设难点；第2章由王景春、侯卫红撰写，详细阐明了地铁车站韧性评估与支护鲁棒性分析的原理、方法及应用；第3章由王炳华、李晓峰、蒋盼平撰写，阐述了半成岩地层超深基坑降水原理，重点介绍了超深混合井降水设计与施工成套技术；第4章由黎高辉、石海良、张先萌撰写，详细介绍了明暗挖结合车站立体交叉隧道群施工力学行为，揭示了多洞室、多节点隧道围岩应力演化规律；第5章由何旭升、崔红利、唐文撰写，详细介绍了偏压、超深基坑的工程难点，系统研究了基坑变形规律及开挖对周边环境的影响；第6章由蒋盼平、区杨荫、李晓峰撰写，重点介绍了地铁车站绿色建造的理念、方法与实现。全书由王炳华负责总体策划及定稿，王景春负责全书的统稿工作，黄钟晖负责审定。

本书所参考的文献已在书后列出，在此向这些文献的作者表示感谢。

限于作者水平，加之本书的体系、结构和内容均是一次新的尝试，书中难免存在不妥和错误之处，殷切期望读者的批评和指正。

目 录

第1章 绪论 ··· 1
　1.1 研究目的及意义 ··· 1
　1.2 国内外研究现状 ··· 2
　　1.2.1 隧道工程研究现状 ··· 2
　　1.2.2 基坑工程研究现状 ··· 5
　1.3 研究方法与技术路线 ·· 7
　1.4 研究背景 ··· 8
　　1.4.1 工程简介 ··· 8
　　1.4.2 工程地质和水文地质条件 ······································ 10
　　1.4.3 工程特色 ··· 16

第2章 地铁车站韧性评估与支护鲁棒性分析 ······················· 19
　2.1 地铁车站隧道围岩韧性评估 ··· 19
　　2.1.1 地铁隧道围岩韧性评估模型 ··································· 20
　　2.1.2 地铁隧道围岩等级韧性评估 ··································· 21
　　2.1.3 围岩韧性评估应用 ··· 24
　2.2 基坑工程支护鲁棒性分析 ·· 26
　　2.2.1 岩土鲁棒性理论 ·· 26
　　2.2.2 优化设计理论 ··· 30
　　2.2.3 基坑鲁棒性优化模型 ··· 36
　　2.2.4 基坑工程支护鲁棒性应用 ······································ 37

第3章 古近系半成岩地层降水研究 ····································· 49
　3.1 古近系半成岩地层岩层特性分析 ·································· 50
　　3.1.1 古近系半成岩地层赋存条件分析 ··························· 50
　　3.1.2 古近系半成岩地层力学性质分析 ··························· 51
　　3.1.3 古近系半成岩含水层特性分析 ······························· 53
　3.2 古近系半成岩地层车站降水试验 ·································· 55
　　3.2.1 抽水试验设计 ··· 55
　　3.2.2 水位恢复试验 ··· 62
　　3.2.3 群井试验数值模拟与参数反演 ······························· 65
　3.3 古近系半成岩地层车站降水方案 ·································· 68
　　3.3.1 降水井点位设计 ·· 68
　　3.3.2 管井结构设计 ··· 71
　3.4 古近系半成岩地层车站降水施工 ·································· 72
　3.5 古近系半成岩地层车站降水监测 ·································· 74

  3.5.1 古近系半成岩地层车站降水监测点布置方案 ···················· 74
  3.5.2 监测结果分析 ·· 75

第4章 复杂隧道群设计与施工技术研究 79
 4.1 复杂隧道群力学分析 ·· 80
  4.1.1 复杂隧道群力学模型分析 ··· 80
  4.1.2 车站整体模型的建立 ·· 82
  4.1.3 车站整体模型数值模拟结果分析 ································ 84
  4.1.4 站台隧道变截面及丁字口段分析 ································ 87
  4.1.5 站台隧道关键点及薄弱点开挖方法分析 ······················ 96
  4.1.6 十字交叉隧道分析 ··· 109
  4.1.7 小净距隧道群分析 ··· 116
  4.1.8 竖向交叉隧道分析 ··· 127
 4.2 复杂隧道群分析设计应用及优化 ·································· 135
  4.2.1 变截面隧道群分析设计应用及优化 ·························· 135
  4.2.2 斜扶梯隧道分析设计应用及优化 ······························ 139
  4.2.3 小净距隧道群分析设计应用及优化 ·························· 142
  4.2.4 小竖井分析设计应用及优化 ···································· 142
 4.3 复杂隧道群施工与支护 ·· 143
  4.3.1 三岔口转换开挖支护 ··· 143
  4.3.2 基坑竖井与正线垂直交叉开挖与支护 ······················ 145
  4.3.3 非爆破机械联合作业开挖方法 ································ 146
  4.3.4 群洞多断面施工措施 ··· 149
 4.4 复杂隧道群监测数据分析 ··· 151
  4.4.1 站台隧道关键点监测数据对比分析 ·························· 151
  4.4.2 丁字口段隧道关键点监测数据对比分析 ···················· 153
  4.4.3 横通道隧道关键点监测数据对比分析 ······················ 154

第5章 偏压、超深基坑设计与施工关键技术 156
 5.1 明挖站厅设计及稳定性分析 ·· 156
  5.1.1 明挖站厅与斜扶梯通道影响分析 ······························ 156
  5.1.2 明挖站厅与小竖井影响分析 ···································· 163
  5.1.3 站台层隧道群与明挖站厅影响分析 ·························· 166
  5.1.4 明暗挖结合车站坑中坑支护设计施工建议 ················· 169
 5.2 偏压基坑三维数值模拟 ·· 170
  5.2.1 偏压基坑模拟结果分析 ·· 172
  5.2.2 偏压站厅基坑开挖参数敏感性分析及变形规律对比 ····· 178
  5.2.3 偏压基坑开挖对周边建筑物影响分析 ······················ 185
 5.3 超深风亭基坑三维数值模拟 ·· 189
  5.3.1 超深风亭基坑数值模拟结果分析 ······························ 190
  5.3.2 超深风亭基坑开挖参数敏感性分析及变形规律对比 ····· 197

  5.3.3　超深风亭基坑开挖对周边建筑物影响性分析 ………………………… 200
  5.3.4　超深风亭基坑设计及施工建议 ………………………… 203
 5.4　偏压、超深基坑分析设计应用及优化 ………………………… 204
  5.4.1　超宽偏压深基坑影响分析设计应用及优化 ………………………… 204
  5.4.2　超深风亭基坑影响分析设计应用及优化 ………………………… 207
  5.4.3　超深大直径钢管柱施工技术 ………………………… 208
 5.5　偏压超深基坑监测结果分析 ………………………… 212
  5.5.1　偏压基坑模拟结果与监测结果对比分析 ………………………… 212
  5.5.2　超深基坑模拟结果与监测结果对比分析 ………………………… 215

第6章　车站绿色建造技术研究 ………………………… 218
 6.1　地铁车站绿色建造概述 ………………………… 218
  6.1.1　地铁车站绿色建造研究背景 ………………………… 218
  6.1.2　绿色建造的概念和内涵 ………………………… 218
  6.1.3　绿色建造策划目标 ………………………… 220
 6.2　地铁车站绿色施工组织与管理 ………………………… 220
  6.2.1　绿色施工组织与管理基本理论 ………………………… 220
  6.2.2　绿色施工组织与管理的内涵 ………………………… 221
 6.3　地铁车站绿色建造技术在设计中应用 ………………………… 222
  6.3.1　线站位设计绿色建造应用 ………………………… 222
  6.3.2　车站建筑设计绿色建造应用 ………………………… 223
  6.3.3　车站结构设计绿色建造应用 ………………………… 229
  6.3.4　车站机电系统设计绿色建造应用 ………………………… 232
 6.4　绿色建造技术在地铁车站施工中的应用 ………………………… 235
  6.4.1　地铁车站降水施工 ………………………… 235
  6.4.2　地铁车站废弃支撑梁混凝土再生利用 ………………………… 236
  6.4.3　地铁车站暗挖隧道绿色建造应用 ………………………… 237
  6.4.4　地铁车站环保应用措施 ………………………… 240
  6.4.5　地铁车站风险管控措施 ………………………… 242

参考文献 ………………………… 263

第1章 绪 论

1.1 研究目的及意义

城市轨道交通领域的快速发展，推动了现代化城市建设的进程，在缓解了地面交通压力的同时，也为城市资源以及环境等方面的规划及分配提供了重要解决方案。地铁的建设使得城市地下空间得到很大程度的利用，在城市基础设施建设的舞台上，更是扮演了极其重要的角色。在我国人口密度较大的城市中，地铁出行已逐渐变成公共交通出行方式的首选方式，其便捷程度是不言而喻的。作为现代化城市的重要标志之一，地铁的建设也很好地契合了现代绿色发展理念，相对其他出行方式而言，地铁还具有能源耗量小、干扰程度小、污染排放少等诸多优势。截至2018年年末，我国拥有轨道交通的城市共35个，运营总里程达5761.4km。

城市地铁的建设，也体现了一个国家综合实力和科技水平。我国幅员辽阔，各个城市之间的建设情况以及地质条件等诸多方面存在很大的差异，因此，各个城市的城市轨道交通建设情况也是千差万别，为维护地铁列车的运行空间，保障地铁建造运营安全，采用同一套设计方案和施工技术是不能够满足要求的。这就需要科研工作者们不断探索研究，为我国整体城市轨道交通的建设提供技术理论支持和安全保障。

城市轨道交通的发展及施工技术的进步，对隧道功能及施工变形控制标准提出了更高的要求，设计中出现了各种满足不同使用功能的截面结构形式。对于隧道截面的变换处，需要根据围岩条件选择合理的开挖方式，并且需要在不同断面形式之间转换施工，施工风险高，施工控制难度大。如何将地层变形控制在允许的范围内是这类城市地铁隧道施工的一大难题，对于施工方法的选择提出了更高的要求。因此，明确地铁隧道截面突变处的施工技术及具体施工效果，对实际施工有显著的指导意义。

隧道工程工艺复杂，地质环境多变，施工过程事故频发。资料显示，围岩失稳造成的坍塌事故是隧道工程事故的主要形式之一。从目前我国隧道事故的调查统计来看，大部分坍塌事故是由支护结构出现问题所引起的，而其中由于喷射混凝土、钢支撑和锚杆等初期支护结构失稳所导致的工程事故约占整个支护事故的90%。隧道工程建筑大多位于地层中，其受力和变形情况受围岩条件的影响，支护结构与围岩体一般被视为一个整体系统，共同维护围岩的稳定。因此，隧道工程支护结构的稳定与否，极大地关系到整个隧道工程的建设与运营安全问题。

研究城市地铁两相邻隧道间相互影响的受力和变形规律，在各种可供运用于隧道的稳定的工程措施中，选择合理的施工方案和工程辅助措施，对处于城市复杂环境条件下并行地铁隧道的施工尤为重要。城市地铁隧道工程是在岩土体内部进行的，无论其埋深大小，开挖施工不可避免地将扰动地下岩土体，使其失去原有的平衡状态，而向新的平衡状态转化。在进行隧道开挖过程中，不同的开挖方式对隧道围岩的扰动不同，导致的隧道围岩的应力分布情况也存在较大差异。城市地铁作为现代化重要标志之一，若是在建设期间发生安全生产事故，会引起社会各界的极大关注，因此会造成不可估量的负面影响和社会舆论压力。因此，在城市地铁隧道的建设过程中，要充分明确其施工力学行为，对地铁隧道的施工予以参考，减少人员伤亡事故的发生和不必要的经济损失，这一定程度上也满足了绿色施工的要求。

1.2 国内外研究现状

1.2.1 隧道工程研究现状

随着隧道工程的快速发展，隧道施工引起的围岩变形一直是工程领域的重点和难点问题。研究隧道施工引起的围岩变形规律，可以为隧道开挖过程中重点区域的变形控制提供更加准确的理论依据，尤其是平面交叉隧道群，其交叉区域空间结构受力复杂，交叉口处易出现应力集中现象，是隧道结构的薄弱部位，同时又是隧道施工的重中之重，在设计与施工过程中更加需要引起注意。

（1）隧道围岩稳定性研究现状

对于隧道围岩稳定性来说，一直缺乏一个合理的评定指标，根据传统的有限元方法无法仅靠位移、应力和塑性区范围大小来确定隧道的安全系数及围岩破坏面，直至有限元强度折减法提出后，发现可以利用强度折减法对边坡土体强度参数进行折减，直至土体处于极限状态，从而确定安全系数及破坏面位置，随后发现在隧道施工围岩安全系数及稳定性研究上同样适用。工程领域中，将妨碍安全生产或施工的围岩大变形或破坏的现象称为围岩失稳。围岩失稳通常有拱顶塌落、围岩开裂或挤入、支护结构断裂以及岩爆等工程特征。围岩稳定性受隧道周围地质条件、施工技术以及隧道支护形式等诸多因素的影响。因此，选择合适的施工方案直接关系到隧道结构的耐久性与工程施工的安全性。

齐辉等研究了姚家峪超大断面隧道采用半步CD法施工时围岩与支护结构的稳定性，并对围岩荷载、初支结构应力和锚杆轴力的时空演化规律进行了分析。闫自海等基于紫之隧道工程，通过对数值模拟结果与现场监测数据进行对比分析，验证了紫之隧道施工方法的合理性。在此基础上，探究了交叉隧道施工对围岩稳定性的影响规律。李龙福等以交叉巷道工程为背景，采用FLAC^{3D}数值分析软件，研究了联巷交叉口围岩位移、应力和变形破坏规律，通过将模拟结果与控制点的现场监测数据进行对比分析，指出数值模拟必须与现场监测数据相结合，才能准确地反映地下工程围岩位移、应力以及塑性区分布特征。焦华喆以某山岭隧道斜井进入主洞为工程背景，利用ABAQUS软件分析了隧道开挖时围岩的应力变化规律，分析了隧道在开挖过程中围岩的稳定程度，为交叉隧道施工提供了合理依据。F.HAG等采用数值分析的方法，对多隧道施工过程中围岩变形和内力的变化规律进行了详细的分析。结果表明，水平、竖直和倾斜三种隧道结构形式引起的围岩变形和内力的变化规律不尽相同。

（2）隧道施工力学研究现状

在隧道建设的过程中，隧道施工引起的位移的前期预测和现场施工控制，尤其是新建隧道对既有隧道的影响，更加需要引起注意。现在常用的方法主要包括经验法、数值计算法以及解析解法来研究相邻隧道的影响。

经验法在实际工程中使用方便，其主要缺陷是在分析的过程中，不能很好地揭示施工过程中的主要变形和受力状态，也不能对岩土体的工程特性和隧道开挖施工方式产生的具体影响全面分析。

数值计算软件的发展无疑为土木工程建设等领域提供了一种便捷的且能够很好掌握施工过程中结构变形及受力特点的方法。王建国等利用数值分析软件对三线隧道的施工确定了合理的施工方法。Hasanpour等利用FLAC^{3D}对浅埋双孔隧道施工引起的地表沉降进行了研究，并将利用数值分析得到的结果和现场实际监测结果以及解析解做了对比。刘保东对隧道盾构开挖过程中土体的扰动情况利用数值分析软件进行了分析。NADO利用数值分析软件对双线并行隧道的掌子面的滞后距离进行了研究。数值分析的过程可以很好地得到较为直观的图形化结果，在隧道的设计及其施工中发挥了很好的作用。但是对于数值分析而言，在对数值分析模型进行网格划分时，需要将计算结果精度等考虑在内，前期的参数选取也影响了最终模拟结果。对于隧道的力学判定，诸多学者也从解析解的角度进行了研究。通过复变函数与交替法的结合使用，晏莉等对浅埋双孔平行圆形隧道开挖后围岩应力场和位移场进行了分析。白雪峰等利用两阶段分析方法预测新建隧道引起的邻近隧道的纵向变形。Radi利用双调和函数，假设艾里应力函数，得到了无限板中含有两个不等的圆形孔洞洞边受任意内压情况下的应力解析解。

模型试验也是研究隧道施工力学的主要方法之一。凌昊等利用室内离心模型试验对双孔盾构隧道近接施工进行了分析。刘效成等则采用室内相似模型试验，研究两隧道相对位置变化时新建隧道对既有隧道受力及位移的影响。谢雄耀等设计了4组模型试验，对软土地区重叠盾构隧道不同开挖顺序及不同推进速度下既有隧道位移和内力变化规律进行了研究。

（3）隧道关键节点施工研究现状

隧道变截面处的支护结构受力复杂，变形方式也因隧道结构的变化方式不同而存在差异，因此造成隧道变截面的变形和受力难以控制，在隧道施工技术中，对围岩的加固措施以及受力变形监测等方面均提出了较高要求。城市地铁隧道受其地理位置等各方面的影响，对于地铁隧道中变截面处关键节点的施工控制得更加严格。在地铁隧道施工中，横通道与主线隧道交叉处三岔口段施工工序复杂，围岩受力转换频繁，易出现应力集中现象，因此有必要根据具体的工程情况，对三岔口段的施工方法及受力特征进行研究分析，通过采取合理有效的施工方法及支护手段，以保障隧道三岔口围岩的安全稳定。

广州地铁6号线东湖站停车线工程存在不同断面大小的转换施工，练志勇利用数值模拟等技术手段对该工程的隧道开挖施工进行模拟研究，发现在该工程中，当断面相对较大的隧道向断面相对较小的隧道开挖施工时引起的地面沉降值要比断面相对较小的隧道向断面相对较大的隧道开挖施工时引起的地面沉降值大。通过对沪昆客专壁板坡特长隧道的四个依次扩大的变截面的现场施工的研究，闫明超等发现对于不同的地质条件，隧道开挖时应该选择合理的开挖方式和相应的支护条件，并且及时做好现场的监控测量。田治旺依托北京地铁14号线平乐园站—九龙山站渡线区间大断面隧道工程，运用大型有限元数值分析软件 Midas/GTS 对该工程进行了数值分析，并且将数值模拟结果与实际监测数据进行比对，发现在城市富水软弱地层采用浅埋暗挖施工的大跨变截面隧道施工中，变截面隧道过渡段的转换施工是施工过程中重点和关键点。在其研究过程中，分析了施工过程中的地层变形和隧道结构的受力规律，进而找到了在变截面隧道施工过程中需要加强控制的关键环节。

随着地铁隧道的快速发展，三岔口施工技术也随之成熟，按施工特点主要分为台阶扩挖法、大包法及小包法等。借鉴上述施工方法在以往工程中的应用，如罗彦斌等以哈尔滨天恒山隧道为工程背景，针对交叉隧道施工过程中三岔口位置处衬砌应力、应变进行模拟分析，结果表明隧道交叉口锐角一侧为衬砌的薄弱点，在施工中要给予重视。焦华喆等对交叉隧道断面差距大，三岔口段施工工艺复杂等问题展开研究，利用 ABAQUS 软件直观模拟了三岔口段采用台阶扩挖法施工对围岩产生的扰动情况，并结合监控量测数据预测最终位移值。章剑等以八苏木隧道土卜子斜井施工为工程背景，模拟"小包法"施工过程中围岩塑性区发展过程及规律，用于指导实际施工，使施工过程更安全可靠。李亚勇等通过分析对比隧道转换段采取门形爬坡法和扇形扩挖法施工引起隧道围岩位移、应力及塑性区分布规律，发现扇形扩挖法较门形爬坡法更适合隧道转换段施工。

（4）隧道结构优化研究现状

结构优化设计从 Maxwell 理论的出现至今已有百余年的历史，1960 年，Schmit 第一次将数学规划思想引入结构优化中，通过严谨的数学依据使结果具有一定的稳定性与可靠性。尤其是近 40 年来，结构优化设计理论不断完善与发展，在航空航天、土木工程、机械工程等领域取得了丰富的成果。

印度的 T. Amirsoleymani 研究了隧道断面的设计优化方法，假定围岩服从线弹性变化，在进行隧道几何断面优化设计时不仅考虑节理的方位，而且还要考虑围岩内部主应力的大小与方向，提出了一种基于应力大小的隧道断面几何形状优化方法。20 世纪初，出现了优化准则法，把数学中关于最优解的 K-T 条件引入结构最优设计中；直到 20 世纪 80 年代末，Rozyvany 等改进了最初的优化准则法，使其能够同时解决具有百万变量的设计问题。1984 年，在奥斯陆隧道造价国际学术大会上，从经济目标最优的角度提出了隧道结构设计的原则：隧道断面形状以圆形或近似圆形为最优原则、发挥围岩自稳能力原则以及选用锚杆等造价较低的支护材料为最优原则等。G. Barla 和 J. C. Sharp 等采用不同强度的混凝土对隧道开挖面进行初期支护并对支护结构进行了力学监测，利用反分析法对混凝土参数进行分析，得到了最优支护设计参数。G. Ren 和 J. V. Smith 等采用进化结构优化方法和有限元法对隧道工程的支护形式进行了优化研究，得出了较为合理的支护方案，为类似工程提供了理论指导，具有很好的应用价值。

近几十年，我国关于隧道结构优化的相关研究一直处于发展状态，尤其是随着大量的隧道及地下工程的建设，由结构破坏导致的坍塌事故日益增多，各大高校、科研机构和设计单位的学者对此进行了大量的探索和研究，取得了诸多研究成果。田韶英和陈学峰对暗挖隧道的结构优化设计进行了相关探讨，提出了以工程用料最小和隧道开挖量最小为目标的优化模型，得到了较为理想的设计结果，为小断面隧道的结构优化设计提供了良好的思路。邓斌、饶和根和廖卫平等分别通过数值模拟和现场监测的方法分析对比不同支护方案下的围岩变形、锚杆轴力等情况，提出并验证了"弱化锚杆＋增强初期支护的刚度与强度"的支护方案的可行性，为同类隧道支护的优化设计提供了参考。肖文、蒋洋和柴贺军针对某隧道的实际情况建立了三维有限元数值模拟模型，通过分析隧道断面特征点的模拟数据，依据特征曲线法原理对支护结构做了优化设计，证实了优化后的支护参数更为安全可靠，为类似的隧道支护结构的优化设计提供了数据支持。

1.2.2　基坑工程研究现状

基坑工程作为工程界一直关注的问题，国内外众多学者对其进行了大量的研究，总结了基坑围护结构、底部隆起、坑外土体沉降等变形规律，提出了位移变形的计算方法及影响基坑变形的因素，对基坑的设计、施工进行改善，并运用监测技术分析了基坑开挖对周围环境的影响。

（1）偏压基坑研究现状

目前，对基坑的研究大多是以对称基坑为研究背景的前提下进行研究分析得出的结果，但在工程实际中，基本不存在完全对称的基坑，对存在偏压的基坑也仅仅是以最危险剖面进行计算，未考虑其对基坑整体产生的影响。目前偏压基坑在实际设计时，仅是对照传统基坑的设计规范，再根据现场实际情况进行完善、调整，尚未有针对偏压基坑的设计规范。该设计思路存在两个极端：1）基坑以偏压侧为标准进行对称设计；2）基坑以非偏压侧为标准进行对称设计。这两种现象会导致基坑在设计时，可能会出现资源浪费或基坑失稳等现象，均不利于基坑工程的设计施工。因此，在安全得到保障的前提下，针对基坑存在偏压导致其变形存在差异的现象进行研究，有利于对偏压基坑进行经济、合理的设计与施工。

李志高等针对深基坑工程中围护结构出现的非对称变形提出了设计方法，建立了两种计算模型，并应用于上海某地铁车站进行验证计算，得出结果与监测结果对比表明：提出的不对称基坑设计方法可行，计算模型合理。刘素锦等将两种车辆荷载的等效方法，即等效均厚土层法和集中荷载法，应用于某大厦的偏压基坑中，结果对比表明：车辆荷载对不同的支护形式产生的影响程度不同，对土钉墙支护形式的影响最大，且集中荷载法对基坑稳定性具有较大的影响。庞小朝等以深圳某地铁车站的不对称基坑为工程实例，分析其支护结构变形、受力及与周围土体的协调性，提出了一种多点支撑支护结构的设计计算方法，并与监测数据对比验证，表明可用于反映偏压基坑支护结构的重要特征。林刚等以某高层建筑的偏压基坑为例，运用模拟软件深入分析计算，表明偏压作用下基坑两侧支护结构的变形及受力具有较大差异，支护结构进行设计时应分别考虑其参数。石钰锋等以深圳某地铁偏压基坑为例，分析其连续墙的变形及内力特征的监测数据，得出：基坑开挖深度值逐渐增大时，基坑两侧的连续墙从均向坑内方向移动，逐渐变为偏压侧仍向坑内移动，而非偏压侧连续墙上部逐渐向着坑外方向移动且弯矩小于偏压测。

（2）基坑稳定性数值模拟分析研究现状

Bin-Chen Benson Hsiung 等提出了一项从松散砂土层到中密度砂层深基坑墙体位移的三维效应的评估研究，通过进行有限元分析，验证三维有限元模型在预测墙体位移方面的作用，结果表明：使用 Mohr-Coulomb 模型和从实验中获得松散砂层到中等密度砂层的土体模量,对基坑开挖引起的墙体位移预测合理。在参数研究的基础上,确定了从松散砂层到中密度砂层基坑开挖的平面应变比(PSR)。Pitthaya Jamsawang 等运用数据校准三维数值模型模拟软黏土深基坑深层水泥搅拌墙的横向位移与支撑力,并与自下而上的施工法进行比较,研究 DCM 壁厚对墙体横向移动和支撑力的影响。篡春明等在有限元数值分析的基础上,建立考虑时空效应的逐层开挖、随挖随撑的分步施工法,基于该方法提出软土地基深基坑计算区域综合确定法,引入 H-S 强化土体模型,设计反映土工结构体和施工荷载变化的基坑开挖基本工况和支撑预应力施加方案,形成支撑预应力取值迭代修正法,解决了原型选择、模拟方法、模拟工况关键技术问题。李彦东等以上海某邻近地铁的深基坑工程为依托,将其数值分析的结果与离心模型试验得出的结果进行对比分析,表明:考虑土体小应变特性的 HSS 模型能够较好地模拟超深基坑的变形特性。熊健以深圳市某建筑偏压基坑工程为基础,对比分析土体硬化模型(HS 模型)与小应变土体硬化模型(HSS 模型)在数值计算中的适用性,得出 HSS 本构模型在计算结构与监测结果更吻合。杨震伟运用有限元软件对因土层对称分布产生偏压的基坑进行数值分析,结果表明:在该偏压基坑开挖过程中,土层较薄一侧(非偏压侧)土体产生向远离基坑方向的移动。左殿军等以邻近地铁隧道的某基坑为依托,运用数值分析软件进行模拟计算,结果表明,当基坑内撑间距较大的偏压基坑开挖深度值增大时,坑外地表沉降与围护桩体的变形速率增大,且隧道发生的水平位移远小于基坑的围护桩体。陈思明等运用数值分析软件对深圳某邻近隧道的基坑进行三维模拟计算,分析结果表明:偏压基坑施工中要对既有隧道关键部位采取保护性措施,减小基坑施工对其产生的影响。

(3)基坑不确定性问题研究现状

长期以来,岩土工程领域的不确定性问题就贯穿于工程界的各项研究范围,而岩土体作为基坑工程的主要研究对象,其不确定性问题更是基坑工程必须考虑的重点、难点问题。纵观国内外学者对基坑工程不确定性问题的研究,主要研究方法可以归纳为以下三大类。

第一类方法以提高安全系数法为代表。提高安全系数法常见于各类土木、机械工程设计,考虑到实际工作中工程材料、操作流程或外荷载等因素的不确定性,通过适当提高极限应力与许用应力之比来提高系统的安全性能。国内较早研究土工结构安全系数问题的有宋二祥教授,他认为土工结构的安全系数与一般地面建筑结构的安全系数应有所区别,可用极限承载力与所需承载力之比进行定义,他详细阐述了土工结构安全系数法的定义,并应用有限元法对某工程实例进行了计算。

第二类方法可归结为可靠度法。岩土工程可靠度所涉及的内容较为复杂,并且不确定性因素众多,相较于结构工程可靠度的发展明显缓慢。20 世纪 70 年代,苏联学者首先将可靠度理论引入深基坑开挖支护工程。L. N. Khrustalev 等应用 Monte-Carlo 法对永冻土条件下的深基坑开挖支护工程进行可靠度分析;美国学者 Ioannis E. Zevgolis 等和 Chad A. Underwood 等分别将可靠度理论应用于多种失稳模式下的基坑支护结构和软土地基条件下的基坑隆起分析;Shih-Hsuan Wu 等认为在以往的深基坑基底抗隆起设计中,并没有严格考虑不排水抗剪强度的空间变异性,因此提出了采用圆弧滑动法对基坑开挖支护结构进行可靠性设计。国内对于基坑工程可靠度的研究在 1990 年以后才慢慢开展。尹盛斌等认为大多数基坑支护结构稳定性分析过程的精确度不高，欠缺对岩土参数物理力学性质随机性问题的考虑。因此提出了一种渐近积分可靠度分析法，该方法既考虑了岩土参数物理性质的随机性，又能够降低正态变化或当量正态变化产生的非线性误差。

第三类方法可以概括为模糊集理论。随着人类认识活动的不断发展，人们逐渐认识到大部分的客观信息具有亦此亦彼的模糊特点。1965 年，美国学者 L. A. Zaden 在数学上创立了一种模糊集合理论，随之在工程界得到广泛应用。国内外许多学者（如 H. Tanaka 和 A. K. Dhingra）将模糊理论与可靠度理论结合到一起，形成一种模糊可靠度理论。对于应用模糊理论研究基坑开挖支护过程中的不确定性问题，张海涛等进行了相关研究。他们认为基坑稳定性分析过程中的不确定性问题具有较强的模糊性与随机性特征，可以推导一种广义模糊随机计算模型，探讨基坑工程中的力学参数随机性与失稳判断模糊性问题；廖瑛等认为基坑工程土体失稳问题同时具有模糊性与随机性特征，通过研究基底隆起稳定性的失稳概率计算方法，可以发现模糊过渡区的扩大将会引起不确定因素对基坑支护效果的影响增大；冯庆高等将模糊数学理论和灰色理论应用到基坑支护方案决策研究，分别通过组合赋权方法和集值统计法进行评价指标权重计算和定性指标量化，提高支护方案决策优选的合理性。

20 世纪 80 年代，发展了分析处理不确定性系统的鲁棒控制理论。目前鲁棒性理论在结构设计领域的应用较为多见，但在岩土工程领域尚处于探索状态。国际上研究岩土工程鲁棒性较多的是 CharngHsein JUANG 教授，他最早将鲁棒性理论引入岩土工程领域，并提出一种通用的岩土工程鲁棒性设计方法（RGD），并将该方法分别应用于挡土墙工程、钻孔桩工程和基坑工程的结构设计，考虑岩土力学参数统计特征（变异系数）的不确定性对岩土工程安全与使用性能的影响。他认为如果系统对岩土参数的变化不敏感，则该系统具有较好的鲁棒性能；2014 年 Xu Changjie 等将模糊集理论与鲁棒性理论相结合，应用于岩石边坡工程。考虑多种失效模式下岩石抗剪特征对系统稳定性的影响，采用模糊数评估统计参数的不确定性，使边坡设计同时满足安全性、经济性和鲁棒性要求；2014 年同济大学的黄宏伟和龚文平等针对重力式挡土墙倾覆和滑移两种失效模式，提出了基于多目标优化和失效概率置信水平的两种鲁棒性评估方法，通过两种评估方法的对比分析，验证了岩土工程鲁棒性设计的可行性与合理性；2017 年 Xing Peng 等人又将鲁棒性理论与可靠度理论相结合，应用于边坡工程的支护结构设计。利用蒙特卡罗模拟评估岩土参数统计不确定性导致的支护系统失效概率变化，用以表征边坡系统的鲁棒性能；2018 年石家庄铁道大学的王景春和张法等将岩土工程鲁棒性理论引入隧道锚喷支护结构的优化设计中，以隧道锚喷支护结构的最大拱顶位移标准差作为系统响应的度量，通过改变可控参数降低支护系统对岩土参数不确定性的敏感程度进行分析，进而对隧道锚喷支护结构进行鲁棒性-成本双目标优化设计。

1.3 研究方法与技术路线

依托地铁青秀山站的施工，综合运用隧道力学、岩土力学、结构力学、材料科学、工程地质学、统计学、系统科学、非线性科学等多学科的相关理论与方法进行研究，具体方法如下：

（1）注重实证研究与规范分析的有效结合，在分析问题、解决问题的过程中充分体现定性、定量相结合的思想。

（2）通过相关的文献调研了解目前城市地铁车站设计和施工的最新成果，采用工程类比方法初步确定本项目的施工总体方案。

（3）采用数值分析软件，对初步拟定的地铁车站施工过程进行仿真研究，针对不同的施工工法进行分析和对比，进而得出最优化的施工工序。

（4）建立半成岩地层地铁车站超深基坑施工对近邻建（构）筑物和地层影响的施工力学过程仿真模型，分析半成岩地层地铁车站超深基坑邻近地层和建（构）物力学响应和安全状态，建立适合于南宁地区基坑工程的环境影响评价指标和评价体系。

（5）依据数值模拟，优化明挖、暗挖施工顺序，研究扶梯斜通道、横通道、站台隧道、竖井组合的隧道群的施工相互影响，分析关键点施工过程中受力转换及影响区域，为施工提供支撑。

（6）通过文献调研，整理和归纳古近系粉砂岩和泥岩的工程、水文特性，分析地层的降水机理，形成一套特定地层降水的方案指南。

（7）结合现场测试，对受施工扰动后的地层和支护结构应力状态及其变形进行修正，验证理论分析，实现动态化施工与设计。

最终，形成一套古近系粉砂岩和泥岩地层超深地铁车站施工的综合技术，确保青秀山站的优质、安全、绿色建设，为今后南宁地区轨道交通、市政、城市地下空间利用提供指南。

1.4 研究背景

1.4.1 工程简介

青秀山站是南宁轨道交通 3 号线的第 17 个车站。该站为地下 4 层明暗挖结合分离岛式站台车站，是目前国内采用明暗挖结合施工的车站中施工组织及技术难度最大的车站之一。车站总长 184.7m，南侧地下 4 层（局部 5 层）站厅基坑采用明挖法，站台层采用暗挖法，车站北端设置 60m 深活塞风亭用于站台隧道暗挖作业施工和相邻站点四台盾构机到达后吊出的任务。北端活塞风井超深、场地狭窄，暗挖站台隧道施工工期紧张、安全风险高。本站设 3 组风亭、4 个出入口、4 个紧急疏散口及 1 个冷却塔。围护结构采用钻孔桩＋内支撑的支护体系。车站站厅明挖基坑最大深度将近 40m，北端邻近凤岭南路，东侧邻近地下停车场，南侧为青秀山，车站北端活塞风亭基坑深度达 63.2m，为超深基坑，且地质水文条件差，容易出现失稳、基底涌水等现象，施工风险大；暗挖站台层隧道位于明挖站厅下约 18m，埋深达 56.9m，通过扶梯斜通道和 4 个小竖井连接明挖站厅；斜扶梯通道、暗挖站台等形成结构形式错综复杂的隧道群。

青秀山站位于青山路与凤岭南路交叉路口以西，横跨凤岭南路布置。站位西南侧为英华路—青山路立交，站位北侧为八角楼（4 层）及金汇如意坊（仿古牌坊）等低层餐饮商业建筑，西侧为秀山花园小区（8 层），南侧为青秀山风景区（5A 级风景区）。

车站总平面图、三维视图及周边环境见图 1-1～图 1-3。

第 1 章 绪论

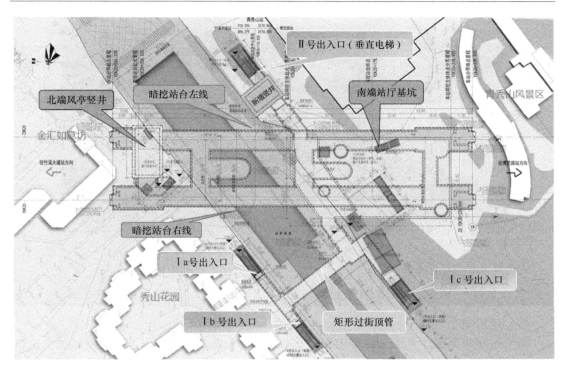

图 1-1 车站总平面图

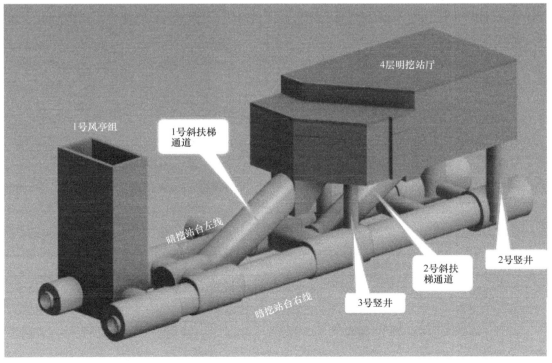

图 1-2 车站三维视图

图 1-3 青秀山站周边环境

1.4.2 工程地质和水文地质条件

（1）地形地貌特征

南宁市轨道交通 3 号线总体走向为南北向。青秀山站位于青山路与凤岭南路交叉路口以东，横跨凤岭南路布置。凤岭南路规划宽 49m，双向 6 车道，车流量大，交通繁忙。线路在该段呈南北走向布置，车站跨凤岭南路布置。线路横跨凤岭南路，车站呈南北向布置。站位北侧为八角楼（4 层）及金汇如意坊（仿古牌坊）等低层餐饮商业建筑，西侧为秀山花园小区（8 层），南侧为青秀山风景区（5A 级风景区）。站址地势由南向北呈上坡状，地面标高 104.58～119.59m。

南宁市地形是以邕江广大河谷为中心的盆地形态。盆地向东开口，南、北、西三面均为山地围绕，北为高峰岭低山，南有七坡高丘陵，西有凤凰山（西大明山东部山地）。形成了西起凤凰山，东至青秀山的长形河谷盆地。盆地中央成为各河流集中地点，右江从西北来，左江从西南来，良凤江从南来，心圩江从北来，组成向心水系。盆地的中部，即左、右江汇口处，南北两边丘陵靠近河岸，形成一天然的界线，把长形河谷、盆地分割成两个小盆地：一是以南宁市区为中心的邕江河谷盆地；二是以坛洛镇为中心的侵蚀溶蚀盆地。盆地大部为较为平坦邕江河谷阶地，发育有六级阶地。

根据地貌类型和形态组合的特点可将南宁市分为 4 个地貌分区，再根据次一级形态特征划分为 8 个亚区，详见图 1-4、表 1-1。

南宁市地貌分区表　　　　　　　　　　　　表 1-1

分区代号	分区名称	亚区代号	亚区名称
Ⅰ	侵蚀堆积河谷阶地区	Ⅰ₁	邕江低阶地亚区
		Ⅰ₂	邕江高阶地
Ⅱ	侵蚀、剥蚀丘陵区	Ⅱ₁	圆状低丘亚区
		Ⅱ₂	垄状低丘亚区
		Ⅱ₃	垄状高丘亚区
Ⅲ	构造溶蚀、峰林谷地、坡地区	Ⅲ₁	峰林谷地亚区
		Ⅲ₂	残丘洼地亚区
Ⅳ	构造侵蚀低山丘陵区	Ⅳ	构造侵蚀低山丘陵区

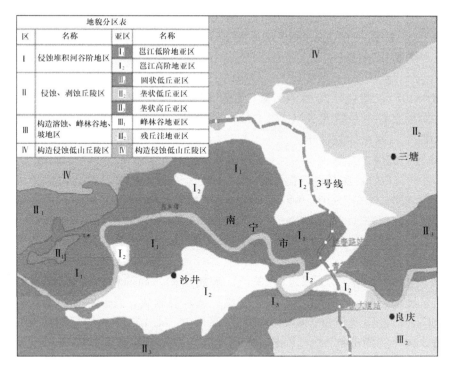

图 1-4　南宁市地貌分区图

（2）岩土地层特征

场地范围内主要揭露第四系、古近系地层，包括填土层①、黏性土层②、粉土层③、砂土层④、古近系半成岩的泥岩、砂岩地层⑦，测区内的岩土特征分述如下：

1）填土层（Q_4^{ml}）

根据填土的性质，分为两个亚层：

a. 杂填土①$_1$：杂色，干燥，松散，主要由混凝土路面、沥青路面、碎石块组成，含少量黏性土，压实性一般，均匀性差，为新填土。层厚 0.60～6.50m，平均层厚 2.14m，有 13 个钻孔揭示该层，分布不均匀，位于既有道路上。

b. 素填土①$_2$：黄褐色，杂色，主要成分为黏性土夹碎石，稍湿～湿，压实性一般，为新填土。层厚 0.90～7.50m，平均层厚 3.15m，有 28 个钻孔揭露该层，分布范围较广，位于场地浅部。进行标贯试验 3 次，实测击数 8～37 击，平均 19.33 击，平均修正击数 17.49 击。

2）黏性土层（Q_3^{al}）

a. 黏土②$_{2-1}$（Q_3^{al}）：灰色，硬塑状，韧性高，干强度高，切面光滑、有光泽。本次勘察仅 2 个钻孔（MCZ3-QXS-05、利用孔 MCZ3-ZQ-45）揭露该层，层厚 1.40～2.20m，平均层厚 1.80m。压缩系数平均值为 0.22MPa^{-1}，属中压缩性土。

b. 粉质黏土②$_{2-2}$（Q_3^{al}）：黄褐色，硬塑～坚硬状，韧性较高，干强度较高，切面较光滑、稍有光泽。本次勘察有 8 个钻孔揭露该层，分布不均匀，间断分布于车站范围。层厚 1.60～3.80m，平均层厚 2.35m。进行标贯试验 6 次，实测击数 13～18 击，平均 15.67 击，平均修正击数 14.33 击。压缩系数平均值为 0.18MPa^{-1}，属中压缩性土。

c. 黏土②$_{3-1}$（Q_3^{al}）：黄褐色，可塑状，韧性高，干强度高，切面光滑、有光泽。本次勘察有仅有 1 个钻孔（MCZ3-QXS-18）揭露该层，层厚 1.60m。压缩系数平均值为 0.69MPa^{-1}，属高压缩性土。

3) 粉土层（Q_3^{al}）

粉土③$_3$（Q_3^{al}）：黄色，灰白色，湿，密实，摇震反应中等，干强度差，切面粗糙，无光泽。本次勘察有 1 个钻孔（MCZ3-QXS-01）揭露该层，层厚 2.00m。压缩系数平均值为 0.19MPa^{-1}，属中压缩性土。

4) 砂土层（Q_3^{al}）

粉细砂④$_{1-1}$（Q_3^{al}）：深灰色，湿～饱和，松散～稍密，颗粒以石英颗粒为主。本次勘察有 3 个钻孔（MCZ3-QXS-01、MCZ3-QXS-02、MCZ3-QXS-05）揭露该层，零星分布在邕江高阶地亚区。层厚 1.50～4.20m，平均层厚 2.50m。压缩系数平均值为 0.12MPa^{-1}，属中压缩性土。

5) 古近系地层（E）

a. 泥岩、粉砂质泥岩⑦$_{1-1}$（E）：青灰色，泥质结构，局部粉砂质结构，厚层状构造，尚未成岩，呈硬塑土状，切面光滑，风干开裂，遇水易软化，具膨胀性。本次勘察有 6 个钻孔揭露该层，以透镜状分布于局部区域。层厚 0.70～4.10m，平均层厚 2.52m。统计进行标贯试验 3 次，实测击数 21～26 击，平均 23.00 击，平均修正击数 21.49 击。

b. 泥岩、粉砂质泥岩⑦$_{1-2}$（E）：青灰色，泥质结构，局部粉砂质结构，厚层状构造，成岩程度较浅，呈坚硬土状，切面光滑，风干开裂，遇水易软化，局部含有深灰色、灰黑色薄层泥煤层或炭质泥岩。本次勘察有 5 个钻孔揭露该层，以透镜状分布于局部区域。层厚 1.10～2.60m，平均层厚 1.92m。进行标贯试验 3 次，实测击数 38～43 击，平均 40.00 击，平均修正击数 36.32 击。自由膨胀率 21.62%～59.27%，平均值为 40.45%，属 A2 类膨胀土。相对膨胀率 0.77%～1.68%，平均 1.23%，胀缩总率 5.58%～7.02%，平均值为 6.30%，属强等胀缩土。

c. 泥岩、粉砂质泥岩⑦$_{1-3}$（E）：青灰色，泥质结构，局部粉砂质结构，厚层状构造，成岩程度较深，呈半岩半土状，风干开裂，遇水易软化，局部含有深灰色、灰黑色薄层泥煤层或炭质泥岩。该层普遍分布于车站范围内。层厚 0.70～24.70m，平均层厚 7.16m。进行标贯试验 24 次，击数 50～188 击，平均 91.3 击，平均修正击数 79.24 击。天然状态下单轴抗压强度为 1.34～5.55MPa，标准值为 2.98MPa。自由膨胀率 28.14%～43.63%，平均值为 35.88%，属 A2 类膨胀土。相对膨胀率 1.71%～2.47%，平均值为 2.09%，胀缩总率 3.96%～3.97%，平均值为 3.96%，属中等胀缩土。其中 MCZ2-DB2、MCZ3-QXS-06 钻孔于洞身段附近都有揭露该层的透镜体，厚度 1.8～2.0m 不等。

d. 粉砂岩、泥质粉砂岩⑦$_{2-1}$（E）：青灰色、黄褐色，粉砂质结构，尚未成岩，呈中密粉砂状，局部含泥质，厚层状构造。本次勘察有 4 个钻孔揭露该层，零星分布于场地。层厚 1.50～2.50m，平均层厚 1.84m。进行标贯试验 2 次，实测击数 10～25 击，平均 17.50 击，平均修正击数 15.22 击。

e. 粉砂岩、泥质粉砂岩⑦$_{2-2}$（E）：青灰色、黄褐色，粉砂质结构，成岩程度较浅，呈密实粉砂状，局部含泥质，岩芯可呈柱状，厚层状构造。本次勘察有 9 个钻孔揭露该层，层厚 0.70～5.20m，平均层厚 2.06m。进行标贯试验 2 次，实测击数 33～37 击，平均

35.00击，平均修正击数29.65击。

f. 粉砂岩、泥质粉砂岩⑦$_{2-3}$（E）：青灰色，粉砂质结构，成岩程度较深，呈半岩半土状，局部含泥质，厚层状构造。该层普遍分布于车站。层厚0.70~46.80m，平均层厚12.30m。进行标贯试验6次，击数75~150击，平均108.33击，平均修正击数89.32击。天然状态下单轴抗压强度为0.79~3.79MPa，标准值为2.12MPa。

g. 粉砂质泥岩⑦$_{3-1}$（E）：灰色、棕红色，泥质结构，局部粉砂质结构，已固结成岩石状的半成岩，厚层状构造，风干开裂，遇水易软化。本次勘察有6个钻孔揭露该层，局部以透镜体状分布于⑦$_{2-3}$、⑦$_{3-3}$地层中。层厚1.00~6.60m，平均层厚2.58m。

h. 泥质粉砂岩⑦$_{3-2}$（E）：青灰色，粉砂质结构，已固结成岩石状的半成岩，局部含泥质，厚层状构造。本次勘察有10个钻孔揭露该层，该层埋深较大，平均揭露深度在58m，多以透镜体状分布于⑦$_{2-3}$中。层厚1.80~12.50m，平均层厚5.91m。天然状态下单轴抗压强度为0.73~4.79MPa，平均值为2.48MPa。其中MCZ2-DB2、MCZ3-QXS-01钻孔于洞身段附近都有揭露该层的透镜体，厚度4.7~7.2m不等。

i. 粉（细）砂岩⑦$_{3-3}$（E）：青灰色，粉砂质结构，已固结成岩石状的半成岩，岩质较硬，厚层状构造。本次勘察有28个钻孔揭露该层，主要在青秀山区域钻孔揭露，该层埋深较大，平均揭露深度在64m，与泥质粉砂岩⑦$_{3-2}$相似，多以透镜体状分布于⑦$_{2-3}$中。层厚1.20~17.30m，平均层厚5.36m。天然状态下单轴抗压强度为1.78~18.25MPa，平均值为8.25MPa，标准值为4.35MPa。其中YCK20+125.953~YCK20+170.20段揭露该层，MCZ3-QXS-01、MCZ3-QXS-07钻孔于洞身段附近都有揭露该层，厚度5.6~15.4m不等。

j. 钙质泥岩⑦$_{3-5}$（E）：砖红色，泥质结构，钙质胶结，厚层状构造，已固结成岩石状的半成岩，岩芯呈柱状，局部含泥灰岩砾石块。本次勘察有13个钻孔揭露该层，层厚0.80~5.40m，平均层厚3.05m，多以透镜体状分布于⑦$_{2-3}$中。天然状态下单轴抗压强度为3.68~9.83MPa，平均值为6.61MPa。

（3）特殊性岩土

根据前期地质资料，结合勘察资料，场区内特殊性岩土有填土、软土及软弱土、膨胀岩土、半成岩等。

1）填土

场地内广泛分布第四系填土，分杂填土①$_1$和素填土①$_2$。杂填土主要由混凝土块、沥青路面、碎石块组成，干燥，松散，含少量黏性土，压实性一般，均匀性差，层厚0.60~6.50m，平均层厚2.14m，有13个钻孔揭示该层，分布不均匀，位于既有道路上。素填土主要成分为黏性土夹碎石、角砾，稍湿~湿，压实性一般。层厚0.90~7.50m，平均层厚3.15m，有28个钻孔揭露该层，分布范围较广。进行标贯试验3次，实测击数8~37击，平均19.33击，修正击数平均17.49击。压缩系数平均值0.19MPa^{-1}，属中压缩性土。填土分布范围较广，位于场地浅部。

本阶段勘察钻孔揭露填土层厚度分布不均，填土对明挖部分有一定影响。

2）膨胀岩土

场地内膨胀岩土主要为第四系的粉质黏土层②$_2$、②$_3$和古近系未固结成岩的泥岩、粉砂质泥岩⑦$_1$地层。其中，古近系的膨胀岩地层全车站均有分布，呈硬塑土状、坚硬土状及半岩半土状,浸水易软化,失水易开裂。根据本阶段勘察取样试验统计,小于0.005mm的黏粒含量达38.88%。泥岩、粉砂质泥岩黏粒含量较高,矿山法施工时易遇水软化,变形较大;钻孔灌注桩成孔时易糊钻。膨胀性岩土层的膨胀指标详见表1-2。

膨胀指标 表1-2

岩土层名称	岩土编号	自由膨胀率δ_{ef}(%)		胀缩总率δ_{xs}(%)		相对膨胀率δ_{xep50}(%)	胀缩性评价
		范围值	平均值	范围值	平均值		
粉质黏土	②$_{2-2}$	35.4	—	4.89	—	1.49	强胀缩土
粉砂质泥岩	⑦$_{1-2}$	21.62~59.27	40.45	5.58~7.02	6.30	1.23	强胀缩土
粉砂质泥岩	⑦$_{1-3}$	28.14~43.63	35.88	3.96~3.97	3.96	2.09	中等胀缩土

根据《广西膨胀土地区建筑勘察设计施工技术规程》DB45/T 396—2007,并结合场地工程地质和环境地质特征与前期勘察成果,判别粉质黏土(②$_{2-2}$)为强胀缩土,古近系泥岩、粉砂质泥岩⑦$_{1-2}$层可评定为强胀缩土,⑦$_{1-3}$为中等胀缩土。

(4)地表水

青秀山站场地范围内主要为既有道路及硬化路面,无地表水体。施工期间可能由于降雨汇水涌入基坑中,注意做好防排水措施。

(5)地下水

1)地下水类型

本车站工程影响范围内的地下水主要为上层滞水、第四系松散岩类孔隙水、碎屑岩类孔隙裂隙水。

a. 上层滞水:沿线均有分布,主要赋存于人工填土层和浅部粉土、砂土层中,不同地段含水层的渗透系数相差很大,补给方式和补给量悬殊较大,从而形成了上层滞水分布不均匀、水位不连续、高低变化很大的特点。

b. 第四系松散岩类孔隙水:工程地质I2区松散岩类孔隙水主要赋存于透镜体状砂层中,水量较小,与邕江无水力联系,属潜水。

c. 碎屑岩类孔隙裂隙水:碎屑岩类孔隙裂隙水主要赋存于下伏古近系半成岩的粉砂岩和泥质粉砂岩中,参考前期勘察资料及区域水文地质资料,该层地下水具承压性,富水性弱,属弱~中透水层,隔水顶板为泥岩、粉砂质泥岩,西部埋深深往东渐次变浅。

2)地下水的补给与排泄

上层滞水主要接受大气降水、自来水、雨水、污水等地下管线的垂直渗漏补给,排泄方式为大气蒸发及下渗。

第四系松散岩类孔隙水主要来源于大气降水和地表水补给,青秀山站属于邕江高阶地亚区(I2),地形高差较大。碎屑岩类孔隙裂隙水,主要接受大气降水和冲积砂砾或砾石层越流补给,沿含水层渗流排泄。

3)地下水位

本次详勘期间,测得的地下水位埋深为1.00~7.80m,水位高程98.10~117.50m,平均埋深3.90m,平均高程109.70m。受地势高低起伏影响,水位埋深差异大。承压水头按高程89.22m考虑。

场地地下水位受季节变化影响较大,每年4~10月为雨季,降雨充沛,水位会明显上升，而在秋、冬季因雨量减少，地下水位随之下降。地下水位的变化受地形地貌、地层岩性、地下水补给来源、气候等因素控制。根据收集到的资料，地下水水位年变化幅度为 2～5m。

4）历史最高水位与抗浮设计水位

由于本工点没有地下水长期观测资料，故未能获得地下水历史最高水位。抗浮水位应根据站点的 100 年一遇防洪、防内涝设防水位、场坪标高并结合场地地形地貌、地下水补给、排泄条件等因素综合考虑。本工点范围内地形起伏大，线路下穿青秀山，邕江高阶地亚区。地面高程 104.58～119.59m，高差 15.01m，平均坡度约 7.3%，而邕江 100 年一遇洪水位为 80.50m，低于本车站位于邕江高阶地亚区的地面标高。

抗浮水位确定原则：根据《城市轨道交通岩土工程勘察规范》GB 50307—2012 第 7.3.2 条第 7 款及其条文说明，对需要采取抗浮措施的地下工程，提出抗浮设防水位的建议值。需收集南宁地区历史最高水位、近 3～5 年来最高水位、警戒水位、保证水位、防洪资料、防内涝资料、地下水位年变化幅度等基础上，再结合地形地貌、附近河流汛期最高水位、地下水埋藏条件，参考 GB 50307—2012 第 10.4.2 条条文说明，综合确定本工点的抗浮设防水位值。

综合以上情况及本车站地下水条件考虑，考虑到地下水位埋深为 1.00～7.80m，勘察期间降水量较少，地下水位年变幅约 2～5m，建议青秀山站抗浮设防水位按地面标高平均值 114.20m 考虑。

（6）岩土工程条件评价

1）各岩土层分析与评价

a. 杂填土①$_1$：杂色，干燥，松散，压实性一般，均匀性差，具强度较低、压缩性高、荷重易变形等特点，工程性质差。

b. 素填土①$_2$：黄褐色，杂色，稍湿～湿，压实性一般。分布范围广，位于场地浅部。土质不均，工程性质差。

c. 黏土②$_{2-1}$：灰色，硬塑，韧性较高，干强度较高，工程性质一般。

d. 粉质黏土②$_{2-2}$：黄褐色，硬塑～坚硬，韧性较高，干强度较高，工程性质一般。

e. 黏土②$_{3-1}$：黄褐色，可塑，韧性高，干强度高，承载力低，工程性质较差。

f. 粉土③$_3$：深灰色，湿，密实，摇震反应中等，干强度差，工程性质一般。

g. 粉细砂④$_{1-1}$：深灰色，湿～饱和，稍密，工程性质较差。

h. 泥岩、粉砂质泥岩⑦$_{1-1}$、泥岩、粉砂质泥岩⑦$_{2-1}$：属半成岩地层，硬塑土状或中密砂状，可作为一般地基的持力层。

i. 粉砂质泥岩⑦$_{3-1}$：属半成岩地层，坚硬土状，工程性质较好，是良好的地基持力层。

j. 泥岩、粉砂质泥岩（⑦$_{1-2}$、⑦$_{1-3}$）、粉砂岩、泥质粉砂岩（⑦$_{2-2}$、⑦$_{2-3}$）：属半成岩地层，状态呈坚硬土状、密实砂状或半岩半土状，工程性质较好，是良好的地基持力层。

k. 泥质粉砂岩⑦$_{3-2}$、粉砂岩⑦$_{3-3}$：已固结成岩的半成岩地层，工程性质较好是良好的地基持力层。

l. 钙质泥岩⑦$_{3-5}$：已固结成岩的半成岩地层，工程性质较好，是良好的地基持力层。

2）特殊性岩土分析与评价

a. 填土：场地内广泛分布第四系填土，分杂填土①$_1$和素填土①$_2$。杂填土主要由混凝土块、沥青路面、碎石块组成，干燥，松散，含少量黏性土，压实性一般，均匀性差。素填土主要成分为黏性土夹碎石、角砾，稍湿～湿，欠压实～稍压实。填土分布范围较广，位于场地浅部。

本阶段勘察钻孔揭露填土层厚度分布不均，本车站主线采用盾构过站，其他部分拟采用明挖法加矿山法施工，填土对明挖基坑有一定影响，由于填土均匀性差、欠固结、稳定性差，基坑开挖易造成坍塌，同时由于填土固结过程引进土体压缩沉降，产生负摩阻力，增加基底荷载，设计应考虑填土对基坑的影响，同时加强防水、排水等工程措施。

b. 膨胀岩土：根据《广西膨胀土地区建筑勘察设计施工技术规程》DB45/T 396—2007，结合本次室内试验成果，区内②$_{2-2}$粉质黏土为强胀缩土，古近系泥岩、粉砂质泥岩为中等～强胀缩土。根据地形地貌、地下水、土层结构、膨胀土均匀程度及不良地质作用判断，属于一类场地；粉质黏土（②$_{2-2}$）及泥岩、粉砂质泥岩⑦$_{1-2}$层为强胀缩土，大气影响深度8m，大气急剧影响深度为3.0～3.6m；泥岩、粉砂质泥岩⑦$_{1-3}$为中等胀缩土，大气影响深度为8m，大气急剧影响深度为2.0～2.7m。胀缩土遇水易膨胀、软化，失水易收缩、干裂，施工过程中应充分考虑土体干湿循环过程胀缩的影响（土体强度降低、基底及地面变形开裂、基坑或边坡失稳、增大坑壁土压力、基础不均沉降等），土压力计算时宜充分考虑水平膨胀力的作用，基坑开挖时宜采取保湿措施，边坡应及时维护，防止失水干缩，隧道开挖宜采取超前注浆加固、及时进行二次衬砌措施。以MCZ3-QXS-23孔为例，考虑天然含水存在变化，车站地基即非经常浸水状态，也非直接接收高温作用。采用《广西膨胀土地区建筑勘察设计施工技术规程》DB45/T 396—2007第6.2.5条式（7）计算得膨胀土地基为非膨胀土地基。

1.4.3 工程特色

青秀山站是南宁轨道交通3号线从北到南的第17个站，位于凤岭南路与青山路交叉口东侧约180m，南侧为青秀山公园景区，北侧为金汇如意坊和秀山花园小区。车站起点里程YCK20+044.918，终点里程为YCK20+229.618，总长184.7m，其中明挖站厅结构总长为82.4m，标准段总宽41.8m。根据地质勘察报告，该处场地为工程地质Ⅰ区，属于I2邕江高阶地亚区，地面高程约为113.37～119.33m，地势起伏较大，总体上南高北低，中高东西低。青秀山站为超埋深明暗挖结合车站，车站横跨凤岭南路，在凤岭南路北侧的金汇如意坊广场设置明挖活塞风井，南侧青秀山公园内设置地下3层（局部4层）明挖站厅，站台层采用暗挖法，明挖站厅通过从底板斜向下的扶梯斜通道与站台层横通道中部相通，两条扶梯斜通道夹在平行站台层隧道中间，与左右主隧道最小距离分别为3.69m、4.61m和6.71m。斜通道敞口段采用明挖法施工，闭合段为拱顶覆土（站厅层底板以下）厚0.38～17.8m。青秀山车站工程设计与施工存在以下重难点：

（1）地质与水文条件差

青秀山站位于古近系半成岩地层，车站结构范围内岩土从上至下依次为：表层为素填土；中部为硬塑土、坚硬土、半岩半土的泥岩、粉砂质泥岩；下部为粉砂岩、泥质粉砂岩以及粉细砂岩。明挖车站站厅主体结构主要位于呈半岩半土状的泥岩、粉砂质泥岩（⑦$_{1-3}$），下部进入呈半岩半土状的粉砂岩、泥质粉砂岩（⑦$_{2-3}$），而暗挖扶梯斜通道、横通道和站台隧道均位于呈半岩半土状的粉砂岩、泥质粉砂岩（⑦$_{2-3}$）地层。其中，泥岩、粉砂质泥岩（⑦$_{1-3}$）属中等膨胀土，风干开裂，遇水易软化。泥岩、粉砂质泥岩（⑦$_{1-3}$）和粉砂岩、泥质粉砂岩（⑦$_{2-3}$）的渗透系数均达到1m/d，此外地基承载力特征值最大值为500kPa，强度一般，支护要求高，不利于隧道施工。

（2）车站结构形式复杂

青秀山站为超埋深明暗挖结合车站，车站明挖站厅北端采用逆作法施工，南端采用放坡开挖＋锚喷＋桩锚支护相结合的工法。特别是暗挖站台顶板在明挖站厅下约18m，通过扶梯斜通道（两个）和横通道连接明挖站厅和暗挖站台。明挖站厅、暗挖站台等形成结构形式错综复杂的隧道群，施工相互影响大。因此，为了确保车站施工和运营安全，对车站结构设计和施工技术的要求高。

（3）暗挖隧道结构复杂且交叉口多

暗挖隧道结构复杂，横通道与站厅隧道横向相连、风亭机组竖井与站厅隧道竖向连接、扶梯通道与横通道斜向连接、4个竖井竖向连接站厅隧道且站厅隧道断面变化较多，扶梯斜通道与站厅隧道为小间距隧道。暗挖隧道交叉区域较多，交叉区域围岩多次受扰动，应力集中，加上复杂的水文地质条件，暗挖隧道施工风险极大。

（4）明挖站厅基坑深且受偏压

明挖站厅地表高程109.9～119.9m，地面高度起伏较大，南北端头地面高差达10m，需对场地分台阶平整，在高差处设置挡土墙、抗滑锚索，北端采取逆作法施工，南端采取放坡开挖，且南端为青秀山管理处，基坑存在严重偏压。明挖车站站厅基坑最大深度近40m，尤其是活塞风亭基坑深度达63.2m，且地质水文条件差，容易出现失稳、基底涌水等现象，施工风险大。

（5）车站施工对周边环境影响大

车站邻近存在多座建（构）筑物，具体如表1-3所示。矿山法施工的暗挖站台隧道与青秀山公园管理用房距离只有0.44m，与秀山花园小区8层住宅楼距离仅4.9m，特别是明挖站厅与北侧活塞风亭等周边建筑距离非常近，深基坑开挖容易引起建筑倾斜、开裂、变形，施工对周边环境影响大。此外，车站区域存在大量地下管线，需要临时或永久改移。因此，为了确保周边环境安全，需要对车站结构设计和施工位移控制技术进行研究。

青秀山站周围邻近建（构）筑物概要　　　　表1-3

序号	结构名称	风险源名称	施工方法	与邻近结构距离（m）
1	北侧活塞风亭组	秀山花园小区8层住宅楼	明挖法	19.76
2	北侧活塞风亭组	金汇如意坊塔楼	明挖法	6.4
3	暗挖站台隧道	秀山花园小区8层住宅楼	矿山法	4.9
4	Ⅰ号出入口	秀山花园小区8层住宅楼	明挖法	7.0
5	明挖站厅	青秀山公园管理用房	明挖法	8.3
6	暗挖站台隧道	青秀山公园管理用房	矿山法	0.44

综上五方面决定了青秀山站设计和施工存在很大风险。为了确保青秀山站安全施工和运营，需要对半成岩地层明暗挖结合复杂地铁车站的设计和施工技术进行深入研究。拟从

隧道群设计与施工关键技术、明暗挖车站关键点设计与施工技术、偏压超深基坑设计与施工技术、南宁古近系半成岩地层降水及施工技术、复杂地铁车站对周边建（构）筑物的影响及其控制等方面展开研究。研究成果可以为半成岩地层明暗挖结合复杂地铁车站设计和施工提供理论支撑，增强复杂地铁车站的施工和运营安全水平，为今后类似工程提供丰富的工程经验和技术参考。

第 2 章 地铁车站韧性评估与支护鲁棒性分析

20世纪70年代，"韧性"一词，首次被加拿大生态学家Holling带到人们的概念范畴，Holling结合自身的专业角度，从生态学的角度阐释了"韧性"这一名词，他认为当生态系统受到相应的扰动后，还能够继续恢复到生态系统原有的维持系统稳定的能力叫作韧性。受Holling对生态系统韧性概念的启发，自其之后，不同专业、不同领域的学者纷纷对"韧性"一词引起了重视，因此，韧性的概念也被逐步渗透到各个领域，包括各种工程韧性以及社会韧性的提出和应用。Macaskill等指出系统韧性不存在严格统一的概念，每个行业存在不同的差异，需要根据各领域的实际应用情况，对该领域进行韧性概念的定义。地铁作为现代化城市的重要标志之一，而地铁隧道又是地铁工程的重要组成部分，因此，考虑到地铁工程隧道建设的特殊性及其重要性，将韧性理论融入地铁隧道围岩分级中，进而对城市地铁隧道围岩的工程建设属性有更进一步明确而合理的认知。韧性理论的提出成为诸多学者解决社会复杂技术系统难题的新的重要思维方式和解决路径。通过对韧性理论的认识，在韧性理论的基本框架之下，结合城市地铁隧道围岩的基本工程属性情况，地铁隧道围岩韧性定义为在多种风险因素的复合干扰下，地铁隧道围岩具有一定的防范能力，从而避免围岩破坏，依然保持围岩处于平衡状态的工程属性。

根据应用领域、研究对象和不确定性来源的区别，鲁棒性被赋予不同的概念，如品质鲁棒性、结构鲁棒性和岩土鲁棒性等。目前国内外对岩土鲁棒性的研究还处于起步探索阶段，有限的研究多侧重于鲁棒性方法在岩土工程领域的应用与计算，缺乏对岩土鲁棒性理论进行系统性研究。理论研究与应用研究应该是相互促进、共同发展的关系，当应用研究到达一个阶段时，需要系统的理论研究支撑应用研究。在结构优化设计中，当结构面临参数不确定性时仍能保持稳定运行成为一个不可回避的问题，而这样的结构就称为具有鲁棒性。研究结构的鲁棒性，首先必须要明确影响结构功能的各种因素的不确定性，这是结构鲁棒性优化设计的关键环节。1972年，Davison首次提出了"鲁棒控制"这一概念，用来对优化模型的不确定性进行描述，同时研究并估计了在某些特定约束条件下达到优化目标所留有的参数波动范围。20世纪70年代末到80年代初，相关学者从理论和实践两个方面研究了鲁棒控制问题，逐渐认识到鲁棒控制的独特理论和应用价值，日益成为优化控制领域热门的研究课题。经过近四十年的不断研究和发展，鲁棒控制理论研究取得了丰富成果，逐渐形成了一套相对独立且完整的理论体系。

2.1 地铁车站隧道围岩韧性评估

在各领域韧性概念产生及其发展的过程中，总是伴随着相应的评估模型进而验证理论提出的正确性、合理性以及该概念在本领域的适用性、实用性。在诸多的韧性评估框架中，多以Francis等对韧性理论的认知框架出发，在该框架中，系统韧性能力的体现主要有吸收能力、适应能力以及系统所具备的恢复能力三个方面，具体评估框架见图2-1。

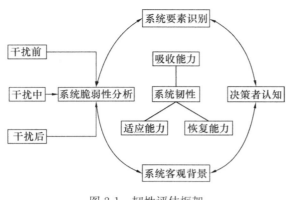

图 2-1 韧性评估框架

通过对图 2-1 进一步深入分析可以发现，在韧性评估框架中主要包括两方面因素：一方面是对系统干扰的过程，可以进一步理解为系统韧性所表现的时间属性，具体对应为系统干扰前、干扰中和干扰后；另一方面则是考虑到韧性所表现出的功能属性，即系统韧性的吸收能力、适应能力以及其在系统干扰后所对应的恢复能力。其他方面包括系统要素识别、系统脆弱性分析、系统客观背景还有决策者认知需要依据韧性所在的具体领域进行分析判断。

2.1.1 地铁隧道围岩韧性评估模型

结合地铁隧道围岩韧性的定义，对照图 2-1，从岩体性质、现场施工以及地铁隧道的设计方案三个主要影响方面考虑，这三个主要影响方面是韧性时间属性的直接表现。其中，岩体性质对应着围岩在干扰前的稳定形态下的岩体性质；现场施工是城市地铁隧道施工过程中直接对围岩的干扰过程，对应着围岩受干扰的过程；设计方案是地铁隧道施工完成后的最直接体现，也即是隧道围岩干扰后的另外一种稳定形态。进一步结合城市地铁隧道围岩的客观背景，联系本章对地铁隧道施工力学行为的分析，从上述三个主要影响方面，选定了岩体基本质量等级、围岩初始应力、地下渗水量、施工围岩扰动、支护方案及效果、隧道埋深、隧道净距、隧道跨度 8 个极具代表性的系统要素作为地铁隧道围岩韧性的评估指标。按照上述思路构建的地铁隧道围岩韧性评估模型详见图 2-2。

在图 2-2 中，为更能直观地将各评估指标所对应的韧性功能特性即围岩的吸收能力，适应能力以及地铁隧道围岩的恢复能力展现出来，利用大写英文字母"Y"将各个指标与韧性特性联系起来，在各评估指标下，标识"Y"则表

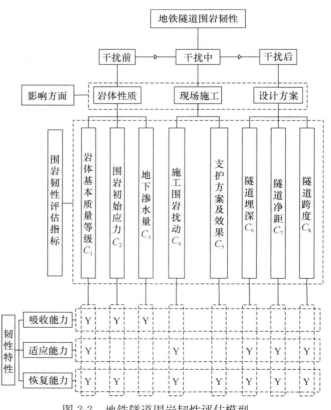

图 2-2 地铁隧道围岩韧性评估模型

示该指标明显具备相应的韧性特性。

2.1.2 地铁隧道围岩等级韧性评估

(1) 指标等级划分

对地铁隧道围岩韧性评估模型中的各评估指标进行等级划分,按照地铁隧道围岩韧性的从差到好的情况划分成5个等级,依次为1级、2级、3级、4级、5级,分别对照围岩韧性差、较差、中、较好、好。具体划分情况和划分依据详见表2-1。

评估指标等级划分　　　　　　　　　表2-1

评估指标	对应的描述				
	1级	2级	3级	4级	5级
C_1	Ⅴ级	Ⅳ级	Ⅲ级	Ⅱ级	Ⅰ级
C_2	极高	高	中	低	极低
$C_3 [L \cdot (min \cdot 10m)^{-1}]$	$C_3 \geq 125$	$100 \leq C_3 < 125$	$50 \leq C_3 < 100$	$25 \leq C_3 < 50$	$C_3 < 25$
C_4	破坏扰动	严重扰动	扰动	微扰动	无扰动
C_5	效果差、无支护	效果较差	效果一般	效果较好	效果好
C_6 (m)	$C_6 < 1D$	$1D \leq C_6 < 1.5D$	$1.5D \leq C_6 < 2D$	$2D \leq C_6 < 2.5D$	$C_6 \geq 2.5D$
C_7 (m)	$C_7 < 1B$	$1B \leq C_7 < 1.5B$	$1.5B \leq C_7 < 2B$	$2B \leq C_7 < 4B$	$C_7 \geq 4B$
C_8 (m)	$C_8 \geq 14$	$12 \leq C_8 < 14$	$8.5 \leq C_8 < 12$	$5 \leq C_8 < 8.5$	$C_8 < 5$

注：D 代表隧道等效直径，B 代表隧道跨度。施工围岩扰动，在给出的划分标准基础上，通过隧道交叉接口数对围岩的扰动程度进一步划分，每增加一个交叉接口，指标等级降一级。

由表2-1对8个评估指标的划分情况及其对应的相关描述可以看出，并不是所有指标都有明确的定量描述，还存在部分指标是定性描述划分的，对于这些模糊性描述的指标，在最后做具体定量分析时，需要将其量化分析，因此，将这些评估指标按照其对地铁隧道围岩韧性的影响程度，由好到差量化为1~5共计5个分值。对于定量描述的评估指标，分析过程中，为进一步有利于计算，取该评估指标所对应的指标韧性等级区间范围内的数值的最小值作为该指标的等级取值，具体对应情况见表2-2。

评估指标量化分级　　　　　　　　　表2-2

评估指标	1级	2级	3级	4级	5级
C_1	5	4	3	2	1
C_2	1	2	3	4	5
C_3	125	100	50	25	0
C_4	1	2	3	4	5
C_5	1	2	3	4	5
C_6	0	$1D$	$1.5D$	$2D$	$2.5D$
C_7	0	$1B$	$1.5B$	$2B$	$4B$
C_8	14	12	8.5	5	0

(2) 欧式距离法

欧式距离法是目前较为实用的综合评估方法之一，欧式距离是指空间内两点之间的几何距离。欧式距离法则是将评估指标的数据做相应规范后，然后将各个评估指标所对应的权重连同规范后的数据通过数学运算得出相应的距离，最后，则通过距离的大小进而对被评估对象的优劣程度按照规定做出合理的判定。

评估矩阵的建立能够使评估过程更具规范性，为此，假定由各评估指标所构成的评估矩阵为 A：

$$A = \begin{bmatrix} a_{11} & a_{12} & \cdots & a_{1n} \\ a_{21} & a_{22} & \cdots & a_{2n} \\ \vdots & \vdots & \vdots & \vdots \\ a_{m1} & a_{m2} & \cdots & a_{mn} \end{bmatrix} \tag{2-1}$$

式中　a_{ij}——第 i 个评估指标的第 j 级的量化值，其中 $i=1, 2, \cdots, m$；$j=1, 2, \cdots, n$。

为方便计算处理，需要对 A 内的各个评估指标做进一步无量纲化处理，进而得到无量纲的新规范评估矩阵。对 A 的规范过程中，由于各类型的评估指标数值大小程度对最终结果的影响程度不尽相同，有些指标数值越大使得最终评估结果越趋向好的方向发展；相反，有些评估指标的数值越小使得最终评估结果越趋向好的方向发展。基于上述原因，对评估指标进行处理时，考虑各个指标的特性，如果该指标数值越大使得最终评估结果越趋向好的方向发展，按照式（2-2）进行指标数据处理；如果该指标的数值越小使得最终评估结果越趋向好的方向发展，则按照式（2-3）进行数据处理。

$$a'_{ij} = \frac{a_{ij} - \min_i(a_{ij})}{\max_i(a_{ij}) - \min_i(a_{ij})} \tag{2-2}$$

$$a'_{ij} = \frac{\max_i(a_{ij}) - a_{ij}}{\max_i(a_{ij}) - \min_i(a_{ij})} \tag{2-3}$$

式中　a'_{ij}——a_{ij} 的处理后的无量纲化规范形式；
$\min_i(a_{ij})$——A 中第 i 行的最小值；
$\max_i(a_{ij})$——A 中第 i 行的最大值。

通过式（2-2）和式（2-3）对各个评估指标进行处理后，得到新的规范化后的评估矩阵 A'，用计算式表示为式（2-4）：

$$A' = (a'_{ij})_{m \times n} \tag{2-4}$$

权重的大小代表了该指标对最终评估结果的影响程度大小，根据所评估项目的对象不同，所采用的确定权重系数的方法也存在差异。目前，常用的权重确定方法主要集中在主观赋权、客观赋权和主客观相结合的三种赋权方式。从围岩的工程特性出发，并结合实际应用情况，在对地铁隧道围岩韧性评估指标赋权时，采用主客观相结合的"二级赋权法"。所谓"二级赋权法"，即第一步，对一级评估指标也就是围岩韧性评估框架里面的三个主要影响方面进行赋权，对其进行赋权时，保障三个影响方面的整体权重之和为1。第二步，对二级评估指标也就是C1~C8，共八个具体的指标进行赋权，每一个（一级评估指标）影响方面对应的所有二级评估指标权重之和等于该影响方面的权重大小。这种基于主客观相结合的赋权方式，在很大程度上改变了人为赋权方式存在的主观性，同时也保证了工程实践经验在评估过程中的应用。

基于工程实际，采用专家评判法对围岩韧性评估模型内的三个主要影响方面依次赋权得到，岩体性质所占权重大小为0.5，现场施工所占权重大小为0.15，设计方案所占权重大小为0.35。再进一步充分考虑到韧性的特点，按照各评估指标对围岩韧性的贡献率做出赋权，具体操作思路为按照各评估指标所对应的韧性特性的"个数"与其所在影响方面下的所有评估指标的韧性特性"总个数"之比作为二级评估指标的权重。上述"个数"是指在计算过程中，将韧性特性中的吸收能力、适应能力和恢复能力三种能力看作成以"个"为单位的相关描述。

按照上述"二级赋权"的方法，对地铁隧道围岩韧性的各评估指标进行赋权得到各指标的权重大小详见表2-3。

评估指标权重　　　　　　　　　　　　　　　　　表2-3

指标	C_1	C_2	C_3	C_4	C_5	C_6	C_7	C_8
权重	0.250	0.167	0.083	0.100	0.050	0.116	0.117	0.117

首先，假定0点为地铁隧道围岩韧性的最不利点，即距离为0时，围岩的韧性最差。然后，通过式（2-5）求得地铁隧道围岩韧性各级标准位置点到0点的相对距离。

$$D_k = \sqrt{\sum_{i=1}^{m}(w_i a'_{ik})^2} \tag{2-5}$$

式中　D_k——第k级标准位置点到0点的相对距离（$k=1, 2, \cdots, n$）；
　　　w_i——第i个评估指标所对应的权重；
　　　a'_{ik}——第i个评估指标所对应的第k级标准值。

在评估模型的实际应用过程中，需要通过对现场的信息数据进行采集，进而进行地铁隧道围岩韧性的评估，按照评估指标对现场数据进行采集时，需要做进一步的规范化处理，才能够满足使用条件。实测数据规范化的过程中，与A的规范过程相同，如果该指标数值越大使得最终评估结果越趋向好的方向发展，按照式（2-6）进行指标数据处理，如果该指标的数值越小使得最终评估结果越趋向好的方向发展，则按照式（2-7）进行数据处理。

$$c'_i = \frac{c_i - \min_i(a_{ij})}{\max_i(a_{ij}) - \min_i(a_{ij})} \tag{2-6}$$

$$c'_i = \frac{\max_i(a_{ij}) - c_i}{\max_i(a_{ij}) - \min_i(a_{ij})} \tag{2-7}$$

式中　c'_i——现场实测数据的规范值（$i=1, 2, \cdots, m$）；
　　　c_i——现场实测数据值。

实测数据规范后，进一步需要对现场的实际情况进行判定，按照式（2-8），综合评估指标之后，计算实际围岩韧性距离至0点的距离。

$$d = \sqrt{\sum_{i=1}^{m}(w_i c'_i)^2} \tag{2-8}$$

式中　d——综合评估结果到0点的距离。

为准确得到实际工程当中具体的地铁隧道围岩韧性等级，需要根据欧式距离计算结果d对照各级的标准距离进行计算，具体的计算公式见式（2-9）。

$$Z = k + \frac{d - D_k}{D_{k+1} - D_k} \tag{2-9}$$

式中 k——为所对应的等级数。

(3) 地铁隧道围岩韧性等级距离对照

首先,联立表 2-2 和式(2-1)可以得到地铁隧道围岩韧性的初始评估矩阵,经计算该矩阵为:

$$\mathbf{A} = \begin{bmatrix} 5 & 4 & 3 & 2 & 1 \\ 1 & 2 & 3 & 4 & 5 \\ 125 & 100 & 50 & 25 & 0 \\ 1 & 2 & 3 & 4 & 5 \\ 1 & 2 & 3 & 4 & 5 \\ 0 & 1 & 1.5 & 2 & 2.5 \\ 0 & 1 & 1.5 & 2 & 4 \\ 14 & 12 & 8.5 & 5 & 0 \end{bmatrix}$$

然后,按照式(2-2)~式(2-5)计算出围岩相对等级距离,得出相对距离韧性等级初步判断对照图,如图 2-3 所示。

对图 2-3 进一步量化发现,当围岩韧性等级处于 1 级范围时,欧氏距离对应的范围为 $0 \leqslant d < 0.1000$;当围岩韧性等级处于 2 级范围时,欧氏距离对应的范围为 $0.1000 \leqslant d < 0.1926$;当围岩韧性等级处于 3 级范围时,欧氏距离对应的范围为 $0.1926 \leqslant d < 0.2823$;当围岩韧性等级处于 4 级范围时,欧氏距离对应的范围为 $0.2823 \leqslant d < 0.3881$;当围岩韧性等级处于 5 级范围时,欧氏距

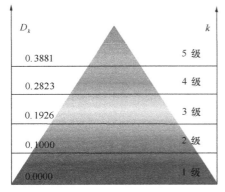

图 2-3 地铁隧道围岩韧性等级距离对照

离对应的范围为 $d \geqslant 0.3881$。

2.1.3 围岩韧性评估应用

青秀山站除两条站台主隧道外,还有其他附属隧道结构,包括横通道、斜扶梯通道以及竖井结构等。建成后,青秀山站地铁隧道结构的复杂隧道群结构示意图如图 2-4 所示。

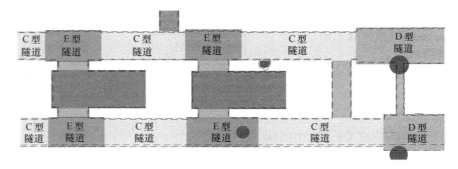

图 2-4 复杂隧道群结构示意图

对青秀山地铁车站隧道进行围岩韧性评估的过程中,主要分析左线主隧道的围岩韧性

情况，选取 5 个典型断面位置如图 2-4 所示，对 WY-1 至 WY-5 的左线隧道围岩韧性等级情况加以分析。可以得出 5 处左线主隧道有关围岩韧性分级相关的实际工程指标，具体情况见表 2-4。

5 处围岩相关指标实际情况　　　　　　　　　　　　表 2-4

截面编号	截面类型	C_1	C_2	C_3	C_4	C_5	C_6	C_7	C_8
WY-1	E	V 级	低	208	扰动	支护效果好	$3.8D$	$1.6B$	11.3
WY-2	C	V 级	低	208	扰动	支护效果好	$4.3D$	$1.7B$	10.9
WY-3	E	V 级	低	208	扰动	支护效果好	$3.8D$	$1.6B$	11.3
WY-4	C	V 级	低	208	严重扰动	支护效果好	$1.8D$	$1.7B$	10.9
WY-5	D	V 级	低	208	严重扰动	支护效果好	$1.3D$	$1.4B$	13.06

对表 2-4 中现场采集的数据，按照式（2-6）以及式（2-7）的规范方式进一步处理得到相关评估指标的无量纲化形式，规范后的实测指标见表 2-5。

5 处围岩相关指标无量纲形式　　　　　　　　　　　　表 2-5

截面编号	截面类型	C_1	C_2	C_3	C_4	C_5	C_6	C_7	C_8
WY-1	E	0	0.25	0	0.5	1	1	0.4	0.193
WY-2	C	0	0.25	0	0.5	1	1	0.425	0.221
WY-3	E	0	0.25	0	0.5	1	1	0.4	0.193
WY-4	C	0	0.25	0	0.25	1	0.72	0.425	0.221
WY-5	D	0	0.25	0	0.25	1	0.52	0.35	0.067

在按照式（2-8）和式（2-9）计算 WY-1 至 WY-5 的欧式距离和围岩韧性等级的计算过程中，为进一步更加直观地了解各个评估指标在实际工程中对围岩韧性的影响情况，还利用各个指标的实际规范值和相应权重的乘积进行了相互对比，并且和围岩韧性最高情况下，也即是围岩最有利于地铁隧道建设过程安全的情况下进行参照分析，如图 2-5 所示。最终评估结果见表 2-6。

最终评估结果　　　　　　　　　　　　表 2-6

截面编号	WY-1	WY-2	WY-3	WY-4	WY-5
欧式距离	0.1513	0.1528	0.1513	0.1224	0.1012
韧性等级	2.55	2.57	2.55	2.24	2.01

通过表 2-6 的评估结果可以发现，WY-1 至 WY-5 这 5 处地铁隧道围岩的韧性等级均未达到 3 级，处于 2 级范围内。由上述结果可以分析出，青秀山站车站地铁隧道左线的 5 处围岩在多种因素的影响下，能够防止围岩产生破坏，依然保持平衡状态的工程属性较差。参考图 2-5 内各个影响指标对围岩韧性等级的影响程度来看，C1 至 C3 这三个指标是使围岩韧性等级相对较低的主要影响因素，C5 和 C6 这两个指标对围岩韧性产生的是有利影响。综合分析，该地铁车站隧道产生最不利影响的主要影响方面为岩体性质，因此，在进行地铁车站隧道开挖时应及时做好围岩的超前加固措施，使围岩的工程性质得到提高，

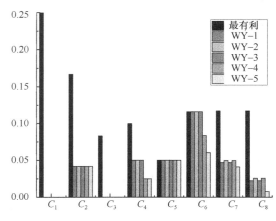

图 2-5 评估指标围岩韧性影响程度图

改善岩体的工程质量条件。密切关注降水情况,务必保证在隧道的施工过程中,有足够良好的施工环境。从设计的角度来看,该地铁车站隧道的隧道断面相对较大,在施工的过程中,及时观测并控制围岩及隧道结构的变形和受力情况。上述建议可以相对改善隧道围岩的韧性分级情况,进而保障该地铁车站隧道的建设过程的安全。

在研究的 WY-1 至 WY-5 这 5 处隧道围岩可以发现,尽管 5 处隧道围岩均处于同一地层,最终的韧性等级也不完全相同。WY-2 的韧性分级最高,为 2.57 级,WY-5 的韧性分级最低,为 2.01 级,同一地层内的 2 处隧道围岩韧性分级最大相差 0.56 级。分析其原因主要是因为,WY-5 处隧道跨度相对较大,埋深较浅,两条主隧道之间的净距较小,且隧道之间的交叉口数偏多,对围岩的扰动程度较大。同一断面类型的隧道 WY-2 和 WY-4 处隧道围岩,受隧道交叉接口以及隧道埋深的影响,使得 WY-4 的围岩韧性等级低于 WY-2 的围岩韧性等级,二者相差 0.33 级。因此,在隧道的整体规划及其建设期间内,不能忽略设计等方面的因素对围岩工程性质产生的影响,合理安排建设总体方案。

2.2 基坑工程支护鲁棒性分析

基坑工程中的不确定性问题会对支护结构的稳定性产生巨大影响,给城市基坑工程的设计与施工带来极大的困难与挑战。现有的设计方法已经不能完全满足基坑工程稳定性的要求,一系列的不确定性因素会带来支护结构的局部失效甚至倒塌。尤其在岩土工程方面,天然岩土体在长期的地质作用下,其工程性质受到地质起源和环境条件的影响,物理力学参数呈现出空间变异性与随机性的特点,在一定的范围内波动。再加上目前岩土勘察技术与测试水平的局限性,获得岩土力学参数的真实值具有一定困难。另外,可靠度等方法常采用数值统计的方法估计岩土参数的特征值,特征值的准确性取决于样本容量和样本性质的质量,样本采集过程已经对原状土产生了不同程度的扰动,导致样本的实验值与原状土的真实性质有一定差异。上述几方面原因使得岩土参数表现出很大程度的不确定性。优秀的工程设计需要在"稳定性"与"经济性"之间做好恰当的平衡,不能为了提高系统性能而过度提高结构设计标准。注重基坑工程建设的经济性是符合绿色可持续发展的重要课题。如何更好地解决基坑支护结构的优选设计,从多种支护方案中选择一种安全稳定、经济合理,同时又可保证周围环境不受影响的最优方案,对未来基坑工程的设计与施工显得非常重要。

2.2.1 岩土鲁棒性理论

鲁棒性是英文 Robustness 的音译,也可翻译为稳健性和抗变换性,常用来表示系统在一定参数的摄动下维持某些性能的特性。表 2-7 列举了鲁棒性理论在企业经济、生物系统、交通运输、网络系统和建筑结构等领域应用过程中的具体概念。虽然不同领域中鲁棒性的具体评价指标有所区别，但其本质上都是研究当实际情况与假设条件发生偏差时，系统保持原有性能的能力。

不同领域中的鲁棒性定义　　　　　　表 2-7

应用领域	鲁棒性定义
企业经济	企业受到内部和外部不确定性因素干扰后保持营销功能持续运作的能力
生物系统	生物体抵抗外界扰动或自身内部摄动的能力
交通运输	在危险和异常情况下系统持续存在的能力，衡量交通系统的稳定性
网络系统	系统在算法或网络环境参数摄动下保持原有性能的能力
建筑结构	在被控结构不确定条件下，控制系统仍然能够达到预定要求的能力

鲁棒性在岩土工程领域的应用研究尚不成熟，多为鲁棒性方法的工程应用，该领域的鲁棒性理论研究较为空白。CharngHsein JUANG 教授重点设计了一个通用的岩土工程鲁棒性设计方法（RGD），然后将该方法应用于挡土墙、边坡和钻孔桩等工程，他将鲁棒性理解为系统响应对噪声参数的敏感性；黄宏伟等认为，岩土参数的不确定性对重力式挡土墙的结构安全性能（或失效概率）的影响程度，能够反映出挡土墙结构的鲁棒性；张法在隧道锚喷支护结构鲁棒性优化设计中认为，对抗不确定性参数的影响，降低系统响应的变异性就是鲁棒性设计的目标。

上述鲁棒性研究重实践、轻理论，对于鲁棒性的概念性研究并不充分。在总结前人研究的基础上，尝试性地提出一个适用于岩土工程不确定性问题的鲁棒性定义，并对岩土鲁棒性控制以及其中的重要概念进行定义。

定义 1：岩土鲁棒性定义为在岩土参数自身摄动和外部干扰等不确定性因素作用下，其上部工程能够具有一定的容错能力，依然保持原有工程性能的属性。

该定义可以简化为"2 个主体＋2 个性质"，2 个主体分别为岩土体和上部结构，岩土体是上部结构（如基坑、边坡、隧道、挡土墙等）的主要研究对象，两者之间具有密切、复杂的相互作用关系。岩土体对应的 1 个性质是不确定性，上部结构对应的 1 个性质是鲁棒性，具体如图 2-6 所示。可以说，岩土鲁棒性的本质并不是岩土体自身的容错能力，而是当岩土体产生偏差扰动时，其上部结构对此偏差的容错能力。

定义 2：岩土鲁棒性控制定义为通过合理设置上部结构的设计参数，达到降低系统响应对噪声因素敏感性的目的。鲁棒性控制是提高系统鲁棒性的过程，噪声因素、设计参数和系统响应是鲁棒性控制过程中的三个关键概念。

定义 3：噪声因素定义为岩土体具有的自身摄动和外部扰动等不确定性因素。噪声因素是岩土工程不可避免的不确定性因素，属于一种不可控、不易控参数，是系统误差的来源，例如重度、黏聚力和内摩擦角等岩土参数。

定义 4：设计参数定义为能够影响结构性能

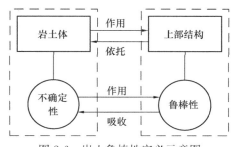

图 2-6　岩土鲁棒性定义示意图

的工程设计形式。以基坑工程为例,设计参数包括基坑支护结构中的围护墙、内支撑、立柱等。设计参数属于可控、易控的参数,是提高系统鲁棒性的控制手段。

定义5:系统响应定义为能够反映系统鲁棒性能好坏的评价指标,一般为上部结构需要进行控制的重要性质,如结构变形、受力等。以基坑工程为例,可选用基坑工程中的围护墙水平位移、基坑外侧土体沉降位移、基坑底部隆起位移等指标作为系统响应。

鲁棒性是反映工程系统"好坏"的性能之一,同样用来评价工程性能的还有安全性、稳定性和可靠性等。这些理论既有区别又有相通之处,下面将鲁棒性分别与安全性、稳定性和可靠性进行对比分析,有助于更加全面、深刻地理解鲁棒性理论评判工程结构性能的角度。

(1) 安全性与鲁棒性

安全性(Security)的定义是结构在正常施工和正常使用条件下,承受可能出现各种作用的能力。安全性强调在现有情况下事故不发生的能力,即避免造成人员伤亡、财产损失或环境破坏等事故的能力。安全系数是安全性中的一个重要概念,表示极限应力与许用应力之比。通过提高安全系数能够有效提高系统的安全性能。安全性与鲁棒性理论具有以下几点区别,如表2-8所示。

1) 安全性考虑的是现有情况或某种特定情况下的系统性能,或使结构在极限条件下依然不发生事故的能力;鲁棒性考虑的是多种情况下的系统性能。

2) 全性研究的目的是使系统不发生事故,使系统响应出现在可接受范围内;鲁棒性研究的目的是使系统维持原有性能不变,使系统响应保持相对稳定。

3) 通过提高安全系数法能够达到条件恶化情况下依然避免事故发生的目的,同时系统的安全性提高,但不同条件下的系统响应不同;鲁棒性能够保证当某些条件在一定范围内变化时,系统响应保持相对不变。

安全性与鲁棒性区别 表2-8

性能	安全性	鲁棒性
情况设定	现有情况或某种特定情况	多种情况
控制目的	使系统不发生事故	使系统性能不变
系统响应	条件改变后系统响应改变	条件改变后系统响应保持相对不变

(2) 稳定性与鲁棒性

如上所述,安全性并不考虑对象系统的抗干扰能力,而鲁棒性与稳定性都是反映系统抗干扰能力的性能。稳定性(Stability)定义为控制系统在使它偏离平衡状态的扰动作用消失后,返回原来平衡状态的能力。虽然鲁棒性与稳定性都考虑了扰动对系统的影响,但仍存在以下几点区别,具体如表2-9所示。

1) 稳定性考虑的扰动可以理解为瞬时扰动,或理解为某一个可确定、可预测的具体扰动;鲁棒性考虑的是持续性扰动,或多种不确定性扰动,即扰动在某个区间内随意发生。

2) 对于稳定性来讲,扰动发生会打破系统原来的状态,扰动消失后系统能否回到原来状态是稳定性研究的问题;对于鲁棒性来讲,扰动会随时、不定向发生,但扰动发生后系统的性能不会发生改变,具体如图2-7所示。

第 2 章 地铁车站韧性评估与支护鲁棒性分析

稳定性与鲁棒性区别 表 2-9

性能	稳定性	鲁棒性
扰动时间	暂时性扰动	持续性扰动
系统响应	扰动后系统性能发生变化	扰动后系统性能不改变

（3）可靠性与鲁棒性

可靠性（Reliability）的定义是指产品在规定条件下和规定时间内完成规定功能的能力。可靠性的度量指标有可靠度、失效概率和平均故障时间等，表示元件、产品、系统在一定时间内或条件下无故障地执行指定功能的能力或可能性，即研究对象的正常服役能力。可靠性理论考虑了系统的不确定性因素，但是需要对不确定

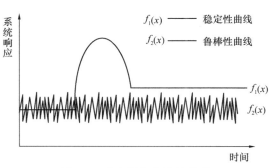

图 2-7 稳定性与鲁棒性曲线

性因素的分布状态进行研究，因此又分为概率可靠度、区间可靠度和模糊可靠度等方法。可靠性理论与鲁棒性理论具有很强的相似性，都对系统的不确定性因素进行了研究，但也存在许多区别，如表 2-10 所示。

可靠性与鲁棒性 表 2-10

性能	可靠性	鲁棒性
研究目的	系统不发生故障的能力	系统性能保持不变的能力
不确定性描述	考虑不确定性参数分布状态	不考虑不确定性参数分布状态

1）从研究目的来讲，可靠性研究的是系统完成规定任务的能力，即不发生故障的可能性；鲁棒性研究的是系统保持性能不变的能力。

2）从研究方法来看，无论是概率可靠度、区间可靠度还是模糊可靠度，都需对参数的不确定性进行规律性研究；鲁棒性对参数的分布状态要求较小，根据参数的离散值便可进行鲁棒性计算，可操作性更强。

（4）发展关系

通过鲁棒性与安全性、稳定性、可靠性之间的分析对比可发现，这四种理论都是体现系统性能的重要理论，但研究问题的角度、侧重点和研究程度不同。如果以"系统扰动"为主线，纵向考虑四个理论的研究内容，笔者认为按照考虑系统扰动的研究深度，安全性、稳定性、可靠性到鲁棒性四个理论呈现出研究层次越来越深入的趋势，具体如图 2-8 所示。

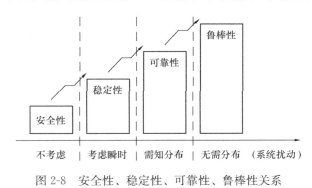

图 2-8 安全性、稳定性、可靠性、鲁棒性关系

安全性不考虑系统扰动，考虑的是某一状态下系统不发生事故的能力；与安全性相比较，稳定性考虑了系统的扰动作用，但考虑的是临时性扰动、

不考虑持续性扰动；与稳定性相比，可靠性考虑系统的持续性扰动（不确定性），但需要知道不确定性参数的分布状态；与可靠性相比，鲁棒性重点研究的就是不确定性因素对系统性能的影响，并且无需知道不确定性参数的分布状态，只需要根据不确定性参数的个别离散值，便可求得系统的鲁棒性能。可以说，虽然安全性、稳定性、可靠性、鲁棒性研究系统性能的侧重点不同，但从系统扰动的角度便能够看出，系统不确定问题的研究越来越引起广大学者的重视。

2.2.2 优化设计理论

"优化设计"理念存在于交通、管理、经济、工程等各个领域，根据实际问题的需求来设置条件和目标，合理规划设计方案以达到资源利用最大化的效果。实际的工程优化问题，各目标之间多相互冲突，把这类问题叫作多目标优化问题（Multi-objective Optimization Problem）。为了描述不同优化问题的解决办法，可将多目标优化问题按照下面的数学模型表达：

$$\begin{cases} \min \quad f(x) \\ s.t. \quad h_i(x) = 0 \quad i = 1,2,\cdots,p, p < n \\ \quad g_j(x) \leqslant 0 \quad j = 1,2,\cdots,m \end{cases} \quad (2\text{-}10)$$

式中 x ——n 维变量；

$f(x)$ ——与 x 相关的实函数，即目标函数；

$h(x)$ ——关于 x 的等式约束；

$g(x)$ ——关于 x 的不等式约束。

（1）帕累托前沿

法国经济学家 V. Pareto 最早研究了经济学领域内的多目标优化问题，提出了 Pareto 解集的概念。这些在改进任何目标函数的同时，必然会削弱至少一个其他目标函数的解称为非支配解或 Pareto 解。一组目标函数最优解的集合称为 Pareto 最优集。对于双目标优化问题，非劣解集在目标空间上为连续或分散的曲线，称之为非劣前沿曲线。图 2-9 中，实线所表示的即为帕累托前沿曲线。

为深入了解非支配解之间的关系，可用图 2-10 进行示意。目标值 f_1 与目标值 f_2 均遵循越小越优原则。观察方案⑤与方案④，方案⑤比方案④的目标值 f_1 小，同时比方案④的目标值 f_2 小，所以说方案⑤比方案④有绝对优势，称方案⑤是方案④的支配解。观察方案⑤与方案⑥，方案⑤比方案⑥的目标值 f_2 大，但比方案⑥的目标值 f_1 小，所以说无法直接判断方案⑤与方案⑥的优劣，称方案⑤是方案⑥的非支配解。遍历所有方案，方案⑤、⑥、⑦没有支配解，即找不到比方案⑤、⑥、⑦更优的方案，称方案⑤、⑥、⑦组成的集合为帕累托前沿。

（2）唯一最优解

如前所述，对于整个解集来讲，帕累托前沿是优于其他方案的解集，这些解彼此之间无法直接比较优劣性，可以为设计者提供很有价值的信息。但设计者往往更希望在诸多非支配解中确定一个唯一最优解，作为最终的设计决策。所以说，如何在没有绝对优劣差异的帕累托前沿上锁定一个更有价值的解，还需做进一步研究。

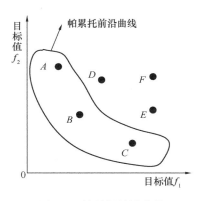

图 2-9　帕累托前沿曲线

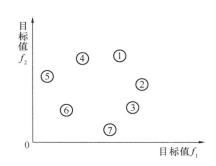

图 2-10　非支配解示意图

Knee Point 是帕累托前沿上的一个特殊点，可以为设计者在众多非支配解中提供一个唯一最优解。Knee Point 在直观上表现为帕累托前沿上最"凹"的点，与 Knee Point 相比，其他点要想稍微提高任何一个目标，都要以大幅度牺牲其他目标为代价。所以说，虽然帕累托前沿上所有的解互相之间都是非支配的，但是 Knee Point 与其他解相比"性价比"更高。

黄宏伟等将 Knee Point 翻译为"关节点"，张法等将 Knee Point 翻译为"拐点"。查询关节点和拐点的相关内容，拐点在数学上表示改变曲线向上或向下方向的点，即曲线的凹凸分界点，显然与 Knee Point 的内涵有所区别。这里将 Knee Point 翻译为"膝点"，既能够与英文相对应，又可以直观地反映 Knee Point 的内涵。

将膝点定义为帕累托前沿上小幅度牺牲一个目标能够大幅度提高其他目标收益的点。根据膝点的定义，提出一种确定膝点的新方法——牺牲收益率法（Sacrifice Gain Ratio Method，简称 SGR 法）。目前国内外对于 Knee Point 的计算方法研究不多，主要有反向转角法、法向边界交叉法和原点垂足法。将目前计算 Knee Point 的三种方法与 SGR 法进行对比分析，更加全面地介绍应用 SGR 法搜索膝点的先进性。

1）反向转角法

反向转角法（Reflex Angle Method）是 Kalyanmoy Deb 等是在 2010 年发表的论文中提到的。反射角表示帕累托前沿上的点从左到右的转角，可以表示"牺牲收益"平衡关系，反射角越大，该点越优。如图 2-11 所示，对于常见的凹函数，上述反射角常超过 180°，因此可以选取观测点 O_i 两侧从右向左的转角，即 $\angle O_{i-1}O_iO_{i+1}$（可以称为反向转角）来反映此点的"牺牲收益"平衡关系。也就是说反向转角 $\angle O_{i-1}O_iO_{i+1}$ 越小，点 O_i 的性质越好。

反向转角法具有通俗易懂、计算量小等一系列优点，同时也具有以下三点局限性。

对于相近点考虑不足。帕累托前沿上的点并不是平均分布的，当两个点 O_i 和 O_{i+1} 距离非常接近的时候，反射角的测量存在一定困难。即使可以精确测量 $\angle O_{i-1}O_iO_{i+1}$ 和 $\angle O_iO_{i+1}O_{i+2}$ 的度数，得到膝点的准确性也有待商榷。如图 2-12 所示，点和点距离较近，测得各点的反向转角如表 2-11 所示。根据反向转角最小最优原则，所求膝点应该为点 O_2。假如连接点 O_3 和点 O_5，测得 $\angle O_2O_3O_5 = 145°$，有理由认为点 O_3 为膝点，所以说该方法对于相近点的处理不够准确。反向转角反映的只是一个局部属性，不能延伸到整个

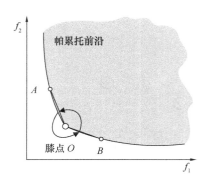
图 2-11 反向转角法示意图

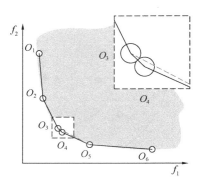
图 2-12 相近点示意图

帕累托前沿上,当帕累托前沿不是光滑的凹曲线或存在多个尖角的时候,可能会出现多个反向转角很小的点,应用此方法寻得的膝点很可能陷入局部最优困境。反向转角法缺少对首尾点的处理。根据反向转角法的计算原则,首点和尾点没有完整的两侧点,无法计算相应的反向转角。

基坑底部隆起位移标准差　　　　　　　　　　　　　　　表 2-11

O_1	O_2	O_3	O_4	O_5	O_6
—	159°	162°	161°	160°	—

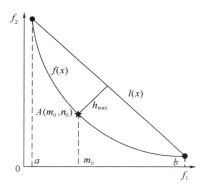
图 2-13 设计阈为 [a, b]

2) 法向边界法

法向边界交叉法(Normal Boundary Intersection Method)是 I. Das 等在 1999 年提出一种寻找膝点的方法,该方法与设计域的取值范围密切相关。如图 2-13 所示,将帕累托前沿曲线定义为 $f(x)$,将曲线首尾两点连接形成的弦定义为 $l(x)$。在 $f(x)$ 上寻找点 $A(m_0, n_0)$,使得 $A(m_0, n_0)$ 到 $l(x)$ 的距离最大,则认定点 $A(m_0, n_0)$ 为帕累托曲线 $f(x)$ 的膝点,即设计者所寻找的唯一最优解。

法向边界交叉法旨在通过曲线与弦之间的最大距离来寻找帕累托前沿上"最凹"的位置。但该方法存在一个最大的缺陷,其计算结果极易受到设计域的影响,同一条帕累托曲线,因设计域不同,所求得的膝点也不同。为深入解释这个问题,将帕累托前沿的设计域由 [a, b] 缩小为 [c, b],其中 c 是位于 a 和 m_0 之间的某个值,对不同区间应用法向边界交叉法求得的膝点进行对比分析。

如图 2-13 所示,当设计域为 [a, b] 时,应用法向边界交叉法求得膝点为 $A(m_0, n_0)$。如图 2-14 所示,当设计域为 [c, b] 时,应用法向边界交叉法求得膝点为 $B(m_1, n_1)$。$A(m_0, n_0)$ 与 $B(m_1, n_1)$ 并不重合,也就是说相同的帕累托前沿上因为不同的设计域而产生了不同的膝点,这与前面提到的膝点的定义相矛盾。膝点直观上表现为帕累托曲线上最"凹"的位置,与曲线本身的性质、形状有关,不能受到设计域区间的直接影响。所以,法向边界交叉法的科学性和适用性还有待商榷。

3) 原点垂足法

原点垂足法（Origin Pedal Method）是王景春和张法等提出的一种在帕累托前沿曲线上搜索膝点的方法。该方法兼顾了帕累托前沿曲线的函数特征和与坐标轴的相对位置关系，运用导数的概念反映帕累托前沿上各点的牺牲收益关系。如图 2-15 所示，将帕累托前沿曲线定义为 $f(x)$，$C(x_0, y_0)$ 为曲线 $f(x)$ 上的任意一点，连接原点与点 $C(x_0, y_0)$ 形成直线 $f_1(x)$，过 C 点作曲线 $f(x)$ 的切线 $f_2(x)$，当直线 $f_1(x)$ 与直线 $f_2(x)$ 互相垂直的时候，认为 $C(x_0, y_0)$ 为帕累托前沿 $f(x)$ 上的膝点。该过程可简化为式（2-11）。

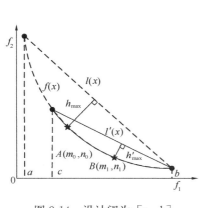

图 2-14 设计阈为 [c, b]

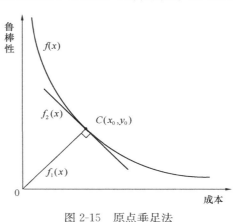

图 2-15 原点垂足法

$$\begin{cases} x_0 \Leftarrow f'(x_0) = -\dfrac{x_0}{f(x_0)} \\ y_0 = f(x_0) \end{cases} \qquad (2\text{-}11)$$

式中 $f'(x_0)$ ——帕累托前沿曲线 $f(x)$ 在点 $C(x_0, y_0)$ 处的导数值。

与反向转角法与法向边界交叉法相比，原点垂足法最大的优势在于可以对连续区间的帕累托前沿进行求解，当帕累托前沿的函数拟合度较高时，该方法的精确度比较高。同样，原点垂足法也具有两个局限性。原点垂足法需要对帕累托前沿进行函数拟合，求取拟合函数的导数。并不是所有的帕累托前沿都能很好地进行函数拟合，当函数拟合度不够高时，应用原点垂足法所求得的膝点便会失真。对于部分帕累托前沿，在进行函数拟合后应用式（2-11）进行计算，求得的解有可能不在设计域之内，此时应用原点垂足法不能有效求解。

4) 牺牲收益率法

上述三种方法都侧重于研究帕累托前沿的图形规律，随着帕累托前沿横纵坐标轴比例的变化，应用反向转角法和法向边界交叉法所测量的结果也会随之变化。从膝点本身的定义出发，提出一种牺牲收益率法（Sacrifice Gain Ratio Method，简称 SGR 法），探讨某点向相邻两点转换时，所造成目标的牺牲和收益情况。一个双目标优化设计过程，其优化过程近似为凸优化，横坐标目标 1 和纵坐标目标 2 均遵循越小越优原则。寻找最优解时，参照点 O_{i-1} 到点 O_i 时横坐标和纵坐标变化的比率 $R_{i-1,i}$，然后计算点 O_i 到点 O_{i+1} 时横坐标和纵坐标变化的比率 $R_{i,i+1}$，将两个比率做进一步对比，如果 $R_{i-1,i}$ 远大于 $R_{i,i+1}$，反映出

点 O_i 优于点 O_{i-1} 和点 O_{i+1}。SGR 法的实现过程分为影点筛除、比率计算、结果筛选三步，具体计算流程如图 2-16 所示。

在离散点组成的帕累托前沿上，存在一些距离很近的点，这些点所代表的设计方案往往具有相似的效果。从 SGR 法的计算过程来讲，相近点之间距离太小，会影响比率计算。从理论上讲，如果两个点距离很近，其中一个点是膝点的时候，其相近点也可以作为最优解的考虑范围。因此，在进行 SGR 法计算之前，先对帕累托前沿上的散点进行筛选，当两个点和点的距离小于左右两边距离的 1/10 时，认定这两个点为相近点，此时定义后一个点为前一个点的影点。具体判别如式（2-12）所示。

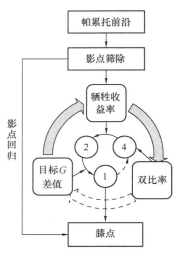

图 2-16 SGR 法计算流程图

$$\begin{cases} O_i O_{i+1} < \dfrac{O_{i-1} O_i}{10} \\ O_i O_{i+1} < \dfrac{O_{i+1} O_{i+2}}{10} \end{cases} \tag{2-12}$$

式中 $O_i O_{i+1}$——点 O_i 到点 O_{i+1} 的距离。

将筛选出来的所有影点删除，对其他点进行下一步计算，避免相近点对计算结果的干扰。所有计算完成之后，要观察所求得的膝点是否有影点，如果没有影点，该膝点是唯一最优解。如果有对应的影点，需要把该膝点的影点纳入唯一最优解的范围，为设计人员提供一个备选方案，称此过程为影点回归。

比率计算包括横纵坐标变化值计算、牺牲收益率计算和双比率计算，具体计算方法如式（2-13）～式（2-17）所示。

分别计算点 O_{i-1} 到点 O_i 和点 O_i 到点 O_{i+1} 时横坐标变化。

$$S_{i-1,i} = x_i - x_{i-1}; \quad S_{i,i+1} = x_{i+1} - x_i \tag{2-13}$$

式中 $S_{i-1,i}$，$S_{i,i+1}$——点 O_{i-1} 到点 O_i 和点 O_i 到点 O_{i+1} 的横坐标变化值；

x_{i-1}，x_i，x_{i+1}——点 O_{i-1}、点 O_i 和点 O_{i+1} 的横坐标。

分别计算点 O_{i-1} 到点 O_i 和点 O_i 到点 O_{i+1} 时纵坐标变化。

$$G_{i-1,i} = y_{i-1} - y_i; \quad G_{i,i+1} = y_i - y_{i+1} \tag{2-14}$$

式中 $G_{i-1,i}$，$G_{i,i+1}$——点 O_{i-1} 到点 O_i 和点 O_i 到点 O_{i+1} 的纵坐标变化值；

y_{i-1}，y_i，y_{i+1}——点 O_{i-1}、点 O_i 和点 O_{i+1} 的纵坐标。

分别计算点 O_{i-1} 到点 O_i 时和点 O_i 到点 O_{i+1} 时的牺牲收益率，牺牲收益率反映的是从一个点到另一个点牺牲目标 1 能够得到目标 2 收益的效率。

$$R_{i-1,i} = \dfrac{S_{i-1,i}}{G_{i-1,i}}; \quad R_{i,i+1} = \dfrac{S_{i,i+1}}{G_{i,i+1}} \tag{2-15}$$

式中 $R_{i-1,i}$，$R_{i,i+1}$——点 O_{i-1} 到点 O_i 和点 O_i 到点 O_{i+1} 的牺牲收益率。

通过牺牲收益率计算点 O_i 的双比率，双比率反映的是点 O_i 的局部性质，如果双比率大于 1，代表有必要从点 O_{i-1} 转换为点 O_i，但没有必要从点 O_i 转换到点 O_{i+1}，即点 O_i 达到了局部最优。整理式（2-16）可得，点 O_i 的双比率可以表示为两个矩形面积的比值，具体如图 2-17 所示。

$$DR_i = \frac{R_{i,i+1}}{R_{i-1,i}} = \frac{S_{i,i+1}}{G_{i,i+1}} \div \frac{S_{i-1,i}}{G_{i-1,i}} = \frac{S_{i,i+1} \cdot G_{i-1,i}}{S_{i-1,i} \cdot G_{i,i+1}} = \frac{USS_i}{DSS_i} \tag{2-16}$$

式中 DR_i——点 O_i 的双比率；
USS_i——点 O_i 上部的矩形面积；
DSS_i——点 O_i 下部的矩形面积。

上述 SGR 计算过程无法计算首尾两个点的双比率，根据双比率的数值定义，双比率可以反映出局部斜率，当斜率为 1 时，证明这个点对于其前后两个点的下降趋势相同，没有相对优势。因此提出将首尾两个点的双比率默认为 1，经过多次验证，首尾点双比率为 1 不影响计算结果的准确性。

对帕累托前沿上的 n 个点进行计算，得到每个点的双比率，双比率最大的点即为寻找的膝点（Knee Point）。

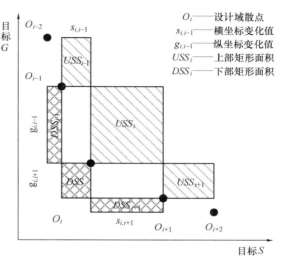

图 2-17 SGR 法计算示意图

$$KP = \max\{DR_1, DR_2, \cdots, DR_n\} \tag{2-17}$$

式中 KP——膝点。

在实际工作中，所得的帕累托前沿并都不是光滑的凹曲线，可能会出现局部的凸曲线和局部尖角，如果仅应用上述计算过程求得双比率最大值确定膝点，很容易陷入局部最优，而避免局部最优是优化设计研究中非常重要的问题。针对此问题，提出一种"421 结果筛选法"，应用双比率从大到小筛选出前 4 个点，对该 4 个点通过牺牲收益率从大到小排序，筛选出前 2 个点；最后应用目标 G 差值对该 2 个点从大到小进行排序，取前 1 个点，作为最终的膝点。

与反向转角法、法向边界交叉法和原点垂足法相比，SGR 法的计算过程稍显繁琐，但是较好地处理了相近点、首尾点和局部最优等问题。应用 SGR 法在帕累托前沿上搜索膝点具有以下几点优势。

a. SGR 法提出了一个影点的概念，即通过影点筛除弱化了相近点对计算结果的影响，又在求得膝点后进行影点回归，利用了膝点的相近点在实际工作的应用价值。

b. SGR 法考虑了首尾点的状态，根据双比率的概念，将首尾点的双比率默认为 1，经验证该处理方式具有一定的准确性与可行性。

c. SGR 法提出了一种"421 结果筛选法"，通过双比率、牺牲收益率和目标差值三重筛选，避免搜索过程陷入局部最优困境。

d. SGR 法适用范围较广，对于所有的非连续型帕累托前沿，无论前沿面的形状、光滑度如何，都可以采用 SGR 法搜索膝点。

e. SGR 法最大的优势在于计算方法的理论依托，其他方法过度依赖于对帕累托图形的研究，算法、形状或曲线拟合的延伸可能会造成计算失准。而牺牲收益率法是以膝点的定义为理论依托，研究各点与相邻点之间的牺牲收益关系，是理论意义与计算方法的充分结合，具有一定的准确性与可信度。

2.2.3 基坑鲁棒性优化模型

(1) 基坑工程设计的基本要求

传统的基坑设计原则包括安全可靠性、经济合理性、动态调节三个方面。为了提高基坑工程的抗干扰能力，本章在基坑设计要求中加入鲁棒性原则。

1) 安全可靠性。这是基坑控制系统设计的最基本要求，满足支护结构本身的强度、稳定性及变形要求，确保周围环境的安全。

2) 经济合理性。在支护结构安全可靠的前提下，要从工期、材料、设备、人工及环境保护等方面综合确定具有明显经济效果的方案。

3) 施工便利并保证工期。在安全可靠、经济合理的原则下，最大限度地满足方便施工（如合理的支撑布置，便于挖土施工）的要求，缩短工期。

4) 鲁棒性。当不确定性因素在给定范围内发生变化时，必须保证基坑支护系统的稳定性不受影响，也就是满足鲁棒性要求。

(2) 基坑系统的不确定性

系统的控制效果在很大程度上取决于模型选取的有效性，模型是否能够反映出系统的实际特性与运行规律，直接决定了控制系统的真实性与可靠性。然而，控制模型与实际控制对象之间的差异性是不可避免的，找到一个能够完全反映实际控制对象特性的模型是非常困难的。在实际控制问题中，不确定性往往是有界的，一般是假定不确定性在一个可能的范围内变化来进行控制器的设计，设计出来的控制器在这个不确定性范围内均能使控制系统的稳定性和性能保持不变。在控制系统中，常见的不确定性模型有以下几种，如图 2-18 所示。

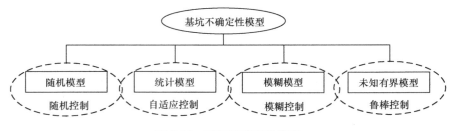

图 2-18 基坑不确定性模型

1) 随机模型。可用随机分布对随机模型进行描述，目前在系统随机控制的相关讨论中，系统的不确定性研究取得了诸多成果。万华平等应用贝叶斯方法对系统的随机模型进行修正；张科等借鉴蒙特卡罗模拟方法和极限平衡法中的竖直条分思路，提出了一种溶洞随机模型，用于评价岩溶地区岩质边坡的稳定性问题；徐磊等采用离散概率积分和统计方法，提出一种轨道不平顺概率模型，解决高速铁路轨道系统中的随机模型。

2) 统计模型。该模型与随机模型非常相似，区别在于统计模型是通过抽样试验进行的，因此结果会受到随机因素的干扰，所以通常仅能获得不确定性因素的近似值和统计规律。胡安宁探讨了统计模型中的不确定问题，通过贝叶斯平均法和倾向值模型解决估计模型系数的不确定性问题。

3) 模糊模型。描述模糊模型不确定性的方法首先是定义一个集合，然后假定系统的不确定性因素通过隶属度与该集合发生联系，通常用来描述由自然语言产生的不确定性。

这种基于模糊不确定性模型的控制理论已经受到了广泛的重视和研究，佘曼等采用 T-S 模糊建模技术研究控制系统的鲁棒性；赵阳等提出一种鲁棒模糊 C 均值回归算法（RF-CR），用于热工对象的 TS 建模辨识过程。

4）未知有界模型。这种模型不需要假定不确定因素的统计特征，一般只需确定它所属的某个已知范围，而鲁棒控制理论恰好无需考虑不确定性因素的统计规律。高扬将结构鲁棒性理论应用于地下框架结构，通过减小埋深和层数、增加跨数、对称化布局及加强关键构件等方法提高结构的鲁棒性；张静文等应用活动自由时差效用函数研究调度方案的鲁棒性，同时对项目工期和鲁棒性两个目标函数进行双目标优化设计。

（3）基坑工程鲁棒性优化设计模型

通过控制系统不确定问题优化设计的求解模型，将基坑支护系统进行分解，与岩土鲁棒性理论中的噪声因素、设计参数和系统响应建立对应关系，构建如图 2-19 所示的基坑工程鲁棒性优化设计模型。对该模型做出如下几点解释。

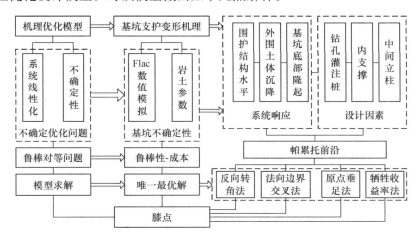

图 2-19 基坑工程鲁棒性优化设计模型

1）研究基坑开挖支护的变形机理，据此选择围护结构水平位移、外围土体沉降位移和基坑底部隆起位移三个指标，作为反映支护效果的系统响应。

2）模型选取的有效性直接决定了控制系统的真实性与可靠性。应用 FLAC^{3D} 软件对基坑开挖支护过程进行模拟仿真，能够在很大程度上反映出基坑系统的实际特征与运行规律。

3）基坑工程中的不确定性因素很多，例如岩土参数、工程材料、外部环境以及施工作业等都存在很大的不确定性。岩土体在长期的地质作用下，具有较大的空间变异性。本章主要研究基坑工程的岩土鲁棒性，故只探讨岩土参数扰动对支护结构的影响。

4）如前所述，基坑工程设计原则包括安全可靠性、经济合理性、动态调节性和鲁棒性。本模型中选择支护成本作为鲁棒性对等问题，对基坑工程的鲁棒性——成本进行双目标优化设计，兼顾工程性能与经济效益。

2.2.4 基坑工程支护鲁棒性应用

基坑支护结构为钻孔灌注桩＋混凝土内支撑＋立柱的组合形式。基坑围护结构横断面图如图 2-20 所示，纵断面图如图 2-21 所示。根据基坑设计标准分别对基坑钻孔灌注桩、内支撑和立柱支护形式进行可行性设计。

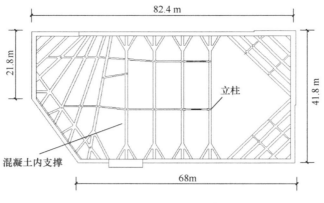

图 2-20　基坑围护结构横断面图

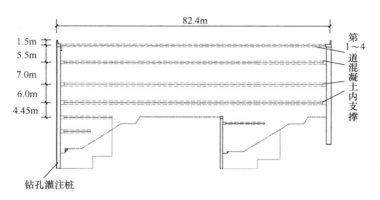

图 2-21　基坑围护结构纵断面图

基坑设计使用排桩支护形式，钻孔灌注桩布置形式分为 $\varPhi1200@1500mm$ 和 $\varPhi1500@1700mm$ 两种；钻孔灌注桩深度设计为 35m 和 40m 两种；混凝土材料取 C35 和 C30 两种。组合形成 8 种钻孔灌注桩设计方案，如表 2-12 所示。

钻孔灌注桩设计方案　　　　　　　　　　　表 2-12

编号	1	2	3	4	5	6	7	8
布置形式	$\varPhi1200$ @1500	$\varPhi1200$ @1500	$\varPhi1200$ @1500	$\varPhi1200$ @1500	$\varPhi1500$ @1700	$\varPhi1500$ @1700	$\varPhi1500$ @1700	$\varPhi1500$ @1700
材料	C35	C35	C30	C30	C35	C35	C30	C30
高度（m）	35	30	35	30	35	30	35	30

内支撑采用矩形钢筋混凝土内支撑形式，根据南宁地铁青秀山站厅明挖基坑的实际情况，仅对混凝土强度等级进行多方案设计，取 C30、C35 和 C25 三种形式，具体如表 2-13 所示。

内支撑设计方案　　　　　　　　　　　表 2-13

编号	1	2	3
材料	C30	C35	C25

立柱采用的是矩形截面钢筋混凝土立柱,截面尺寸为 $550\times550\text{mm}^2$。立柱布置形式分为双排布置和单排布置两种。单排布置是指立柱位于基坑短边的中间位置,与长边平行布置一排;双排布置是指立柱在基坑短边三等分的位置,与长边平行布置两排立柱。在设计域中不考虑立柱的形状,仅研究立柱的排列形式和混凝土的强度对支护系统性能的影响。立柱混凝土强度等级取 C35 和 C30 两种形式,与布置形式共组合为 4 种立柱设计方案,具体如表 2-14 所示。

立柱设计方案　　　　　　　　　　　　　　　　　　　　表 2-14

编号	1	2	3	4
布置形式	双排布置	双排布置	单排布置	单排布置
材料	C35	C30	C35	C30

如上所述,最终形成 8 种钻孔灌注桩设计方案,3 种混凝土内支撑设计方案,4 种混凝土立柱设计方案。设计域的可行性设计共有 $8\times3\times4=96$ 种。为了便于后续研究,对 96 种可行性设计进行编号,编号形式为 $i-j-k$,其中:$i\in[1,8]$;$j\in[1,3]$;$k\in[1,4]$。式中:i 为钻孔灌注桩设计形式,如表 2-12 所示;j 为内支撑设计形式,如表 2-13 所示;k 为立柱设计形式,如表 2-14 所示。

根据地质勘察报告,各地层的密度、黏聚力和内摩擦角实验值结果如表 2-15 所示。土层⑦$_{1-3}$ 的密度、黏聚力、内摩擦角和土层⑦$_{2-3}$ 的密度的实验值表现出了很大程度的随机性,故本章仅讨论上述四种参数的不确定性。本章仅对表 2-15 中涉及的参数最大值和最小值进行研究,共有 $2\times2\times2\times2=16$ 种参数组合,即每一种设计方案在噪声因素的影响下会有 16 种反映支护效果的系统响应。

岩土参数实验值　　　　　　　　　　　　　　　　　　　表 2-15

地层	密度 $\gamma(\text{kg}\cdot\text{m}^{-3})$			黏聚力 $c(\text{MPa})$			内摩擦角 $\varphi(°)$		
	均值	最大值	最小值	均值	最大值	最小值	均值	最大值	最小值
①$_2$	2.05	2.05	2.05	38.2	38.2	38.2	14	14	14
⑦$_{1-3}$	2.11	2.33	1.92	87.3	124	50.6	14.8	18.0	11.5
⑦$_{2-3}$	2.20	2.31	1.82	105.9	105.9	105.9	18.5	18.5	18.5

(1) 基坑支护结构成本

任何结构设计都要考虑成本效益,优化设计中的成本计算无需精确考虑所有项目,以能够体现各设计方案的合理差别为原则,作出适当简化。基坑支护的总成本为钻孔灌注桩成本、内支撑成本和立柱成本的总和,计算公式见式(2-18):

$$C = C_1 + C_2 + C_3 \tag{2-18}$$

式中　C——基坑支护结构的总成本;
　　　C_1——钻孔灌注桩成本;
　　　C_2——内支撑成本;
　　　C_3——立柱成本。

钻孔灌注桩的成本主要由混凝土单价和混凝土体积决定,C_1 计算公式如式(2-19)所示:

$$C_1 = d \cdot h \cdot l \cdot C_1^1 \tag{2-19}$$

式中 h——钻孔灌注桩等效为地连墙的厚度（m）；
d——钻孔灌注桩等效为地连墙的长度（m）；
l——钻孔灌注桩深度（m）；
C_1^1——每立方米混凝土的单价（元·m^{-3}）。

本章中 FLAC^{3D} 模型在 y 方向考虑 1m 厚度。Φ1200@1500mm 钻孔灌注桩等效为地连墙的厚度在 x 方向为 1m，Φ1500@1700mm 钻孔灌注桩等效为地连墙的厚度在 x 方向为 1.2m。钻孔灌注桩的长度取 35m 和 40m。调查混凝土的市场价格，得到不同强度等级混凝土的市场单价如表 2-16 所示。混凝土成本计算时，要在混凝土市场单价的基础上加上人工机械费 150 元/m³，计为综合混凝土单价，如表 2-17 所示。在实际工程中，钻孔灌注桩不同的设计方式，对于人工机械费以及折合后的混凝土单价都会有影响，因此要对不同设计方案下的混凝土价格进行折算，折算后不同型号混凝土的单价 C_1^1 如表 2-18 所示。

混凝土市场单价（单位：元·m^{-3}） 表 2-16

C25 混凝土	C30 混凝土	C35 混凝土
315	335	350

综合混凝土单价（单位：元·m^{-3}） 表 2-17

C25 混凝土	C30 混凝土	C35 混凝土
465	485	500

折算后混凝土单价（单位：元·m^{-3}） 表 2-18

项目	C30 混凝土	C35 混凝土
Φ1200@1500mm-35m	550	533.5
Φ1200@1500mm-40m	515	499.55
Φ1500@1700mm-35m	500	485
Φ1500@1700mm-40m	450	436.5

内支撑成本由内支撑体积、内支撑长度和混凝土折算后单价决定。C_2 计算公式如式 (2-20) 所示：

$$C_2 = V \cdot \frac{1}{N} \cdot C_2^2 \tag{2-20}$$

式中 V——内支撑体积（m³）；
N——水平方向内支撑间距（m），统一取 5m 进行简化计算；
C_2^2——内支撑混凝土折算价格（元）。

青秀山站厅基坑的开挖支护过程设有四道内支撑，四道内支撑的总体积按式 (2-21) 计算：

$$V = (S_1 + S_2 + S_3 + S_4) \times L \tag{2-21}$$

式中 S_1、S_2、S_3、S_4——第一至第四道支撑的截面面积（m²）；
L——内支撑的长度（m），模型取基坑的一半，故 L 取 24.5m。

由于混凝土内支撑的施工难度相较于钻孔灌注桩稍大，内支撑的混凝土体积与钻孔灌注桩相比较小。进行内支撑混凝土单价折算时需适当提高混凝土单价。可在混凝土市场价的基础上加上2倍的人工机械费，作为混凝土折算后的单价，如表2-19所示。

内支撑折算后混凝土单价（单位：元·m⁻³）　　　　　　表 2-19

C25 混凝土	C30 混凝土	C35 混凝土
615	635	650

立柱成本由立柱体积和混凝土折算后单价决定。C_3 计算公式如式（2-22）所示：

$$C_3 = V' \cdot \frac{1}{N} \cdot C_3^2 \cdot m \tag{2-22}$$

式中 V'——立柱体积（m³）；
N——水平方向立柱间距（m），统一取5m进行简化计算；
C_3^2——立柱混凝土折算价格（元），按照表2-17计算；
m——立柱排数，设计域中有单排和双排两种形式。

按照上述基坑桩撑支护结构成本计算方法，分别计算96种设计方案的成本，并按照支护成本从小到大的顺序排列，得到如表2-20所示的96组设计方案成本。

设计方案成本（单位：万元）　　　　　　表 2-20

序	方案	成本	序	方案	成本	序	方案	成本	序	方案	成本
1	3-3-4	2.9570	25	2-3-4	3.1497	49	8-1-4	3.2412	73	6-1-4	3.3060
2	3-3-3	2.9601	26	2-3-3	3.1528	50	8-1-3	3.2443	74	2-1-2	3.3072
3	3-1-4	3.0133	27	3-2-2	3.1539	51	2-2-4	3.2454	75	6-1-3	3.3091
4	1-3-4	3.0147	28	3-2-1	3.1602	52	4-1-2	3.2454	76	2-1-1	3.3135
5	3-1-3	3.0164	29	1-1-2	3.1722	53	5-1-4	3.2460	77	7-2-2	3.3236
6	1-3-3	3.0178	30	1-1-1	3.1785	54	2-2-3	3.2485	78	7-2-1	3.3299
7	3-2-4	3.0527	31	7-1-4	3.1830	55	5-1-3	3.2491	79	8-1-2	3.3424
8	3-2-3	3.0558	32	4-2-4	3.1836	56	6-3-3	3.2497	80	6-2-4	3.3454
9	3-3-2	3.0582	33	8-3-4	3.1849	57	2-3-2	3.2509	81	2-2-2	3.3466
10	3-3-1	3.0645	34	7-1-3	3.1861	58	4-1-1	3.2517	82	5-1-2	3.3472
11	1-1-4	3.0710	35	4-2-3	3.1867	59	6-3-2	3.2528	83	6-2-3	3.3485
12	1-1-3	3.0741	36	8-3-3	3.1880	60	2-3-2	3.2572	84	8-1-1	3.3487
13	4-3-4	3.0879	37	4-3-2	3.1891	61	8-2-4	3.2806	85	6-3-2	3.3509
14	4-3-3	3.0910	38	5-3-4	3.1897	62	8-2-3	3.2837	86	2-2-1	3.3529
15	1-2-4	3.1104	39	5-3-3	3.1928	63	7-1-2	3.2842	87	5-1-1	3.3535
16	1-2-3	3.1135	40	4-3-1	3.1954	64	4-2-2	3.2848	88	6-3-1	3.3572
17	3-1-2	3.1145	41	2-1-4	3.2060	65	5-2-4	3.2854	89	8-2-2	3.3818
18	1-3-2	3.1159	42	2-1-3	3.2091	66	8-3-3	3.2861	90	5-2-2	3.3866
19	3-1-1	3.1208	43	1-2-2	3.2116	67	5-2-3	3.2885	91	8-2-1	3.3881
20	1-3-1	3.1222	44	1-2-1	3.2179	68	7-1-1	3.2905	92	5-2-1	3.3929
21	7-3-4	3.1267	45	7-2-4	3.2224	69	5-3-2	3.2909	93	6-1-2	3.4072
22	7-3-3	3.1298	46	7-2-3	3.2255	70	4-2-1	3.2911	94	6-1-1	3.4135
23	4-1-4	3.1442	47	7-3-2	3.2279	71	8-3-2	3.2924	95	6-2-2	3.4466
24	4-1-3	3.1473	48	7-3-1	3.2342	72	5-3-1	3.2972	96	6-2-1	3.4529

(2) 基坑工程支护优化设计

为了全面反映基坑工程支护效果，前文选取了地连墙水平位移标准差 σ_1、基坑外侧土体沉降位移标准差 σ_2、基坑底部隆起位移标准差 σ_3 以及组合位移标准差 σ 作为系统响应评价指标。以设计方案的成本为横坐标，分别以系统响应的 σ_1、σ_2、σ_3 和 σ 为纵坐标，构建 96 组设计方案的散点图。在进行双目标优化设计过程中，成本和系统响应标准差均遵循越小越优原则，下面分别介绍四种系统响应形式下的优化设计结果。

1) 钻孔灌注桩水平位移鲁棒性优化设计

以钻孔灌注桩水平位移标准差 σ_1 作为支护结构鲁棒性能的评价指标，绘制成本—σ_1 散点图，应用 MATLAB 进行非支配解算法编程，得到 16 组非支配解，构成帕累托前沿，如图 2-22 所示。

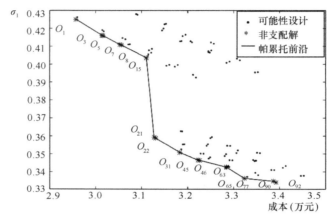

图 2-22 钻孔灌注桩水平位移散点图

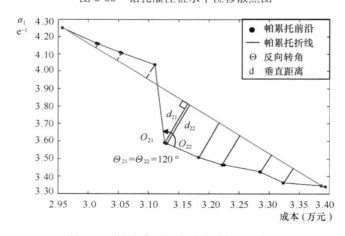

图 2-23 钻孔灌注桩水平位移帕累托前沿

应用前文所述的 SGR 法对帕累托前沿进行搜索，计算 16 个非支配解的牺牲收益率 R 和双比率 DR，表 2-21 是 SGR 法的具体计算数据。根据计算表可知，第 21 个设计（7-3-4）和第 22 个设计（7-3-3）符合帕累托前沿上膝点的相关设定，为 SGR 法求得的两组最优解。为了检验该方法的准确性，应用前面所述的反向转角法、法向边界交叉法和原点垂足法对帕累托前沿进行计算，如图 2-23 所示。将帕累托前沿上的各点进行函数拟合，得到如图2-24所示的指数函数 $f(x)=-64x^4+820x^3-3900x^2+8300x-6600$。经计算，应用反向转角法和法向边界交叉法得到最优解也为7-3-4和7-3-3，应用原点垂足法在该帕累托前沿上搜索膝点无效，不能求得符合设计域区间的最优解，如表2-22所示。对比SGR法与反向转角法和法向边界交叉法得到最优解，完全吻合。所以说，以钻孔灌注桩水平位移为鲁棒性指标进行优化设计，最优解为7-3-4和7-3-3，同时说明应用SGR法搜索膝点具有一定的准确性。

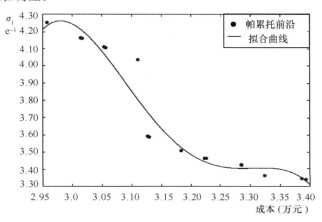

图2-24　钻孔灌注桩水平位移帕累托前沿拟合曲线

钻孔灌注桩水平位移 SGR 计算表　　　　　表2-21

点号	成本（万元）	σ_1	R	DR	点号	成本（万元）	σ_1	R	DR
O_1	2.9570	0.42507	—	1	O_{31}	3.1830	0.35084	6.674	1.372
O_3	3.0133	0.41630	6.414	1.147	O_{45}	3.2224	0.34654	9.159	1.768
O_5	3.0164	0.41597	6.414	1.147	O_{46}	3.2255	0.34652	9.159	1.768
O_7	3.0527	0.41094	7.359	1.074	O_{63}	3.2842	0.34272	16.191	0.250
O_8	3.0558	0.41064	7.359	1.074	O_{65}	3.2854	0.34243	4.040	1.553
O_{15}	3.1104	0.40364	7.903	0.046	O_{77}	3.3236	0.33634	6.277	6.050
O_{21}	3.1267	0.35928	0.367	18.164	O_{90}	3.3866	0.33468	37.975	0.245
O_{22}	3.1298	0.35883	0.367	18.164	O_{92}	3.3929	0.33400	9.306	1

最优解方案　　　　　表2-22

SGR法	反向转角法	法向边界交叉法	原点垂足法
O_{21}、O_{22}	O_{21}、O_{22}	O_{21}、O_{22}	—

2）外围土体沉降位移鲁棒性优化设计

以基坑外围土体沉降位移标准差 σ_2 作为支护结构鲁棒性能的评价指标，绘制成本—σ_2散点图，应用MATLAB进行非支配解算法编程，得到19组非支配解，构成帕累托前沿，如图2-25所示。

应用SGR法计算19个非支配解的牺牲收益率 R 和双比率 DR，表2-23是SGR法的具体计算数据。根据计算表可知，第21个设计（7-3-4）和第22个设计（7-3-3）符合帕累托前沿上膝点的相关设定，为SGR法求得的两组最优解。应用反向转角法、法向边界交叉法和原点垂足法对帕累托前沿进行计算，如图2-26所示。对帕累托前沿进行函数拟

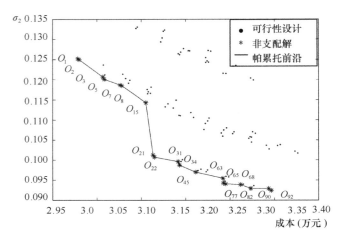

图 2-25 基坑外围土体沉降位移散点图

合,拟合成四次多项式函数。拟合函数为 $f(x) = 130x^4 - 1700x^3 + 7800x^2 - 16000x + 13000$,如图 2-27 所示。经计算,应用反向转角法和法向边界交叉法得到最优解也为 7-3-4 和 7-3-3,原点垂足法计算结果不符合区间要求,认为无解,如表 2-24 所示。

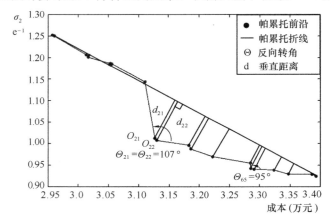

图 2-26 外围土体沉降位移帕累托前沿

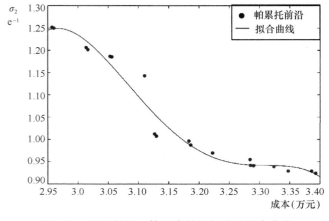

图 2-27 基坑外围土体沉降帕累托前沿拟合曲线

第 2 章 地铁车站韧性评估与支护鲁棒性分析

基坑外围土体沉降位移 SGR 计算表　　　　　　表 2-23

点号	成本（万元）	σ_2	R	DR	点号	成本（万元）	σ_2	R	DR
O_1	2.957	0.1252	—	1	O_{34}	3.1861	0.0987	34.65	0.433
O_2	2.9601	0.1250	16.40	0.965	O_{45}	3.2224	0.0970	14.99	2.720
O_3	3.0133	0.1207	12.47	1.572	O_{63}	3.2842	0.0955	40.77	0.024
O_5	3.0164	0.1201	12.47	1.572	O_{65}	3.2854	0.0942	0.96	119.928
O_7	3.0527	0.1187	19.60	0.675	O_{68}	3.2905	0.0941	0.96	119.928
O_8	3.0558	0.1185	19.60	0.675	O_{77}	3.3236	0.0939	115.41	0.209
O_{15}	3.1104	0.1143	13.23	0.094	O_{82}	3.3472	0.0929	24.11	125.726
O_{21}	3.1267	0.1013	1.25	27.762	O_{90}	3.3866	0.0929	0.09	1
O_{22}	3.1298	0.1007	1.25	27.762	O_{92}	3.3929	0.0924	0.09	1
O_{31}	3.183	0.0996	34.65	0.433	—	—	—	—	—

最优解方案　　　　　　表 2-24

SGR 法	反向转角法	法向边界交叉法	原点垂足法
O_{21}、O_{22}	O_{21}、O_{22}	O_{21}、O_{22}	—

3）坑底隆起位移鲁棒性优化设计

以基坑底部隆起位移标准差 σ_3 作为鲁棒性能的评价指标，绘制成本—σ_3 散点图，应用非支配解算法得到 7 组非支配解，构成帕累托前沿，如图 2-28 所示。

应用 SGR 法计算 7 组非支配解的牺牲收益率 R 和双比率 DR，表 2-25 是 SGR 法的具体计算数据。根据计算表可知，第 38 个设计（5-3-4）符合帕累托前沿上膝点的相关设定，为 SGR 法求得的最优解。应用反向转角法、法向边界交叉法和原点垂足法进行计算，如图 2-29 所示。对帕累托前沿进行函数拟合，拟合成四次多项式函数，拟合函数为 $y=130x^4-1700x^3+7800x^2-16000x+13000$，如图 2-30 所示。经计算，应用反向转角法求得的最优解是第 38 个设计（5-3-4），应用法向边界交叉法得到最优解为第 4 个设计（1-3-4），原点垂足法计算结果不符合区间要求，认为无解，如表 2-26 所示。

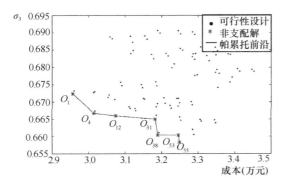

图 2-28　基坑底部隆起位移标准差散点图

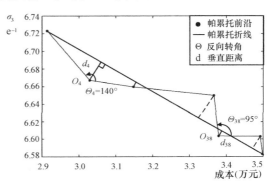

图 2-29　基坑底部隆起位移帕累托前沿

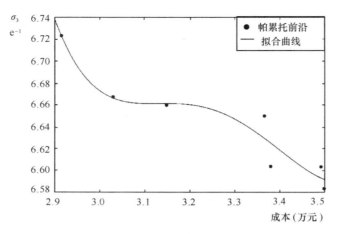

图 2-30　基坑底部隆起位移帕累托前沿拟合曲线

4) 组合位移鲁棒性优化设计

以组合位移标准差 σ 作为支护结构鲁棒性能的评价指标，绘制成本—σ 散点图，应用 MATLAB 进行非支配解算法编程，得到 16 组非支配解，构成帕累托前沿，如图 2-31 所示。应用前面所述的 SGR 法对帕累托前沿进行搜索，计算 16 个非支配解的牺牲收益率 R 和双比率 DR，表 2-27 是 SGR 法的具体计算数据。根据计算表可知，第 21 个设计（7-3-4）和第 22 个设计（7-3-3）符合帕累托前沿上膝点的相关设定，为 SGR 法求得的两组最优解。

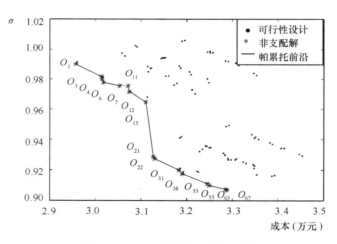

图 2-31　组合位移标准差散点图

基坑底部隆起位移 SGR 计算表　　　　　表 2-25

点号	成本（万元）	σ_3	R	DR	点号	成本（万元）	σ_3	R	DR
O_1	2.957	0.6723	—	1	O_{38}	3.1897	0.6604	1.442	1123.52
O_4	3.0147	0.6667	10.29	7.68	O_{53}	3.246	0.6603	1 619.73	0.001
O_{12}	3.0741	0.6660	79.03	1.43	O_{55}	3.2491	0.6583	1.551	1
O_{31}	3.183	0.6650	112.94	0.02	—	—	—	—	—

最优解方案			表 2-26
SGR 法	反向转角法	法向边界交叉法	原点垂足法
O_{38}	O_{38}	O_4	—

为了检验该方法的准确性，应用前面所述的反向转角法、法向边界交叉法和原点垂足法对帕累托前沿进行计算，如图 2-32 所示。对帕累托前沿进行函数拟合，拟合成五次多项式函数。拟合函数为 $f(x)=-7300x^5+110000x^4-710000x^3+2200000x^2-3400000x+2100000$，如图 2-33 所示。经计算，应用反向转角法和法向边界交叉法得到最优解也为 7-3-4 和 7-3-3，原点垂足法计算结果不符合区间要求，认为无解，如表 2-28 所示。

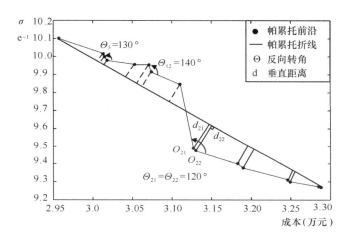

图 2-32 组合位移帕累托前沿

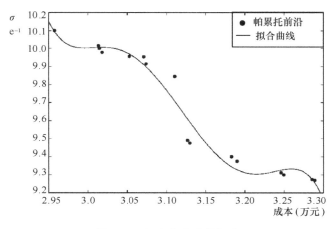

图 2-33 组合位移曲线拟合

7-3-4 和 7-3-3 设计方案的支护形式如表 2-29 所示。在进行基坑支护结构设计时，选择直径为 $\Phi1500$mm，桩间距为 1700mm，混凝土强度等级为 C30，桩深为 35m 的钻孔灌注桩，内支撑混凝土强度等级为 C25，立柱采取单排布置形式，混凝土强度等级为 C30 或 C35 均可。

组合位移 SGR 计算表 表 2-27

点号	成本	σ	R	DR	点号	成本	σ	R	DR
O_1	2.957	0.939	—	—	O_{21}	3.1267	0.889	0.575	13.023
O_3	3.0133	0.932	7.988	0.956	O_{22}	3.1298	0.888	0.575	13.023
O_4	3.0147	0.930	7.988	0.9562	O_{31}	3.183	0.882	7.490	0.284
O_6	3.0178	0.928	7.988	0.956	O_{38}	3.1897	0.878	2.126	5.086
O_7	3.0527	0.927	7.638	18.966	O_{53}	3.246	0.873	10.812	1.285
O_{11}	3.071	0.927	144.871	0.005	O_{55}	3.2491	0.872	10.812	1.285
O_{12}	3.0741	0.923	0.777	8.564	O_{65}	3.2854	0.870	13.898	—
O_{15}	3.1104	0.917	6.652	0.086	O_{67}	3.2885	0.870	13.898	—

最优解方案 表 2-28

SGR	反向转角法	法向边界交叉法	原点垂足法
O_{21}、O_{22}	O_{21}、O_{22}	O_{21}、O_{22}	—

最优解支护形式 表 2-29

方案	钻孔灌注桩			内支撑	立柱	
	桩径（mm）	桩深	混凝土强度	混凝土强度	布置形式	混凝土强度
7-3-4	$\Phi1500@1700$	35m	C30	C25	单排	C30
7-3-3	$\Phi1500@1700$	35m	C30	C25	单排	C35

对基坑支护结构进行了鲁棒性—成本双目标优化，具体内容如下：

a. 设计了一个基坑支护结构鲁棒性优化设计流程，从内向外剖析整个系统的具体计算步骤，阐述内、外循环的嵌套关系。设计了一种算法将钻孔灌注桩水平位移、基坑外围土体沉降位移和基坑底部隆起位移三个位置变形的标准差进行组合，作为组合鲁棒性的系统响应值。

b. 给出了基坑工程桩撑支护结构的成本计算方法，该成本算法无需详细计算每个设计环节，以能够反映出各设计方案之间的合理差别为基本原则。通过钻孔灌注桩成本、内支撑成本和立柱成本计算总的支护成本，并按照工程成本由小到大的顺序进行排序，作为优化设计散点图的横坐标。

c. 分别从钻孔灌注桩水平位移鲁棒性、基坑外围土体沉降位移鲁棒性、基坑底部隆起位移鲁棒性和组合位移鲁棒性四个角度进行鲁棒性—成本双目标优化，分别采用 SGR 法、反向转角法、法向边界交叉法和原点垂足法搜索膝点，将所得结果进行分析比对。经计算，设计方案 7-3-4 和 7-3-3 满足鲁棒性和经济成本最优，可作为基坑支护设计的最优方案。

d. 通过对南宁地铁青秀山站厅明挖基坑进行鲁棒性优化设计计算，最终筛选出两组设计方案供设计人员选择。其中钻孔灌注桩直径为 $\Phi1500$mm，桩间距为 1700mm，混凝土强度等级为 C30，桩深为 35m；内支撑混凝土强度等级为 C25；立柱采取单排布置形式，混凝土强度等级为 C30 或 C35 均可。

第3章 古近系半成岩地层降水研究

不同地区地铁车站的降水设计应用于其他地区的地铁车站工程时往往存在适用性的问题，再加上地铁车站工程的高度复杂性，虽然目前南宁地区已有了大量的地铁车站降水工程实践，但是关于古近系半成岩地层下的降水设计尚无系统的理论研究，且地铁车站的基坑、隧道工程本身就是一门理论严重滞后于实践的学科，设计时想要得到较准确的可靠降水方案往往难度较大。因此，依托南宁轨道交通3号线青秀山地铁车站，通过工程勘察得到地层的水力参数及水力边界条件，建立数值计算模型，通过单井、群井降水试验，进行反演计算并修正数值计算模型，在数值模拟和现场测试的基础上，对古近系半成岩地层地铁车站降水关键技术与工序进行研究，分析降水对地层、结构变形机理和规律，进一步对相关降水方案进行优化设计。研究成果能够积累大量先进经验，并且对青秀山站降水工程的顺利实施，指导南宁地区后续地铁车站以及其他类似工程降水设计和施工将具有非常重要的意义。

南宁轨道交通3号线青秀山站为典型的在古近系砂质泥岩、泥质粉砂岩为主的半成岩地层中修建的地下复杂车站。车站与凤岭南路斜交，凤岭南路为市区主干道路，交通繁忙。在凤岭南路北侧的金汇如意坊广场设置明挖活塞风井，明挖活塞风井长27.0m，宽15.0m，底板标高约53.90m，埋深约59.6m；南侧青秀山公园内设置地下4层（局部3层）明挖站厅，站台层采用暗挖法，站台底板标高约55.45m，埋深约61.9m，明挖站厅通过从底板斜向下的扶梯斜通道与站台层横通道中部相通，两条扶梯斜通道夹在平行站台层隧道中间，与左、右主隧道最小距离分别为3.69m、4.61m和6.71m。斜通道敞口段采用明挖法施工，闭合段为拱顶覆土，厚0.38~17.8m。车站周边水体情况复杂，且周边存在大量仿古建筑群，基础薄弱，降水施工沉降控制要求极高。

青秀山站开展降水设计与施工具有以下工程难点：

（1）降水施工受地形限制，青秀山站底板埋深达66.12m，采用群井降水工艺施工，井深达78.6m，接近国内设备施工能力的极限；最大设计降深32m，采用分阶段、分批次、分时段降水，持续时间长，管理难度大；

（2）南宁地区泥岩-砂岩及其衍生地层互层分布，透镜体广泛存在，地层渗透性沿深度方向差异极大，给降水计算及设计带来较大困难；

（3）车站与凤岭南路斜交，后期暗挖法施工时，暗挖车站位于凤岭南路下侧，道路中间无法布设降水井，存在降水盲区，对降水施工影响很大；

（4）古近系半成岩的粉砂岩、泥质粉砂岩属膨胀性土，风干开裂，遇水易崩解，强度迅速降低，软化后完全呈泥化状态，岩土的工程性质较差；

（5）古近系半成岩的砂质泥岩地层颗粒较细，降水后容易引起地表沉降，并引发周边建筑物沉降开裂；

（6）古近系半成岩地层属于中等透水地层，在施工的扰动下，地下水位产生变化诱发渗透力，严重影响地层的稳定性。

为了安全快速进行城市地下工程建设，有必要开展在古近系半成岩地区深基坑开挖前的降水技术研究。

3.1 古近系半成岩地层岩层特性分析

3.1.1 古近系半成岩地层赋存条件分析

车站范围内岩土从上至下依次为：表层为素填土①$_2$；中部为半成岩的粉砂质泥岩⑦$_{1-3}$；下部为泥质粉砂岩⑦$_{2-3}$以及粉细砂岩⑦$_{3-3}$。工程地质剖面图如图3-1所示。

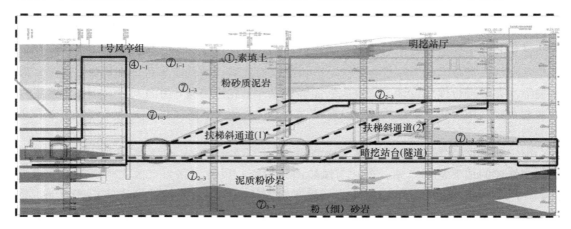

图 3-1　工程地质剖面图

车站范围内各土层物理力学参数如表3-1所示。

土层物理力学参数　　　　　表3-1

编号	土层	重度 γ (kN/m³)	弹性模量 E (MPa)	黏聚力 c (kPa)	内摩擦角 φ (°)	泊松比
①$_2$	素填土	19.3	28.25	11	8	0.4
⑦$_{1-3}$	泥岩、粉砂质泥岩	20.7	42.3	80	15	0.24
⑦$_{2-3}$	粉砂岩、泥质粉砂岩	21.6	42.3	60	30	0.24
⑦$_{3-3}$	粉（细）砂岩	22.9	160	75	36	0.23

车站工程影响范围内的地下水主要为上层滞水、第四系松散岩类孔隙水、碎屑岩类孔隙裂隙水。

（1）上层滞水

沿线均有分布，主要赋存于人工填土层和浅部粉土、砂土层中，不同地段含水层的渗透系数相差很大，补给方式和补给量悬殊较大，从而形成了上层滞水分布不均匀、水位不连续、高低变化很大的特点。

（2）第四系松散岩类孔隙水

工程地质Ⅰ2区松散岩类孔隙水主要赋存于透镜体状砂层中，水量较小，无连续水位，与邕江无水力联系，属潜水。

（3）碎屑岩类孔隙裂隙水

碎屑岩类孔隙裂隙水主要赋存于下伏古近系半成岩的粉砂岩和泥质粉砂岩中，参考前期勘察资料及区域水文地质资料，该层地下水具承压性，富水性弱，属弱～中等透水层，隔水顶板为泥岩、粉砂质泥岩，西部埋深深。往东渐次变浅。

场地地下水位受季节变化影响较大，每年4～10月为雨季，降雨充沛，水位会明显上升，而在秋、冬季因雨量减少，地下水位随之下降。地下水位的变化受地形地貌、地层岩性、地下水补给来源、气候等因素控制。地下水水位年变化幅度为2～5m。

3.1.2 古近系半成岩地层力学性质分析

现场取样及室内加工制样，岩石试样直接从隧道开挖面采取，取样时对岩石进行层位、方位及受力方向标记，通过水钻粗略钻取大约60mm直径的岩样，样品表面采用多层食品保鲜膜包裹后运输至岩土实验室。

岩样均加工成高约76mm、直径约38mm的圆柱形标准试件。试件钻取后，两端面仔细磨平，使两端面的平整度少于0.05mm，端面垂直于试件轴线，偏差少于0.25°。试件加工完成后，先剔表观上有裂纹、层理、条纹等缺陷的试件，再对剩余试件进行声波测试，筛选出均匀性、一致性好的试件备用。

（1）崩解特性

试样在水环境中浸泡下结构极易崩解，其中的黏土矿物吸水后迅速发生膨胀，当膨胀压力超过胶结强度，导致岩石微结构变化，进而引起宏观上岩石的膨胀开裂，且由于黏土矿物中引起膨胀的伊利石含量较高，故岩样膨胀性显著，试样浸水后迅速溶蚀破碎。

（2）单轴抗压强度试验

测定试样抗压强度，采用压力机进行了几组单轴抗压强度试验。通过试验得出试样在干燥条件下单轴抗压强度为8.65MPa。

（3）泥质粉砂岩三轴压缩试验研究

根据所取岩样的埋深情况以及前面测得的单轴抗压强度，并结合《水利水电工程岩石试验规程》SL/T 264—2020确定了本次试验的三个围压条件，即1MPa、2MPa、3MPa，再分别在四种含水率条件下进行常规三轴压缩试验。

进行常规三轴压缩试验的目的是获取岩石的全应力应变曲线，揭示岩石度和变形破坏特征，初步掌握该岩石的基本力学特性。

相同围压、不同含水条件下应力—应变曲线，如图3-2所示。

从试验结果可以看出，无论是干燥状态还是饱和状态，岩石应力—应变曲线基本可以分为5个阶段，即压密阶段、弹性阶段、塑性屈服阶段、应变软化阶段和残余变形阶段。比较饱水前后试样的变形曲线可以看出，干燥岩石属脆性破坏，达到峰值强度后立即破坏，应力应变曲线很"尖锐"；饱水岩样则有明显"变软"的趋势，相比干燥岩样，饱水岩样应力应变曲线也更加平缓。随着围压的增大，岩石应力应变曲线逐渐由脆性破坏向延性破坏过渡，而且在到达峰值前的应力应变曲线并不是直线关系。

相同围压条件下，变形随着含水率的提高显著提高；同时，在相同含水条件下，围压的提高会抑制轴向变形的增长，即峰值应变随着围压的增大均有不同程度的增大。同时，

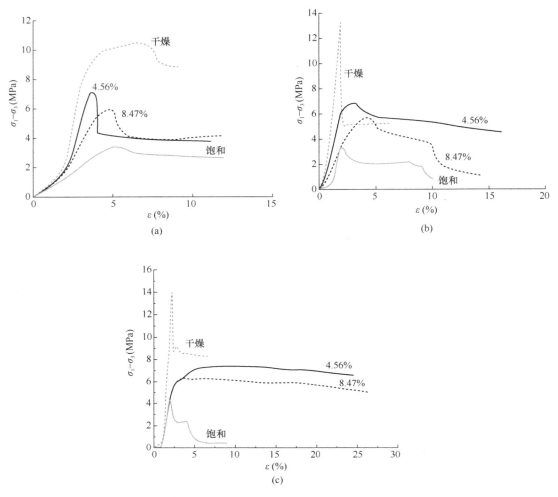

图 3-2 不同围压、不同含水率条件下应力—应变曲线
(a) 围压 1MPa；(b) 围压 2MPa；(c) 围压 3MPa

相同围压时，饱和状态峰值应变要略高于干燥状态。这是由于岩样受到水的软化作用，水膜楔入导致材料抵抗变形的能力降低所致，而且饱和状态峰值应变对围压的敏感程度要高于干燥状态岩样。

对各种条件下的峰值强度（也即抗剪强度）进行统计，如表 3-2 所示。

峰值强度（抗剪强度）统计 表 3-2

含水率	$\sigma_3=1MPa$	$\sigma_3=2MPa$	$\sigma_3=3MPa$
干燥	11.46MPa	12.86MPa	14.12MPa
4.56%	6.84MPa	2.12MPa	2.44MPa
8.47%	2.59MPa	2.75MPa	6.33MPa
饱和（12.36%）	2.57MPa	3.43MPa	4.51MPa

围压分别在 1MPa、2MPa、3MPa 条件下，抗剪强度由干燥状态的 11.46MPa、

12.86MPa、14.12MPa，降低至饱水状态下的 2.57MPa、3.43MPa、4.51MPa。下降幅度分别可达 72.57%、73.33%、68.06%。围压相同，强度随含水率的提高不断降低，水的软化效果明显且迅速。

3.1.3 古近系半成岩含水层特性分析

古近系地层为一套半成岩的湖相沉积的碎屑岩，岩石固结成岩的程度低。砂岩和泥岩是该岩石的两种极端，按其物质构成来细分还可分成为泥岩、粉砂质泥岩、泥质粉砂岩、粉砂岩，它们以互层状分布，粉砂岩分布呈"鸡窝状"或"准透镜状"沉积迭合。砂岩中以粉砂质为主，但中间或夹有较纯净的中砂，甚至很纯净的石英砂。这套岩层间或出现煤屑、煤层及薄的铁锰富集层，甚至是十分坚硬的铁锰"锅巴"层。

粉砂岩、泥质粉砂岩为粉砂质结构，泥质胶结，成岩程度低，在勘察钻探过程中，受钻机施工扰动、地下水作用，原岩结构被破坏，岩芯呈粉砂状，似第四系粉砂。在开挖过程中，由于卸荷影响，若地下水未提前疏干，则易在桩间形成"流土"，导致桩间土流失。图 3-3、图 3-4 分别为原状岩土体和岩土体遇水崩解图。

图 3-3　原状岩土体密实

图 3-4　岩土体遇水易崩解

本车站内，根据成岩程度的不同，可分为 3 个亚层（⑦$_{2-1}$、⑦$_{2-2}$、⑦$_{2-3}$），其中⑦$_{2-1}$ 层尚未成岩，呈中密粉砂状，有 4 个钻孔揭露，零星分布于场地内，层厚 1.50～2.50m，平均层厚 1.84m；⑦$_{2-2}$ 层成岩程度较浅，呈密实粉砂状，有 9 个钻孔揭露该层，呈薄层状分布于半成岩表面，层厚 0.70～5.20m，平均层厚 2.06m；⑦$_{2-3}$ 层成岩程度较深，呈半岩半土状，基本每个钻孔均有揭露，是本站主要含水层，车站结构除局部位于透镜体状泥岩层外，均位于⑦$_{2-3}$ 层中，标贯试验击数 75～150 击，平均 108.33 击，平均修正击数 89.32 击。为研究本层的物理力学特性，在不同深度范围取原状样 55 组进行天然状态下单轴抗压强度试验，根据试验结果，该层天然状态下单轴抗压强度为 0.79～3.79MPa，标准值为 2.12MPa；在不同深度范围取原状样 12 组进行土工试验，根据试验结果，该层天然孔隙比为 0.288～0.455，平均值为 0.352，具有孔隙和裂隙的双重性质，因此本层中地下水又称为碎屑岩类孔隙裂隙水。

碎屑岩类孔隙裂隙水主要赋存于古近系半成岩粉砂岩中，隔水层主要为上部粉质黏土和互层分布的泥岩。粉砂岩孔隙比为 0.288～0.455，具有孔隙水和裂隙水的双重特性。

本套地层为湖相沉积，属于静水沉积，颗粒分选性好，层理细密。由于不同时期气候周期性干湿交替，或者构造下降或停顿交替，造成了砂砾层和黏土层交替堆积，形成了泥岩和粉砂岩呈互层状分布，进而形成了多个含水层。

该含水层主要通过古湖泊中的冲积砂层与外界联系，而垂直向上有黏土层分布，越流补给比较困难。因为该含水层与外界联系差，补给困难，地下水资源不丰富。补给来源主要来自大气降水通过含水层出露位置入渗补给，沿含水层出露位置渗流排泄，在地形切割较低处形成泉或者沼泽，枯季泉水流量为 0.1~1.0L/s。

由于上覆隔水层的覆盖和含水层出露接受降水补给，造成该层地下水具有承压性，承压水头 1.0~7.0m。南宁市每年 4~10 月为雨季，降雨充沛，水位会明显上升，而在冬季因降雨减少，地下水位随之下降，地下水年变幅为 3.0~5.0m，没有连续的地下水位。

工程降水引起降深范围内土层重度的变化，应力状态及力学性能发生了改变。青秀山站粉砂岩、泥质粉砂岩为降水含水层，降水后粉砂岩、泥质粉砂岩的重度均出现不同程度地降低，降低幅度较小。泥岩、粉砂质泥岩属中等~强胀缩岩土，含有大量亲水矿物，湿度变化时有较大体积的变化，降水后泥岩、粉砂质泥岩的重度略微有所增加，具体见表 3-3。

青秀山站详细勘察阶段基岩降水前后重度对比一览表　　　　表 3-3

地层编号	岩土名称	地质时代	天然密度 (g/cm^3)	天然含水量 (%)	孔隙比	降水前的基岩重度 (kN/m^3)	降水后的基岩重度 (kN/m^3)
⑦$_{1-1}$	泥岩、粉砂质泥岩	E	2.05	19.89	0.601	20.31	20.51
⑦$_{1-2}$	泥岩、粉砂质泥岩	E	2.09	16.25	0.517	20.88	20.85
⑦$_{1-3}$	泥岩、粉砂质泥岩	E	2.11	18.30	0.551	20.64	21.10
⑦$_{2-1}$	粉砂岩、泥质粉砂岩	E	2.07	16.60	0.520	20.85	20.73
⑦$_{2-2}$	粉砂岩、泥质粉砂岩	E	2.01	20.28	0.631	20.12	20.05
⑦$_{2-3}$	粉砂岩、泥质粉砂岩	E	2.20	12.90	0.352	22.20	22.00
⑦$_{3-1}$	粉砂质泥岩	E	2.20	12.00	—	—	22.00
⑦$_{3-2}$	泥质粉砂岩	E	2.28	11.15	—	—	22.80
⑦$_{3-3}$	粉（细）砂岩	E	2.34	3.00	—	—	23.40
⑦$_{3-5}$	钙质泥岩	E	2.43	6.42	0.478	21.17	24.30

青秀山站粉砂岩、泥质粉砂岩遇水崩解，先软化后完全呈泥化状态，排水后呈粉细砂状，浸水后的粉砂岩、泥质粉砂岩经过 20~30s 的时间，完全崩解呈砂土状，崩解速度快，强度迅速降低；淋水的粉砂岩、泥质粉砂岩经过 1min 的时间，完全崩解呈砂土状，强度迅速降低。由于粉砂岩、泥质粉砂岩崩解试验可知，粉砂岩、泥质粉砂岩遇水崩解速度较快，其土样崩解速度与接触水的面积有关，接触水面积越大，崩解速度越快。泥岩、粉砂质泥岩的水稳定较差，浸水易软化，软化系数约为 0.15~0.21，且大部分含较多亲水矿物，多呈中等~强膨胀性。

该层地下水具有富水性差、透水性弱、补给源有限的特点，对于明挖车站深基坑和联络通道施工，采用明排方案时，含水层容易被渗出的地下水带出形成"流土"，导致桩间土流失，不利于基坑安全。

3.2 古近系半成岩地层车站降水试验

拟建场地下水主要赋存于⑦$_{2-3}$泥质粉砂岩、⑦$_{3-3}$粉砂岩中，各层之间有一定水力联系。本工程隧道开挖深度为58m，埋深极大，且隧道所在施工区域内的地下水极其丰富，水头压力很大，地下水的处理关乎隧道施工的成败。为进一步了解地下水水头埋深分布，取得含水层的详细水文地质参数、掌握施工区域内土层的水力联系情况，从而制定可行、合理的地下水处理方案，确定施工期间降水井的降水施工参数为布置降水井提供依据，以及分析与预测降水施工过程中对基坑周边邻近基础结构、周边道路、市政管线的影响，因此工程实施之前应在本工程场地内进行抽水试验。

本次试验主要是针对赋存于泥质粉砂岩⑦$_{2-3}$及粉砂岩⑦$_{3-3}$中的地下水。根据现场灌注桩施工时取样的地层情况看，该车站隧道顶部很有可能存在局部泥岩隔水层，且上部的渗透性差异可能比较大，为确保施工安全分别在车站隧道顶部及底部各布设1口观测井GC1、GC2，以了解该部位的水位变化情况，从而取得不同部位及深度的含水层的水力参数。由于该车站的特殊性，为确保数据的准确性分别在平面上不同的特殊点布设降水试验井，实际采取数据，以分析整个场地的水位变化情况及水力联系情况。同时要求进行单井抽水试验和群井抽水试验。

抽水试验井考虑到后期降水施工，因此尽量利用后期降水施工时的降水井，完成后，必须采取可靠措施确保降水试验井在后续施工中不会被破坏。

（1）试验区域设置在本工程地块中部及北部区域。

（2）群井试验前先进行单井试验，观测井共用群井试验其余井。

（3）试验内容：单井抽水试验，单井试验抽降深层地下水并观测该层的水头，同时观测隧道顶及隧道底的水头变化；

（4）群井抽水试验，试验井中心范围在不同的深度均应布置水位观测井，观测井数量应确保能够反映承压水头坡降情况；

（5）为获取准确的水文地质参数及各部位的水力联系，群井抽水试验中应在不同深度范围内分别设置水位观测井；

（6）群井抽水试验过程中，要求降水井动水位应达到28m以下，应产生足够大水位降深，同时观测水位变化并根据观测数据预估降水对周边环境的影响。

进行以上抽水试验必须确保获得以上数据及结论，为今后的基坑设计施工提供可靠依据，试验完成后，必须采取可靠措施确保降水试验井在后续施工中不会被破坏。

3.2.1 抽水试验设计

在新增竖井四周布设4口抽水井兼观测井，在车站两侧、中部及北段各布设1口抽水井兼观测井，井号SY1~SY8，井底标高35m，过滤器长42m；在车站隧道顶部及底部各布设1口观测井，井号GC1~GC2，GC1井底标高为53.00m，GC2井底标高为65.00m，过滤器长9m。试验井平面布置图及井结构示意图如图3-5和图3-6所示。

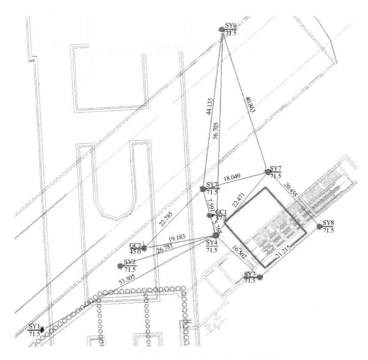

图 3-5 抽水试验井平面布置示意图

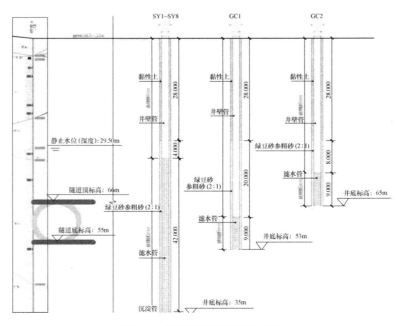

图 3-6 抽水试验井结构示意图

为初步掌握抽水试验期间对周围环境的影响，在抽水试验井周围建筑物布置适量沉降观测点，沉降监测点（观测范围100m×100m，观测点间距10m）共布置39个建筑物沉降监测点，如图3-7和图3-8所示。

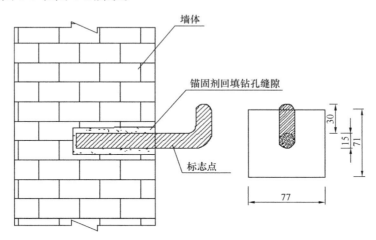

图3-7 监测点示意图

(1) 单井抽水试验

2016年3月19日15：18开始单井抽水试验，利用SY4井抽水，井深71.50m，过滤器长42m。抽水目的层为⑦$_{2-3}$粉砂岩层、⑦$_{3-3}$粉（细）砂岩，水位观测井为GC1～GC2、SY1～3，SY5～8井作为观测井使用。求取参数主要为渗透系数k、贮水系数S。单井抽水试验结束后，即进行单井水位恢复试验。

抽水井SY4内投入QX15-150-7.5型水泵进行抽水，该泵额定出水量为15m³/h，试验中的实际出水量为14.20m³/h。同时对其他观测井进行地下水位动态观测，经过约60h，水位已基本趋于稳定。

流量曲线见图3-9～图3-13，各井水位降深统计见表3-4。从以上的水位变化历时曲线可看出，抽深层地下水时同层水位明显下降，下降幅度较大，同时在含水层的不同深度（45m、57m、68m），水位下降也很明显，但隧道顶部的水位下降与其他深度的观测井相比，下降极其缓慢且同时下降的幅度明显偏少。

单井抽水—水位降深观测数据　　　　　表3-4

井号	到抽水井的距离（m）	降深（m）	试验井深（m）	备注
SY4	—	46.50	71.50	深层地下水
SY1	53.11	8.56	71.50	深层地下水
SY2	26.81	7.68	68.00	深层地下水
SY3	16.50	12.97	71.50	深层地下水
SY5	13.27	11.52	71.50	深层地下水
SY6	56.80	—	71.50	受施工影响
SY7	22.47	10.27	71.50	深层地下水
SY8	27.88	11.69	71.50	深层地下水
GC1	5.75	6.56	57	车站隧道底部地下水
GC2	19.39	2.18	45	车站隧道顶部地下水

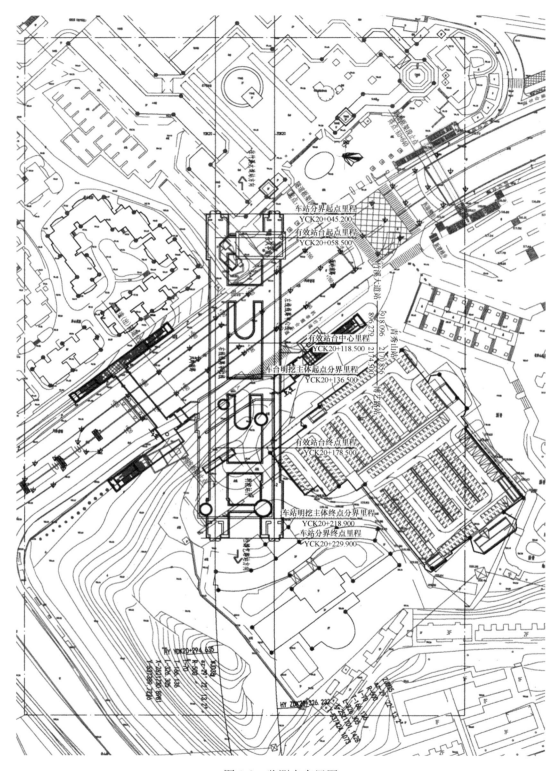

图 3-8 监测点布置图

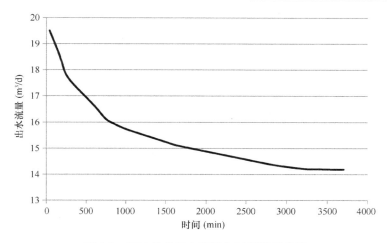

图 3-9　SY4 单井出水流量与时间关系曲线

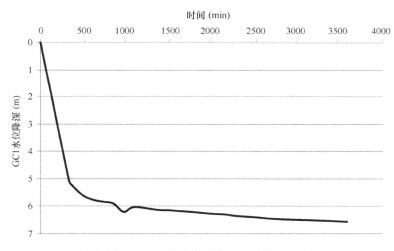

图 3-10　GC1 观测井水位降深—时间关系曲线

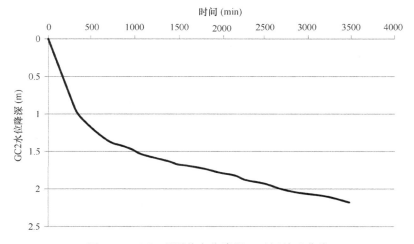

图 3-11　GC2 观测井水位降深—时间关系曲线

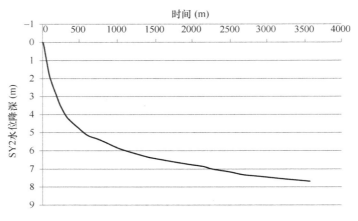

图 3-12　SY2 观测井水位降深—时间关系曲线

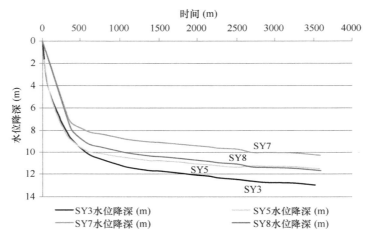

图 3-13　SY3、SY5、SY7、SY8 观测井水位降深—时间关系曲线

综上可知，根据勘察资料，虽然绝大部分地下水赋存于⑦$_{2-3}$泥质粉砂岩、⑦$_{3-3}$粉砂岩中，总体上透水性自上而下逐渐变强，但隧道顶部以上含水层透水性最差（根据现场施工取样观测在隧道顶部存在隔水层透镜体），与隧道顶部以下含水层的透水性差异很大。

由于地层差异较大，地质情况复杂，可能会影响到数据模拟的准确性，为此在降水设计时必须最大限度地提供设计的安全度，并现场实际检验降水深度是否符合隧道开挖要求。

从以上各不同深度观测井水位变化曲线可看出，本次抽水试验获得了不同深度的含水层的水位降深值，并且在一定时间后观测井和抽水井内的承压水位基本趋于稳定，获得了理想的抽水试验资料，完全可以满足水文地质参数计算的要求。

（2）群井抽水试验

群井抽水试验于 2016 年 4 月 19 日 9：30 至 4 月 22 日 11：00 进行群井抽水试验，利用 SY3～5、SY7～8 井抽水，SY1～2、SY6、G1～G2 始终作为观测井。群井抽水试验结束后，进行水位恢复试验，观测水位恢复情况。群井抽水试验持续抽水期间具体出水量统计见表 3-5，出水量随时间变化曲线见图 3-14。综上，五个抽水井在同一层位中设置了相同长度的过滤器，单井出水量略有差异，单井稳定出水量约 3.8～6.2m³/h，且在抽水试

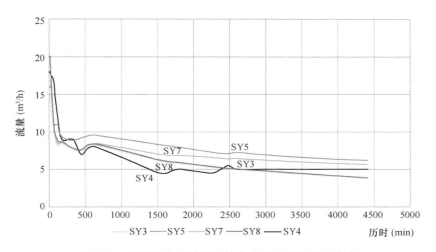

图 3-14 群井抽水试验期间抽水井流量变化历时曲线

验初期抽水井流量较大，约 10~15m³/h。

抽水井出水量统计表　　　　　　　　　　　　表 3-5

井号	SY3	SY4	SY5	SY7	SY8
井深（m）	71.5	71.5	71.5	71.5	71.5
平均流量（m³/h）	3.84	5.00	6.19	5.69	3.88

群井抽水试验期间，对抽 SY1、SY2、GC1、GC2 共四口观测井内水位变化进行同步监测。各观测井水位变化统计见表 3-5，各观测井水位降深与时间关系曲线见图 3-15。由群井抽水试验阶段各观测井降深与时间观测曲线图可看出，整体水位变化呈现一定的规律性，根据观测井的水位变化曲线分析，群井抽水期间，GC2 的水位降深为 3.37m，GC1 的水位降深为 18.42m，SY1 的水位降深为 8.38m，SY2 的水位降深为 8.24m，表现为隧道顶（埋深 45m 范围）水位降深较小，隧道底（埋深 57m 范围）水位降深较大，说明虽然 20~70m 范围均为第⑦$_{2-3}$层，但含水层在不同埋深范围内水文特性存在一定的差异。从单井抽水试验和群井抽水试验的情况分析，隧道顶部存在相对隔水层。

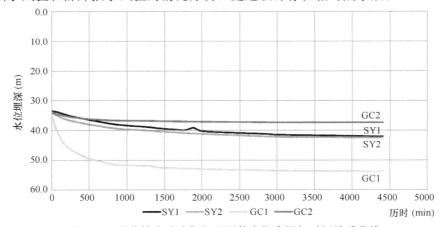

图 3-15 群井抽水试验期间观测井水位降深与时间关系曲线

群井抽水观测井水位降深统计表 表 3-6

井号	初始水位埋深（m）	停抽水位埋深（m）	降深（m）
SY1	33.54	41.92	8.38
SY2	34.18	42.42	8.24
GC1	35.38	53.80	18.42
GC2	33.86	37.23	3.37

3.2.2 水位恢复试验

（1）单井水位恢复试验

在 SY4 单井抽水试验结束后，进行了单井试验的水位恢复，期间对同结构的观测井的水位均进行了水位跟踪观测，直到水位稳定为止。水位恢复曲线如图 3-16 所示，水位恢复观测数据如表 3-7 所示。SY3 单井抽水试验完成后，水位恢复最快 60min 可达 22.9%，基本在 390min 左右，平均水位恢复至 63%，在 2670min 左右，平均水位恢复至 90%，在 4300min 左右，平均水位基本恢复至原始水位。

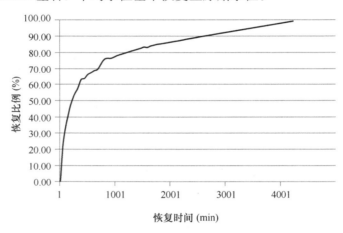

图 3-16 单井试验 SY3 观测井水位恢复曲线（$s-t$）

单井试验 SY3 水位恢复观测数据 表 3-7

累计恢复时间（min）	恢复水位（m）	水位升降情况（cm）	恢复比例（%）
0	45.83	13.23	0.00
20	45.46	12.86	2.80
30	44.73	12.13	8.31
40	44.04	11.44	13.53
50	43.41	10.81	18.29
60	42.8	10.2	22.90

续表

累计恢复时间（min）	恢复水位（m）	水位升降情况（cm）	恢复比例（%）
90	41.8	9.2	30.46
120	41.02	8.42	36.36
150	40.44	7.84	40.74
240	39.01	6.41	51.55
390	37.5	4.9	62.96
510	37.06	4.46	66.29
810	35.8	3.2	75.81
1050	35.48	2.88	78.23
1470	34.9	2.3	82.62
1530	34.8	2.2	83.37
2310	34.16	1.56	88.21
2910	33.7	1.1	91.69
4230	32.71	0.11	99.17

（2）群井水位恢复试验

在群井抽水试验结束后开始水位恢复试验，因工期进度要求，试验期间水位尚未完全恢复至静止水位，期间对观测井的水位均进行了水位跟踪观测。水位恢复观测数据如表3-8 所示，水位恢复曲线如图 3-17 所示。群井抽水试验完成后，水位恢复较慢，最快约 390min 可达 10%。在停抽后，短时期水位恢复较快，群井在少于 390min 之内即可恢复达 10%，而单井则在 40min 之内即可恢复达 14%。

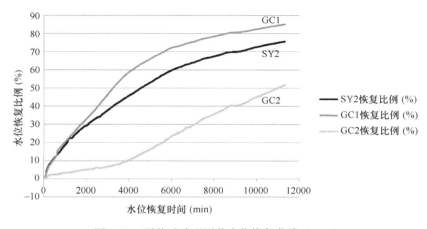

图 3-17 群井试验观测井水位恢复曲线（s—t）

群井试验水位恢复观测数据　　　　表 3-8

累计恢复时间（min）	GC1 恢复比例（%）	GC2 恢复比例（%）	SY2 恢复比例（%）
0	0	0	0
90	2	0	2
120	3	1	4
150	4	1	5
180	5	1	6
210	6	2	7
390	9	2	10
450	10	2	11
510	11	2	12
1770	30	5	28
3090	48	7	39
3210	50	7	40
3330	51	8	41
3810	57	9	45
3930	58	10	45
4050	59	11	46
4170	60	11	47
4290	61	12	48
4410	62	13	49
4530	63	14	50
4650	64	14	51
5610	70	20	57
6210	73	25	61
6690	75	28	63
8490	80	39	69
9210	81	41	70
11310	85	52	76

3.2.3 群井试验数值模拟与参数反演

群井抽水试验采用三维渗流计算软件 Visual Modflow 计算、反演分析以下参数值：储水率 S、渗透系数 k。

根据已有的岩土工程勘察报告、水文地质条件、钻孔资料，模拟区平面范围按下述原则确定：以基坑为中心，边界布置在降水井影响半径以外。

(1) 含水层的结构特征

根据研究区的几何形状以及实际地层结构条件，对研究区进行三维剖分。根据研究区工程地质及水文地质特性等信息，水平方向将水文地质概念模型剖分为 237 行、284 列。网格立体剖分如图 3-18 所示。

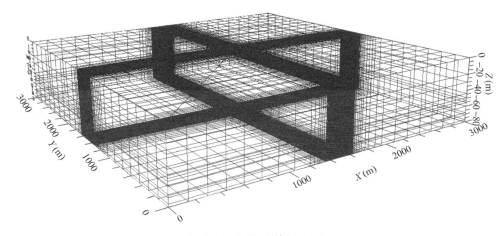

图 3-18 网格立体剖分图

(2) 模型参数特征

根据前期进行的单井抽水试验所得参数，对模型进行初步赋值，实际模型参数根据数值反演不断进行调整及优化。

(3) 水力特征

地下水渗流系统符合质量守恒定律和能量守恒定律；含水层分布广、厚度大，在常温常压下地下水运动符合达西定律；考虑浅、深层之间的流量交换以及渗流特点，地下水运动可概化成空间三维流；地下水系统的垂向运动主要是层间的越流，三维立体结构模型可以很好地解决越流问题；地下水系统的输入、输出随时间、空间变化，参数随空间变化，体现了系统的非均质性，但没有明显的方向性，所以参数概化成水平方向各向同性。模拟区可概化成非均质水平向各向同性的三维非稳定地下水渗流系统。模拟区水文地质渗流系统通过概化、单元剖分，即可形成地下水三维非稳定渗流模型。

(4) 模拟期及应力期确定

本次数值模拟的模拟期为 3 天，将整个模拟期划分为 9 个计算周期。在每个计算周期中，所有外部源汇项的强度保持不变。

(5) 处理方式

1) 降水井处理

在 Visual Modflow 中，减压井可以设置过滤器长度、出水量等参数，与实际数据具有很强的对比性。根据已有抽水试验观测成果，抽水井出水量不变。试验井设置如图 3-19 所示。

2）边界条件处理

在本次基坑降水模拟中，模型边界在降水井影响边界以外。故可将模型边界定义为定水头边界，水位不变。

井模型示意图如图 3-19 所示。

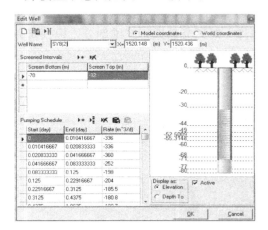
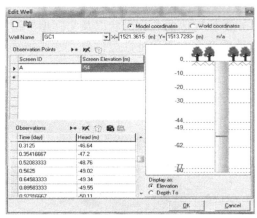

图 3-19 井模型示意图（左为抽水井，右为观测井）

根据本工程的群井抽水试验结果，对抽水井的实测资料进行整理，在三维计算模型中设置抽水井，将抽水井涌水量代入三维数值模型中，进行群井抽水试验的数值模拟计算。对比计算结果和实测的观测井水位变化，不断调整并优化相关水文地质参数，得到合理的承压水分析参数。

通过群井抽水试验基坑内 4 口观测井的实测埋深曲线与数值模拟取得的计算埋深曲线进行对比分析，各观测井水位对比见图 3-20～图 3-22。

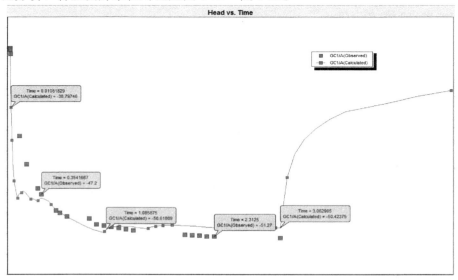

图 3-20 GC1 井实测降深曲线与模拟降深曲线对比图

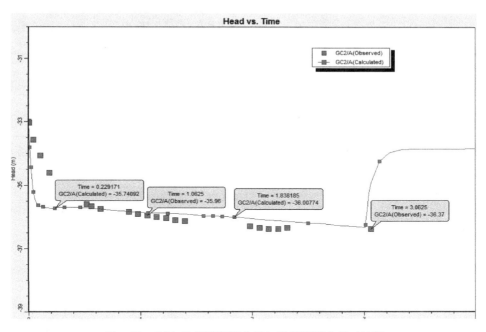

图 3-21　GC2 井实测降深曲线与模拟降深曲线对比图

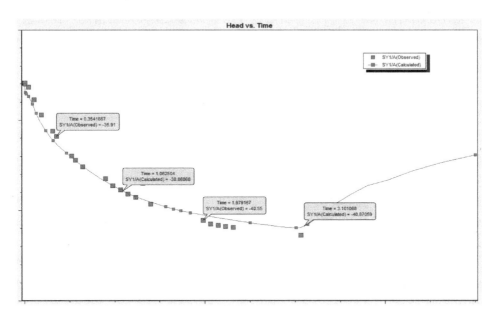

图 3-22　SY1 井实测降深曲线与模拟降深曲线对比图

从群井抽水试验的模拟分析结果可以看出，各观测井点的数值模拟水头降深和实测水头降深规律基本一致，数值模拟结果反映了群井抽水试验降水过程中的观测井水位的变化，可以看到两者的偏差很小，满足工程精度要求。

通过以上三维数值计算分析，获取的模型参数参见表 3-9。

参数反演表　　　　　　　　　　　　　　　表 3-9

观测井编号	含水层深度(m)	含水层部位	渗透系数平均值 k (m/d)		储水率(L/m)
			水平	垂直	
GC2	45	隧道顶部	0.7	0.5	2.0×10^{-5}
GC1	57	隧道底面	0.8	0.8	3.5×10^{-3}
SY1	68	深层含水层	0.95	0.95	1.5×10^{-4}
SY2	71.5	深层含水层			1.0×10^{-4}

根据各特征点的水位降深，结合经验公式 $R=10S_w\sqrt{k}$，计算影响半径 R。当车站水位降深达 25m 时，求得各不同剖面深度地层参数影响半径如下：

以 GC2 点的参数计算，$R=10S_w\sqrt{k}=10\times25\times0.84=210$m

以 GC1 点的参数计算，$R=10S_w\sqrt{k}=10\times25\times0.89=223$m

以 SY1 点的参数计算，$R=10S_w\sqrt{k}=10\times25\times0.98=245$m

根据以上经验公式计算可知，当水位降深达 25m 时最大影响半径为 245m。

模拟情况说明：据抽水试验观测数据情况：抽深层地下水时同层水位明显下降，下降幅度较大，同时在含水层的不同深度（45m、57m、68m）的水位下降也很明显，但隧道顶部的水位下降与其他深度的观测井相比下降极其缓慢，同时下降的幅度也明显少得多，模型数据始终无法很好地拟合，为确保拟合成功根据实际经验分析判定（初步分析判定隧道顶部可能存在相对隔水层），并结合新增竖井围护桩施工实际地层情况，在模型中隧道顶部临时加设了隔水层（根据详勘地质勘察报告资料并未勘察到本层），最终模拟成功。

3.3 古近系半成岩地层车站降水方案

3.3.1 降水井点位设计

根据抽水试验获取的有关水文地质参数及抽水试验的反演模拟情况，利用三维有限元渗流计算软件 Visual Modflow 进行反复模拟演算，制定了降水方案。

经过反复调整降水井数量并结合现场实际生产施工条件，最终确定布设 70 口深井降水井（包括 8 口抽水试验井），车站内外隧道底水位埋深等值线云图见图 3-23，车站左、右线隧道底水位降深剖面图见图 3-24、图 3-25。

由上图可知，开启 70 口降水井（包括抽水试验井 8 口），隧道底水位最深处约 55.60m（绝对标高约 54.40m），车站大面积范围内已基本能够满足设计要求。降水井平面布置如图 3-26 所示。

在施工范围内共设置：

（1）降水井：67 口，深度为 71.5～78.6m；

（2）井底标高：35m，J1～J9、J14～J30、J55～J67；

（3）井底标高：37m，J10～J13、J31～J54；

（4）观测井：3 口，G2、G3 深度为 53.5m；G1 深度为 58.6m；

（5）井底标高：55m；

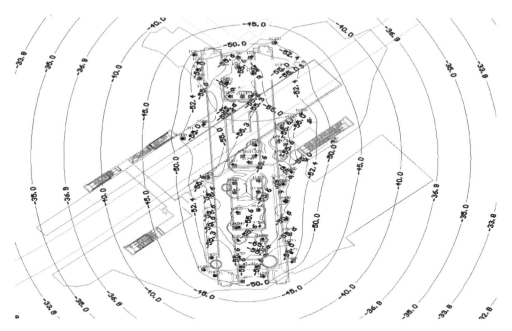

图 3-23 车站内外隧道底水位埋深等值线云图（单位：m）

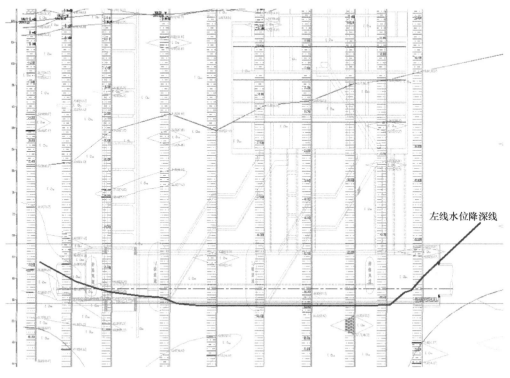

图 3-24 车站左线隧道底水位降深剖面图（单位：m）

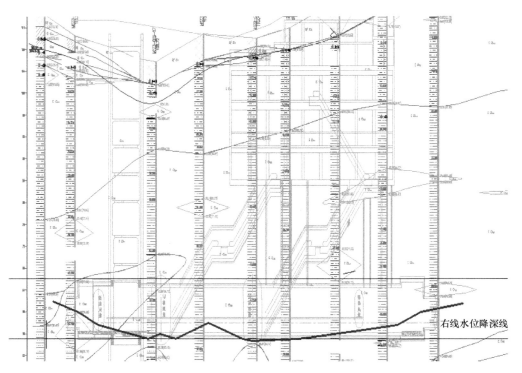

图 3-25 车站右线隧道底水位降深剖面图（单位：m）

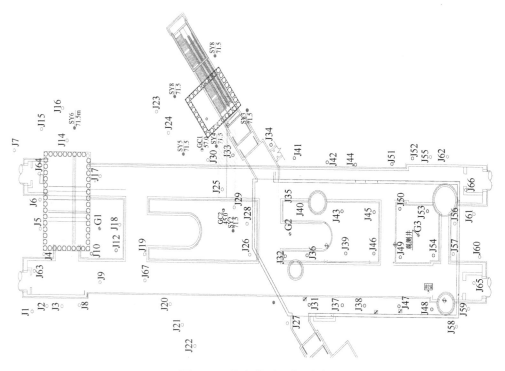

图 3-26 降水井平面布置图

由于受现场生产施工条件限制，有些区域无法布设降水井，因此局部区域无法达到设计要求，为确保降水效果，必要时在隧道开挖后在该段增设洞内降水辅助措施。降水井布置以不影响施工、方便抽水、并避开重要结构及加固区为原则，尽量将降水井布置均匀，井口应设置醒目标志，以防止施工时被破坏。基坑开挖至地下水位标高前保证有不少于20天的预降水时间，并需实时监测地下水位的降深情况。

3.3.2 管井结构设计

（1）井壁管：井壁管均采用焊接钢管，井壁管直径均为$\Phi 400$mm。

（2）过滤器（滤水管）：滤水管的直径与井壁管的直径应相同；所有滤水管外均包一层60～80目的尼龙网，尼龙网搭接长度约为尼龙网单幅宽度的20%～50%。

（3）沉淀管：井底设长度为1.00m的沉淀管，沉淀管底口用铁板封死。

（4）井底标高为35m的降水井：滤水管长度＝42m；沉淀管长度＝1m；井壁管长度＝地面标高$H-35$m；绿豆砂回填高度＝47m；黏土回填高度＝井深$H-47$m。

（5）井底标高为37m的降水井：滤水管长度＝40m；沉淀管长度＝1m；井壁管长度＝地面标高$H-37$m；绿豆砂回填高度＝45m；黏土回填高度＝井深$H-45$m。

（6）井底标高为55m的观测井：滤水管长度＝8m；沉淀管长度＝0m；井壁管长度＝井深$H-8$m。

绿豆砂回填高度＝28m；黏土回填高度＝井深$H-28$m。

降水井管井结构示意图如图3-27所示。

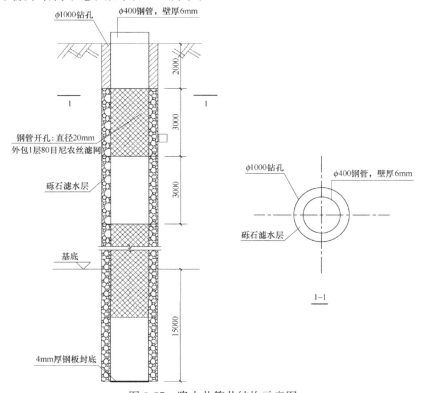

图3-27　降水井管井结构示意图

3.4 古近系半成岩地层车站降水施工

降水井钻进深度较深，为确保井管顺利下放，务必保证钻孔垂直度≤1%。在钻进过程中采用垂直度控制较好的旋挖钻机进行钻进。钻孔施工达到设计深度后，宜多钻30~50cm。钻进过程中泥浆比重控制在1.10~1.15g/cm³，黏度≤28s，含砂率≤4%，当提升钻具或停工时，孔内须压满泥浆，防止孔壁坍塌。为确保降水井降水效果，应把控以下重点施工步骤：

(1) 第一次洗井换浆

第一次洗井采用气举反循环法清孔，如图3-28所示。钻机钻进至设计标高后，将孔内的泥浆密度逐步调至接近1.05g/cm³，安装导管，导管口接入高压风送入管，高压风管插入至孔深h_1+h_0位置处，导管口顶部接排出管。洗井过程中空压机压力调节至0.4~0.6MPa，排出管的泥浆先排入到泥浆沉淀池沉淀处理后，再返回孔内。清孔换浆过程中，当孔底沉淤厚度<20cm、返出的泥浆含砂率<2/100000，该工序完成。

(2) 滤料回填

第一次洗井结束后，立即下放井管到位后固定牢固，在井管外侧范围进行滤料回填。依次安装沉淀管、滤水管和井壁管后，采用绿豆砂石回填，回填高度为滤水管顶面高出4m为宜，绿豆砂石级配宜为Φ3mm~Φ6mm，严格控制绿豆砂的含泥量及颗粒大小。滤料回填前，采用测绳测量井管内外的深度，两者的差值不应超过沉淀管的长度，如图3-29所示。滤料回填过程中，采用测绳测量滤料的高度，并做到随填随测。对滤料进行连续匀速分层回填，直至滤料填至预定位置为止，中途不得暂停。最终投入滤料量不应少于计算量。

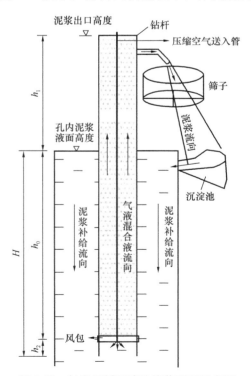

图3-28 气举反循环清孔换浆原理示意图

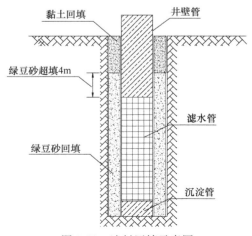

图3-29 滤料回填示意图

(3) 第二次洗井

利用直径大小不同的钢管自制洗井器，小直径钢管接入高压风管，直径稍大钢管接入排水管，高压风管机水管安装至洗井器后，整体下放至井深约 $L/3$ 处，并满足沉没比 $a>0.5$ 要求，开启空压机，进行二次洗井工序。

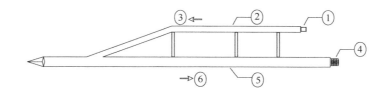

图 3-30　洗井器大样图

注：①高压风管接口，外径 25mm；②镀锌钢管，内径 25mm，壁厚 $t=2.5$mm；③高压风进风方向；④排水管接口，外径 45mm；⑤镀锌钢管，内径 45mm，壁厚 $t=2.5$mm；⑥排水方向

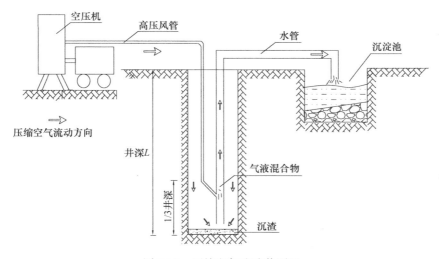

图 3-31　压缩空气法洗井原理

(4) 回填黏土止水封孔

第二次洗井完成后，对井口进行封闭保护，防止黏土填入井管内。一般填至比地面高 10cm 左右，进行夯实压平后与地面齐平。后续需要做井盖时再来调整。

(5) 第三次洗井

降水井施工结束后，应及时下入潜水泵，即可开始试抽水，同时也是第三次洗井过程。试抽阶段应保证含砂率<2/100000，若含砂率达不到要求则应利用洗井器继续进行压缩空气法洗井。

(6) 封井

利用密封井盖封闭管井。

每口井单用一台深井潜水泵，要求深井潜水泵的抽水能力大于单井的最大出水量，在开挖至地下水位标高前至少提前 20 天进行降水。

(1) 试运行之前，需测定各井口和地面标高、静止水位，然后开始试运行，以检查抽水设备、抽水与排水系统能否满足降水要求。

(2) 安装前应对泵本身和控制系统作一次全面细致的检查。检验电动机的旋转方向，各部螺栓是否拧紧，润滑油是否足，电缆接头的封口有无松动，电缆线有无破损等情况，然后在地面上转 1min 左右，如无问题，方可投入使用。潜水电动机、电缆及接头应有可靠绝缘，每台泵应配置一个控制开关。安装完毕应进行试抽水，满足要求可转入正常工作。

(3) 由于隧道区域地层渗透性较差，隧道开挖时，需在隧道两侧设置排水沟及集水坑，防止隧道明水积水过多对隧道施工产生影响。

(4) 降水运行期间，现场实行 24h 值班制，值班人员应认真做好各项质量记录，做到准确齐全。

(5) 根据抽水试验所得按相关规范要求计算，应根据基坑分段开挖施工实际工况，提出开启降水井的数量和井号。

(6) 降水井降水应 24h 连续抽水，并做好现场巡视工作。为防止降水井出现问题，应每 2h 对现场巡视一次，检查各井的工作情况。每隔 6h 观测一次观测孔水位状况，查看是否达到预定水位降深，并采取相应措施。

(7) 降水运行时开动抽水井个数和抽水量大小应根据隧道开挖深度和安全水头埋深要求进行控制。水位观测通过未抽水的降水井及观测井进行。

(8) 降水运行过程中，一旦发现降深过大或不足时，会对工程及周边环境都存在不利影响。在降深过大时，应及时采取减少降水井单位涌水量，甚至关闭部分降水井；在降深不足时，增加降水井单位涌水量或开启备用井，控制降水井水位，做到保证隧道安全的同时尽量减少对基坑周边环境的影响。控制好降水时段，做到按需分级降水，避免过度降水。

(9) 在抽取地下水时加密基坑周边的监测工作。

(10) 当需要采取真空降水时必须保证每口井单用一台深井泵，一台真空泵带两口降水井，要求深井泵的抽水能力大于单井的最大出水量，抽水前期真空管路的真空度大于 $-0.08MPa$。

(11) 降水运行过程中，每天将抽水量和地下水位的动态情况及时报告相关部门，以掌控降水工程的运行。

(12) 隧道开挖至地下水位标高前保证有不少于 20 天的预降水时间，并需实时监测地下水位的降深情况。

(13) 降水工作现场应备有双电源，确保降水的连续运行。

3.5 古近系半成岩地层车站降水监测

3.5.1 古近系半成岩地层车站降水监测点布置方案

(1) 地面、建筑物沉降观测点每隔 5~8m 设一个观测点。

(2) 围护结构内力、变形、冠梁水平位移及沉降测点每隔 10~25m 设一个。

(3) 沿基坑两侧、距围护结构 1.5~3m，每隔 30m 设一水位观测孔，观测孔深入相对不透水层 2m。

（4）抽水试验大部分监测点与正式降水施工采用监测点重合，降水施工时，利用原监测点监测，不影响监测结果。具体监测点位布置如图3-32所示。

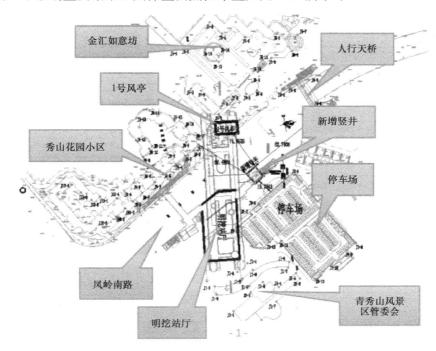

图3-32 监测点位布置图

3.5.2 监测结果分析

从单井试验开始，直到群井试验水位恢复结束，期间对所有地面沉降点进行跟踪监测。监测结果如表3-10所示。在微承压含水层进行大量抽水时，各观测井水位约在3天左右已逐渐趋于稳定，而地面沉降的发展则表现持续的稳定性，从抽水3月18日开始直至4月25日停止抽水时，历时37天时间，此时CJ5最大累积沉降量为2.9mm；距离抽水中心约59m，地面累积沉降为0.2~2.9mm；总体上讲，因整个含水层较深、地表泥岩层厚，所以沉降影响小。随着水位的逐渐恢复，地面沉降未出现大的异常变化，至4月30日地表及建筑物的沉降仍未显示出较大的变化。

地面监测点累计沉降表　　　　　　表3-10

测点编号	测点部位	初始测量值(m)	累计变量(mm)	变形速率(mm/d)	控制值 速率(mm/d)	控制值 累计量(mm)	监测结论
J1-1	周边房屋	119.8684	2.6	0.08	±3	±30	安全
J1-5	周边房屋	120.0583	2.2	−0.02	±3	±30	安全
J1-6	周边房屋	119.8734	1.1	0.06	±3	±30	安全
J2-9	周边房屋	120.4697	−0.3	0.05	±3	±30	安全
J3-1	周边房屋	112.8188	0.2	0.00	±3	±30	安全
J3-4	周边房屋	112.91882	0.5	0.03	±3	±30	安全

续表

测点编号	测点部位	初始测量值(m)	累计变量(mm)	变形速率(mm/d)	控制值 速率(mm/d)	控制值 累计量(mm)	监测结论
J3-8	周边房屋	112.78852	0.0	−0.05	±3	±30	安全
J3-11	周边房屋	112.85371	0.7	−0.02	±3	±30	安全
J4-1	周边房屋	114.05236	0.5	0.01	±3	±30	安全
J4-4	周边房屋	116.23492	1.5	0.12	±3	±30	安全
J5-3	周边房屋	114.9317	0.2	−0.04	±3	±30	安全
J5-7	周边房屋	114.6249	0.0	−0.05	±3	±30	安全
J6-3	周边房屋	113.7808	0.9	0.04	±3	±30	安全
J7-1	周边房屋	114.6589	0.4	−0.02	±3	±30	安全
J7-2	周边房屋	114.6804	0.9	0.07	±3	±30	安全
J8-1	周边房屋	104.0540	0.5	0.03	±3	±30	安全
J8-5	周边房屋	97.4107	0.6	0.00	±3	±30	安全
J8-11	周边房屋	97.5877	0.4	−0.02	±3	±30	安全
J8-14	周边房屋	100.1388	0.8	0.04	±3	±30	安全
J9-3	周边房屋	94.6701	0.6	0.01	±3	±30	安全
J10-3	周边房屋	95.7077	0.2	−0.08	±3	±30	安全
J12-4	周边房屋	90.5396	0.3	−0.08	±3	±30	安全
CJ1	下沉隧道	113.8123	0.3	0.02	±3	±30	安全
CJ2	下沉隧道	113.7840	0.8	0.08	±3	±30	安全
CJ3	下沉隧道	113.8773	1.3	0.10	±3	±30	安全
CJ4	下沉隧道	113.8500	2.8	0.18	±3	±30	安全
CJ5	下沉隧道	113.7967	2.9	0.13	±3	±30	安全
CJ6	下沉隧道	113.7702	1.4	0.12	±3	±30	安全
CJ7	下沉隧道	113.4914	1.1	0.05	±3	±30	安全
CJ8	下沉隧道	113.5577	1.4	0.08	±3	±30	安全
CJ1	立交桥	108.6402	1.1	0.03	±3	±30	安全
CJ2	立交桥	108.2509	0.3	0.01	±3	±30	安全
CJ3	立交桥	106.5530	0.2	−0.01	±3	±30	安全
CJ4	立交桥	105.2853	−0.3	−0.05	±3	±30	安全
CJ5	立交桥	103.9441	0.8	0.04	±3	±30	安全
CJ6	立交桥	102.8569	−0.3	−0.05	±3	±30	安全
CJ7	立交桥	106.5287	0.9	0.05	±3	±30	安全
CJ8	立交桥	107.5862	1.0	0.02	±3	±30	安全
CJ9	立交桥	108.4843	1.4	0.02	±3	±30	安全

降水井施工完成并运行管理后，观测水位线一直位于隧道底板以下，并保持持续稳定，顺利地完成基坑开挖。左线隧道及右线隧道保持水位线如图3-33、图3-34所示。暗挖隧道进行隧道施工，掌子面及隧道底板无地下水，确保了施工安全可控。降水施工后周边建筑物结构安全，地表沉降对路面设施影响极小，整个降水施工安全可控，施工措施得当，古近系半成岩地层降水施工是极为成功的。

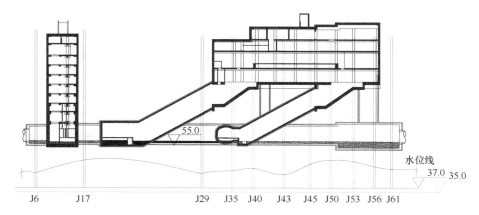

图 3-33　左线隧道保持水位线

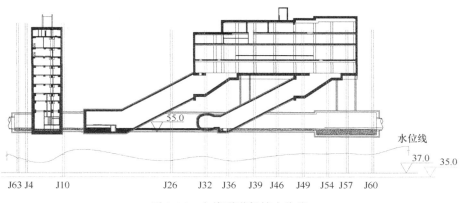

图 3-34　右线隧道保持水位线

实际开挖施工时的降水效果完全达到降水方案制定时的降水预期，完全满足安全施工要求，具体效果如图 3-35～图 3-38 所示。实际施工隧道顶部附近隔水层揭露情况，符合抽水试验分析预测情况。

图 3-35　新增竖井开挖至底部效果

图 3-36　隧道台阶断面效果

图 3-37 隧道降水效果

图 3-38 隧道顶部隔水层

第4章 复杂隧道群设计与施工技术研究

车站左右线隧道、横通道、斜扶梯通道、小竖井均属于近接工程，新建工程将引起近接结构的围岩应力多次重分布，对前序已经施工的结构产生一定的影响。因此，如何确定合适的施工工序，在整个建设过程中非常重要。为了充分降低车站建造过程中的工程风险，采用有限元数值分析的方法对隧道的开挖工序进行多方案比选，选择相互影响最小的施工工序。隧道群存在大量交叉口节点，站台主隧道与横通道、横通道与斜扶梯通道、站台隧道与小竖井均存在相似的问题。不论对于交叉点作为永久结构受力，还是隧道开挖过程中的受力，或者对其变形及内力的分析，进行针对性设计及施工工序优化，都显得尤为重要。通过对交叉点位置建立三维模型分析，研究其三维空间受力状态，并对交叉口位置加强支护结构设计。

由于暗挖隧道群结构复杂，横通道与站台隧道横向相连、扶梯通道与横通道斜向连接、小竖井竖向连接站台隧道且站台隧道断面变化较多，扶梯斜通道与站台隧道为小间距隧道。暗挖隧道交叉区域较多，交叉区域围岩多次受到扰动，出现应力集中，加上复杂的水文地质条件，暗挖隧道施工风险极大，易出现质量安全事故。故从以下几个方面进行了分析：

(1) 隧道变截面处及丁字口平交段分析

在该车站的地铁隧道施工过程中，涉及的隧道断面变化次数较为频繁，既包含了小断面向大断面的开挖施工情况，也包括大断面向小断面的开挖施工情况，同时还存在多个丁字口交叉的现象，如左线隧道与横通道丁字交叉、横通道隧道与右线隧道丁字口交叉、斜扶梯隧道与横通道隧道丁字形交叉、小竖井与站台隧道竖向交叉。为进一步明确在实际施工过程中，隧道开挖支护结构的变形及受力情况以及周边围岩的扰动情况，重点分析了隧道变截面处的结构受力状况。

站台隧道群丁字口平交段施工设计中常用大包法和小包法这两种施工方法进行施工。大包法在丁字口施工工程中已十分普遍，小包法是在大包法基础上改进形成的一种施工方法。在大包法施工中，小导洞的开挖高度与开挖长度均大于站台隧道的开挖轮廓线。在小包法施工中，小导洞开挖只需上包站台隧道上台阶。将大包法和小包法两种隧道挑顶施工方法进行对比分析，着重对比了两种开挖方式产生的围岩位移、应力以及支护结构应力，判断两种施工方法下隧道及围岩的稳定性。

(2) 斜扶梯隧道分析

在隧道线型改变的位置，由于受力方向的改变，隧道围岩应力较为集中，且该段位于两条主隧道的中间位置，围岩多次扰动，受力复杂，因此，对斜扶梯隧道线型改变的位置进行了重点分析。

斜扶梯开挖完成后直接破除横通道的支护结构，这对横通道之前形成的稳定状态会造成较大的影响，危害其结构安全，故斜扶梯与横通道隧道十字交叉处是关键节点和危险节点，分析不同工法对斜扶梯隧道自身结构及其与横通道十字交叉部位的影响具有很大的工程指导意义。

(3) 小净距隧道群分析

近接隧道的受力模式已不同于半无限体或无限体中修建单洞隧道的一般情况，其初始应力场往往是早已达到应力平衡状态，其隧道施工将再次对洞室围岩进行扰动。具体来说，先建隧道已处于多次应力状态中，后建隧道的施工会使围岩在多次演变应力状态的基础上，应力场再次进行变化，正是这种应力场的变化导致先建隧道和后建隧道的应力发生十分复杂的变化。

斜扶梯通道和4号小竖井及3号小竖井为斜向交错隧道，在隧道施工过程中，斜扶梯通道与4号小竖井及3号小竖井之间的距离不断变化，彼此之间产生的影响从无影响区域逐渐过渡到强影响区域。因此，分析斜扶梯通道和小竖井对指导设计与施工具有非常重要的工程意义。

(4) 小竖井与左右线隧道立体交叉段分析

1号、4号小竖井和左线隧道的连接处在左线隧道的内侧，2号、3号小竖井与右线隧道的连接处在右线隧道的上方，小竖井施工到最后破除了主隧道的衬砌结构并与主隧道连接成整体结构，会对主隧道衬砌结构以及既有的隧道连接口位置产生不利的影响。需要通过比较小竖井与主隧道立体交叉区域在小竖井施工前后的轴力和位移变化，研究小竖井的施工对既有主隧道结构的影响，并提出设计和施工建议，以确保整体结构的安全。

4.1 复杂隧道群力学分析

4.1.1 复杂隧道群力学模型分析

对暗挖隧道群建立有限元模型进行数值分析，车站及暗挖隧道主要位于泥岩、粉砂质泥岩⑦$_{1-3}$层，粉砂岩、泥质粉砂岩⑦$_{2-3}$层。其中，粉砂岩、泥质粉砂岩⑦$_{2-3}$层是隧道群埋置的地层，对该层采用线弹性模型和莫尔库仑模型的弹塑性模型描述其本构关系，本节通过理论分析结合现场施工监测数据来确定参数。

(1) 岩土体莫尔库仑模型参数确定

青秀山站暗挖隧道施工前实施了降水，降水后迅速开挖隧道施工，岩土体的固结度相对较低，采用不固结不排水条件下的试验指标是合理的。因此，选择快剪试验获取的抗剪强度指标作为岩土体的莫尔库仑模型参数。岩土体莫尔库仑模型参数见表4-1。

岩土体莫尔库仑模型参数表　　　　　表4-1

地层名称	黏聚力 c (kPa)	内摩擦角 φ (°)
素填土①$_2$层	11.0	8.0
粉质黏土②$_{2-2}$层	45.0	9.3
泥岩、粉砂质泥岩⑦$_{1-3}$层	80.0	15.0
粉砂岩、泥质粉砂岩⑦$_{2-3}$层	60.0	30.0

(2) 岩土体弹性参数确定

大量工程经验和相关试验表明，不同岩土体的泊松比 ν 都有一个相应的取值范围，结合勘察资料中对于岩土体土性的描述，在经验范围内确定一个基本合理的泊松比取值。如表4-2所示。

岩土体泊松比取值表 表 4-2

地层名称	泊松比 ν	地层名称	泊松比 ν
素填土①$_2$层	0.40	泥岩、粉砂质泥岩⑦$_{1-3}$层	0.24
粉质黏土②$_{2-2}$层	0.30	粉砂岩、泥质粉砂岩⑦$_{2-3}$层	0.24

弹性模量 E 的大小和取值，对数值模型的模拟结果有直接明显的影响，此参数的确定拟根据已知的资料和数据进行反分析。

根据现场已完工的施工隧道（与隧道群同样位置埋深接近的暗挖隧道）的监测数据，结合勘察资料中给出的岩土体变形模量、压缩模量等参数，建立三维有限元模型，通过数值模拟反分析获得岩土体的弹性模量 E。

压缩模量 E_s 为岩土体在完全侧限条件下进行试验的结果。实际工程中，岩土体的周围充满着基本同性质的岩土体，处于一种完全侧限的条件下，相对接近于压缩模量 E_s 的试验条件，因此选用压缩模量 E_s 作为反分析弹性模量 E 的基值。由于岩土体的弹性模量通常为压缩模量的几十倍，将各层岩土体的弹性模量取为压缩模量的倍数，对其进行逐个建模计算，结果与现场施工隧道的监测数据最为接近的，确定为土体的弹性模量 E。

根据实际工程和研究的需求，有限元模型分析主要关注隧道群的相互影响以及岔口处施工的不利影响，同时考虑到地表沉降等监测结果可能受到邻近站厅基坑以及中间地层因素的影响。因此，岩土体弹性模量参数的反分析主要参照隧道内的监测项目，考虑到监测数据的系统误差以及在有限元分析模型中反映程度，以常规监测项目中的主要位移指标——拱顶沉降和水平收敛为主要的反分析目标，其中又以拱顶沉降为主。按照类似工程施工时采用的工法建立相应的反分析模型进行反分析。

由类似工程资料，从多组监测数据中筛选出受邻近影响较小且具有代表性的典型断面的拱顶沉降和水平收敛的监测数据，作为反分析目标，如图 4-1 所示。

从图 4-1 可以看出，拱顶沉降以及水平收敛值均在隧道施工过程中逐步发展，分别取 3.5mm 和 2.8mm 作为拱顶沉降和水平收敛的稳定值作为反分析的目标量值。分别取土体

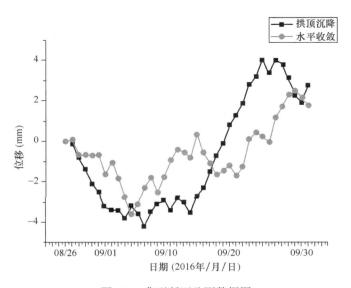

图 4-1 典型断面监测数据图

弹性模量为压缩模量的不同倍数，提取有限元模拟的拱顶沉降及水平收敛量值与反分析目标量值进行对比，结果如图 4-2 所示。

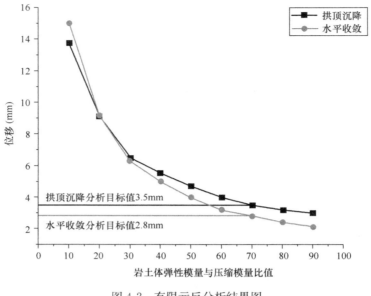

图 4-2 有限元反分析结果图

从图 4-2 可以看出，拱顶沉降和水平收敛与弹性模量的取值大小近似呈反比例函数关系，最接近反分析目标值时岩土体弹性模量与压缩模量比值为 70，此时数值分析结果的拱顶沉降与水平收敛量值分别为 3.5mm 与 2.8mm，与反分析的目标量值非常接近，可以认为反分析的结果即为岩土体弹性模量为压缩模量的 70 倍，以此结果作为后续深埋相贯隧道群分析模型中的岩土体弹性模量。岩土体的弹性模量如表 4-3 所示。

岩土体弹性模量取值表　　表 4-3

地层名称	弹性模量 E（MPa）	压缩模量 E_s（MPa）
素填土①$_2$层	395.5	5.65
粉质黏土②$_{2-2}$层	700.0	10.00
泥岩、粉砂质泥岩⑦$_{1-3}$层	987.0	14.10
粉砂岩、泥质粉砂岩⑦$_{2-3}$层	987.0	14.10

4.1.2 车站整体模型的建立

鉴于青秀山车站模型存在多处交叉的情况，是复杂的空间结构，决定使用 MIDAS/GTS NX 进行建模分析。综合考虑在计算中采用莫尔—库仑屈服准则作为计算本构模型。根据实际工程情况和所做的假定选取模型的边界条件。模型顶面为自由面，不做任何约束；模型的左右两个面以及前后两面均设定为水平约束；底面设置为水平和竖直两个方向的固定约束。隧道衬砌支护参数与基坑围护结构参数见第 2 章，在此不再重复赘述。

模型满足如下基本假设：

(1) 假定单一土层厚度以及长度在各方向上没有变化,且内部土体单一、均质;
(2) 假定地面是平整且没有附加荷载,不考虑地形的影响;
(3) 假定在隧道施工之前,地下水位已经降至隧道底部标高以下,数值模拟过程中不考虑地下水的因素;
(4) 不考虑隧道初衬和二衬之间的相对滑移。

为了降低数值模拟计算中边界范围对于计算结果的影响,根据以往经验,模型边界取隧道轮廓线左右各 3~5 倍洞径。模型的长×宽×高为 130m×120m×100m。

模型在划分网格时综合考虑后期的计算工作量,远离隧道的区域网格较稀疏,隧道区域网格密集。模型共划分网格 177371 个单元。建模过程中根据研究需要对左右线站台主隧道进行简化,不考虑主隧道在长度方向上的截面变化,统一成横通道与主隧道连接处的 E 型隧道截面。整体建模情况如图 4-3 所示。

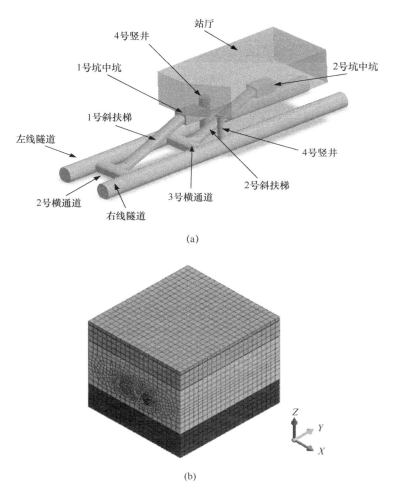

图 4-3 计算模型和网格划分情况(一)
(a) 地铁车站隧道群几何模型图;(b) 整体模型

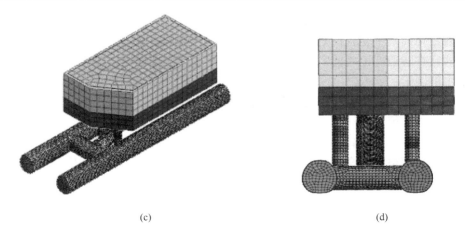

图 4-3 计算模型和网格划分情况（二）

(c) 模型侧视图；(d) 模型正视图

4.1.3 车站整体模型数值模拟结果分析

数值模拟计算中，围岩采用理想弹塑性材料，屈服准则采用莫尔—库仑准则，初期支护及二次衬砌采用弹性模型。模型开挖工序为：①明挖站厅开挖→②左线隧道开挖→③横通道开挖→④右线隧道开挖-施做主隧道二次衬砌→⑤斜扶梯通道开挖-斜扶梯通道二次衬砌→⑥小竖井的开挖。

（1）左线隧道开挖

左线隧道至横通道时，其施工力学行为与单洞开挖类似，围岩位移、应力见图 4-4～图 4-7。由图可知，最大沉降值在隧道拱顶产生，最大隆起值在隧道拱底产生；由于隧道开挖产生卸荷作用，围岩在远离掌子面的区域范围内处于受压状态。

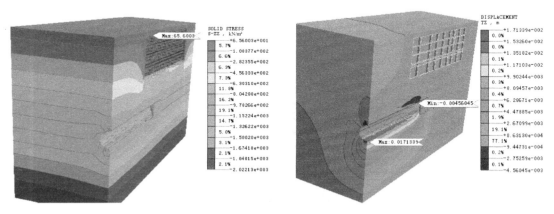

图 4-4 Z 方向围岩位移 　　　　　　图 4-5 Z 方向围岩应力

（2）横通道开挖（左线交叉口破洞）

隧道破洞后，交叉口围岩的拱顶沉降为 9.5mm，仰拱隆起 22.5mm，相对隧道标准断面增大约 5mm，仰拱隆起增大约 30%，拱顶沉降增大了一倍，见图 4-8。通过对交叉口围岩进行分析，在拱顶和仰拱位置，围岩正应力大幅度减小，约为 -456kPa，围岩虽处于三向受压状态，但正应力方向较小，见图4-9。

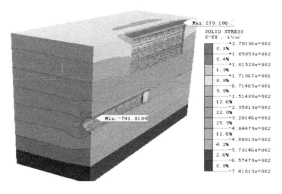

图4-6　X方向围岩位移

图4-7　X方向围岩应力

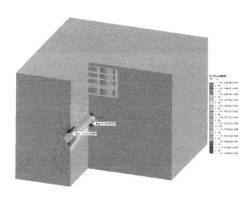

图4-8　X方向围岩位移

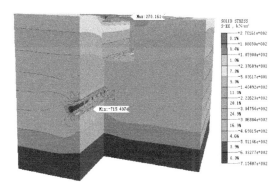

图4-9　Z方向围岩应力

（3）横通道开挖完成

隧道横通道开挖完成后，隧道围岩在交叉口的位移进一步增大，仰拱隆起值为23.1mm，拱顶沉降值为10.3mm，相对破洞初始工况增大幅度较小，均小于10%。对围岩应力进行分析，其受力状态与隧道破洞完成后的工况差别较小，见图4-10。

（4）进入右线隧道开挖

右线隧道的交叉口破洞后，隧道左线交叉口位置拱顶沉降达到13.7mm，仰拱隆起达到27.6mm，相对破洞前工况有明显的增大，增大幅度达到20%～30%；同时，右线位置交叉口拱顶沉降达到11mm，仰拱隆起达到24.1mm，见图4-11。对围岩的应力进行分析，右线交叉口进洞时，与左线的交叉口位移情况类似，拱顶和仰拱的正应力大幅度减小，同时边墙的正应力大幅度增大，边墙位置最大正应力约为-634kPa，见图4-12。

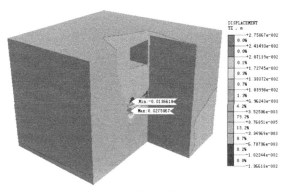

图4-10　Z方向围岩位移（横通道开挖完成）

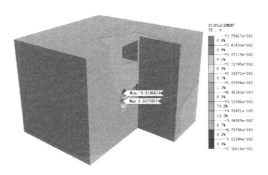
图 4-11 Z 方向围岩位移（右线隧道破洞）

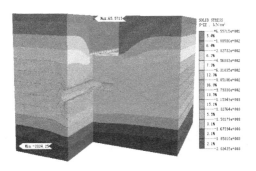
图 4-12 Z 方向围岩应力（右线隧道破洞）

(5) 右线隧道开挖完成

如图 4-13、图 4-14 所示，右线隧道开挖完成后，隧道在左线交叉口位置的拱顶沉降约为 16.7mm，仰拱隆起达 29.4mm，相对前一工况有所增大，但增大幅度较小，同时考虑到初期支护中隔壁拆除后初期支护的变形影响，可认为右线隧道的开挖对两处交叉口的位移影响较小。

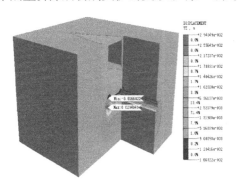
图 4-13 Z 方向围岩位移

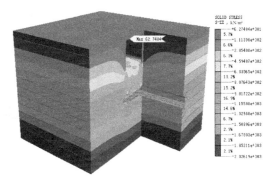
图 4-14 Z 方向围岩应力

(6) 斜扶梯通道开挖完成

斜扶梯隧道破洞后，隧道交叉口位置的位移进一步增大，在拱顶达到 18.2mm，仰拱隆起达到 29.8mm，增大幅度约为 10%。围岩在拱顶和仰拱位置的正应力减小，在隧道边墙及拱脚位置的正应力增大，最大为 -1.68MPa，位移和应力变化见图 4-15、图 4-16。

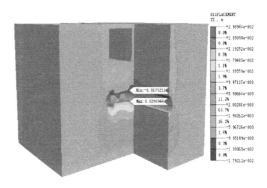
图 4-15 Z 方向围岩位移

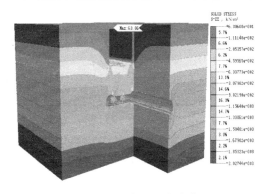
图 4-16 Z 方向围岩应力

（7）小竖井开挖完成

斜扶梯隧道及小竖井开挖完成后，隧道交叉口的位移及应力基本没有影响（图 4-17、图 4-18），这与隧道开挖斜扶梯隧道及小竖井时正线隧道及横通道的二衬已经施做完成有一定关系。

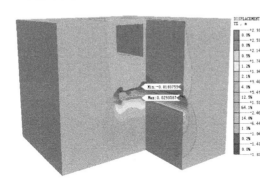
图 4-17 Z 方向围岩位移

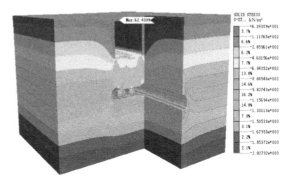
图 4-18 Z 方向围岩应力

4.1.4 站台隧道变截面及丁字口段分析

青秀山站站台层隧道所处地层主要为古近系粉砂岩、泥质粉砂岩，成岩程度较浅，围岩自稳能力较差，且隧道埋深大。暗挖隧道部分均为直线站台段，为单洞单线隧道。车站轨面埋深达 55m，采用暗挖法和喷锚构筑法施工，主隧道拟采用三台阶法施工。对掌子面及开挖面外 3m 范围进行 WSS 注浆预加固，初期支护由喷射混凝土、钢筋网、锚杆、超前小导管和格栅钢架组成，辅助施工措施为拱部自进式大管棚结合 $\Phi42$ 小导管超前注浆。采用复合式衬砌。两条主隧道之间的开挖顺序为先开挖左线隧道，后开挖右线隧道。

在该车站地铁隧道施工过程中，涉及的隧道断面变化次数较为频繁，既包含了小断面向大断面的开挖施工情况，也存在大断面向小断面的开挖施工情况。小断面向大断面开挖施工，隧道上部采用小导洞的方式进行开挖挑顶施工，架设门式钢架，同时仰拱位置架设横撑封闭成环，开挖时在小导洞两侧打设注浆锚杆，并及时在掌子面及导洞两侧喷射混凝土。大断面向小断面开挖施工时，提前打设好小导管并注浆，变截面处格栅钢架加密，进一步按隧道正常设计开挖施工。

并行隧道施工影响分析，一般来说，主要是指后建隧道对先建隧道的影响，其本质是新建工程的施工引起的围岩应力重分布，进而产生的相关力学行为变化。

图 4-19 中，A、B、C 分别表示后建隧道对先建隧道的影响程度，依次代表强影响区、弱影响区、无影响区。沿既有隧道外轮廓并行情况可以是从其正上方以 0°开始顺时针至 360°结束。各影响区的分界标准详见图 4-19，D_1 为先建隧道的外轮廓线，D_2 为后建隧道的外轮廓线。对于强弱影响区的特征描述见表 4-4。隧道断面示意图见图 4-20、图 4-21。

隧道施工影响分区特征　　　　　　　　　表 4-4

影响程度	特征描述
强影响区 A	后建结构对既有结构有较强影响，通常能够产生危害

续表

影响程度	特征描述
弱影响区 B	后建结构对既有结构有较弱影响,通常不能够产生危害,但是需要引起关注
无影响区 C	后建结构对既有结构一般不产生影响

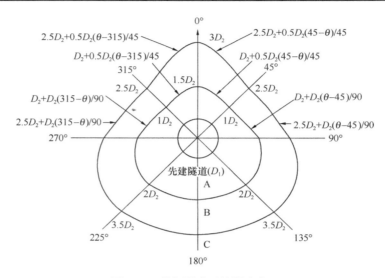

图 4-19 并行隧道近接影响分区

注:图中 θ 代表横通道与主隧道的夹角

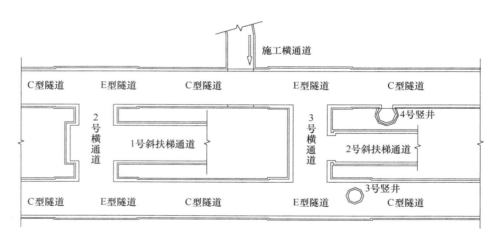

图 4-20 隧道断面形式示意图

青秀山站两条主隧道施工顺序为先左线、后右线,为确保施工过程的安全,需要考虑右线隧道施工对左线隧道的影响,通过观察围岩的扰动情况等,进而判断右线施工对左线隧道的影响程度。由于两条主隧道的组成断面类型不同,两条主隧道外轮廓线间距也不相同,并且受上部开挖的影响,处于站厅下面的隧道埋深变浅,基于上述两个方面因素,选择站台隧道易出现应力集中现象的 5 处变截面进行分析,这 5 处变断面过渡形式分别为由 C 型断面过渡到 E 型断面、E 型断面过渡到 C 型断面、C 型断面过渡到 E 型断面、E 型断

第4章 复杂隧道群设计与施工技术研究

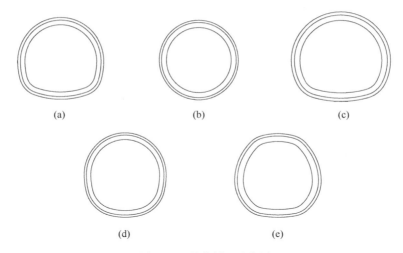

图 4-21 隧道断面示意图
(a) A 型断面；(b) B 型断面；(c) C 型断面；(d) D 型断面；(e) E 型断面

面过渡到 C 型断面、C 型断面过渡到 D 型断面，观察在左线隧道开挖完成后和右线隧道开挖完成后的围岩位移场及其应力场的变化规律。以左线隧道里程计，5 个断面的详细信息见表 4-5。

影响断面信息　　　　　　　　　　　　　　　表 4-5

断面编号	断面里程 （左线里程计）	隧道断面类型		隧道埋深（m）		隧道净距（m）
		左线	右线	左线	右线	
WY-1	ZDK20+090.618	E	E	45.4	45.4	18.2
WY-2	ZDK20+116.618	C	C	45.6	45.6	18.6
WY-3	ZDK20+142.618	E	E	45.4	18.4	18.2
WY-4	ZDK20+170.618	C	C	18.6	18.6	18.6
WY-5	ZDK20+210.618	D	D	17.6	17.6	17.68

注：断面具体尺寸见图 4-21。

为了分析两并行隧道施工引起的围岩变形情况，将左线隧道开挖完成后和右线隧道开挖完成后两种施工状态下的围岩位移云图进行对比分析。

（1）围岩竖向位移分析

如图 4-22 所示，总体上看，处于同一埋深同一种类型断面的左右两条隧道，左线隧道即先开挖隧道引起的竖向位移变形量要大于右线隧道即后开挖隧道。同一断面类型的隧道，受上部围岩的作用影响，位于基坑下部埋深相对较浅的隧道比直接位于地表下部隧道的竖向位移变形量要小。位于基坑下部的三种断面类型的隧道中，WY-5 处即 D 型隧道断面竖向围岩变形最大，WY-3 处即 E 型隧道断面竖向围岩变形最小；WY-1 和 WY-2 处埋深程度差不多，由 C 型断面隧道开挖引起的围岩竖向位移较由 E 型断面隧道开挖引起的竖向位移要大。上述不同，与 D 型断面的高度高，跨度大有关密切关系。从而也可以看

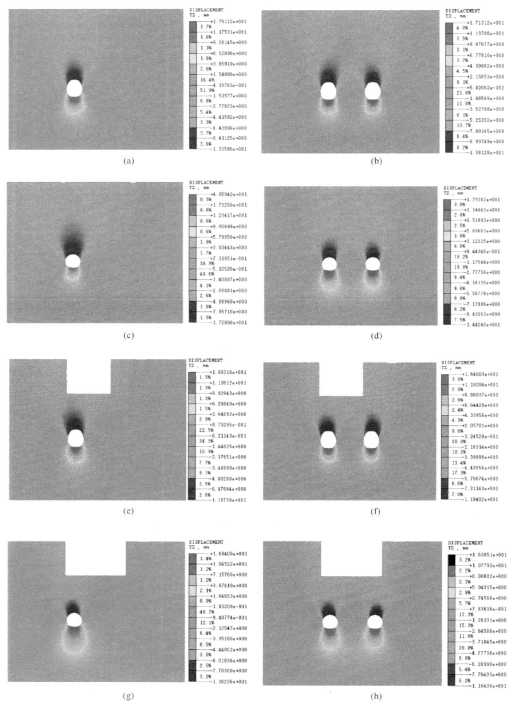

图 4-22 左线、双线开挖围岩竖向位移云图（一）
(a) 左线开挖完成 WY-1 处竖向位移；(b) 双线开挖完成 WY-1 处竖向位移；
(c) 左线开挖完成 WY-2 处竖向位移；(d) 双线开挖完成 WY-2 处竖向位移；
(e) 左线开挖完成 WY-3 处竖向位移；(f) 双线开挖完成 WY-3 处竖向位移；
(g) 左线开挖完成 WY-4 处竖向位移；(h) 双线开挖完成 WY-4 处竖向位移

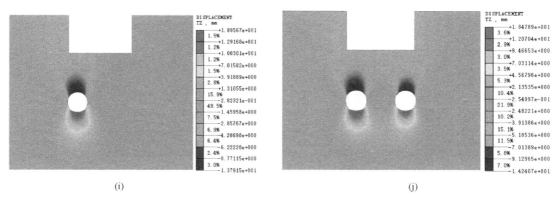

图 4-22 左线、双线开挖围岩竖向位移云图（二）
(i) 左线开挖完成 WY-5 处竖向位移；(j) 双线开挖完成 WY-5 处竖向位移

出，E 型断面的结构形式比 C 型断面的结构形式更利于围岩竖向变形控制的稳定。在埋深较深处的两处围岩，右线隧道的开挖使得左线隧道开挖时引起的竖向位移范围向两条隧道中间发展，在两条隧道夹岩上部出现了竖向位移重叠区。位于基坑下部的右线隧道的开挖和左线隧道之间的夹岩部分没有出现明显的竖向位移重叠区，其竖向影响范围沿着基坑两侧向地表发展。但两条隧道引起的围岩竖向位移变形均在安全允许的变形范围内。并通过表 4-6、表 4-7 以看出，右线隧道的施工开挖对左线先建隧道周边围岩的拱顶和拱底竖向位移变形量略有影响，其数值大小出现了不同程度的波动，但基本上控制在 1mm 范围内，变化程度不大。

左线开挖完成后隧道断面围岩竖向位移（单位：mm）　　　表 4-6

围岩位置	WY-1	WY-2	WY-3	WY-4	WY-5
	左 E	左 C	左 E	左 C	左 D
拱顶	−13.15	−13.84	−10.36	−11.12	−13.31
拱底	17.82	18.72	16.57	16.73	18.54

双线开挖完成后隧道断面围岩竖向位移（单位：mm）　　　表 4-7

围岩位置	WY-1		WY-2		WY-3		WY-4		WY-5	
	左 E	右 E	左 C	右 C	左 E	右 C	左 C	右 E	左 D	右 D
拱顶	−13.60	−13.47	−14.27	−14.07	−10.47	−10.63	−11.10	−11.00	−13.58	−11.63
拱底	17.04	16.62	17.93	17.61	16.15	15.90	16.28	16.18	17.87	14.35

（2）围岩水平位移分析

由图 4-23 左线、双线开挖后围岩的水平位移云图以及表 4-8 和表 4-9 分析出，总体上看，处于同一埋深同一种类型断面的左右两条隧道，左线隧道即先开挖隧道引起的水平变形量要大于右线隧道即后开挖隧道，但基本上两隧道的水平位移方向和大小呈现对称发展趋势。同一断面类型的隧道，受上部围岩的作用影响，位于基坑下部埋深相对较浅的隧道比直接位于地表下部的隧道的水平位移变形量也要小。右线隧道的开挖使得左线隧道开挖

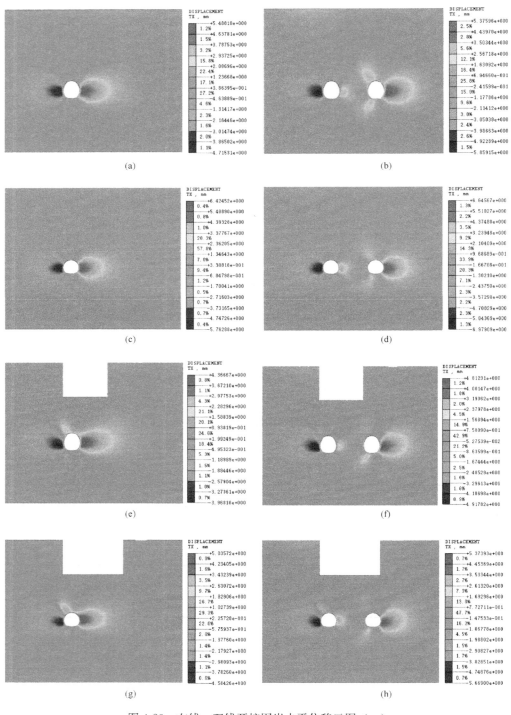

图 4-23 左线、双线开挖围岩水平位移云图（一）
(a) 左线开挖完成 WY-1 处水平位移；(b) 双线开挖完成 WY-1 处水平位移；
(c) 左线开挖完成 WY-2 处水平位移；(d) 双线开挖完成 WY-2 处水平位移；
(e) 左线开挖完成 WY-3 处水平位移；(f) 双线开挖完成 WY-3 处水平位移；
(g) 左线开挖完成 WY-4 处水平位移；(h) 双线开挖完成 WY-4 处水平位移

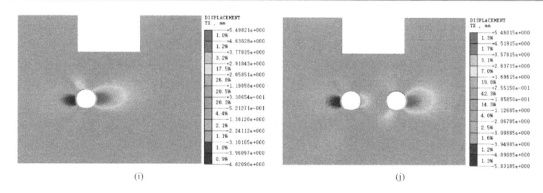

图 4-23　左线、双线开挖围岩水平位移云图（二）
(i) 左线开挖完成 WY-5 处水平位移；(j) 双线开挖完成 WY-5 处水平位移

时引起的沿右线隧道方向的水平位移减小，这是因为右线隧道的开挖变形，使中间夹岩部分又产生了向左线隧道方向的变形，减小了夹岩部分原有的变化趋势。沿着隧道两侧外轮廓线方向，围岩的水平位移大小大致呈扇形向外逐渐衰减。另外，基坑上方两侧岩土体呈现向基坑内部变形的趋势，沿着基坑两侧向基坑外水平位移逐渐减小。

左线开挖完成后隧道断面围岩水平位移（单位：mm）　表 4-8

围岩位置	WY-1	WY-2	WY-3	WY-4	WY-5
	左 E	左 C	左 E	左 C	左 D
拱肩	3.91	4.67	3.95	3.92	2.79
拱腰	4.29	5.08	4.29	4.13	3.69
拱脚	3.91	4.98	3.01	3.47	2.86

双线开挖完成后隧道断面围岩水平位移（单位：mm）　表 4-9

围岩位置	WY-1		WY-2		WY-3		WY-4		WY-5	
	左 E	右 E	左 C	右 C	左 E	右 C	左 C	右 E	左 D	右 D
拱肩	2.02	−2.75	3.84	−3.14	3.46	−3.49	2.04	−2.83	2.60	−2.11
拱腰	3.89	−3.01	4.23	−4.01	3.62	−3.25	3.02	−3.59	2.65	−2.51
拱脚	2.04	−1.71	3.93	−2.31	3.39	−2.88	2.14	−2.77	2.35	−2.14

通过对左线隧道开挖完成和双线隧道均开挖完成后的围岩位移变化的研究可以发现，处于同一埋深同一种类型断面的左右两条隧道，先开挖隧道引起的水平变形量要大于后开挖隧道。同一断面类型的隧道，受上部围岩的作用影响，位于基坑下部埋深相对较浅的隧道比直接位于地表下部的隧道的位移变形量要小。受隧道跨度和高度的影响，不同断面的隧道开挖对夹岩部分位移影响程度也存在差异。

进一步分析两并行隧道施工引起的围岩应力变化情况，将左线隧道开挖完成后和右线隧道施工完成后两种施工状态下的围岩应力云图进行对比分析。为方便分析对比，进行围岩应力分析时，选定隧道围岩的拱顶、拱肩、拱腰、拱脚和拱底 5 个部位进行最大、最小主应力分析。

(3) 围岩应力分析

由图 4-24 左线、双线开挖后围岩的最大主应力云图并结合表表 4-10 和表 4-11 可以分析出，左、右线同一埋深处的相同类型的断面隧道围岩，由于施工顺序的不同，围岩的最大主应力也不相同。在双线隧道开挖完成后，左线隧道围岩的最大主应力与左线单一隧道开挖后的围岩最大主应力出现了不同程度的变化，基本上呈现数值增大的趋势。其中，左线拱顶围岩最大主应力数值增大最大的部位和增长率最大部位同 WY-2 左线 C 型断面的拱顶处围岩，该部位的最大主应力增大了 0.031MPa，其增长率增大了 20.5%。左线拱肩围岩最大主应力数值增大最大的部位和增长率最大部位同为 WY-2 左线 C 型断面的拱肩处围岩，该部位的最大主应力增大了 0.065MPa，增大了 17.5%。左线拱腰围岩最大主应力数值增大最大的部位为 WY-2 左线 C 型断面的拱腰处围岩，该部位的最大主应力增大了 0.027MPa；增长率最大部位是 WY-5 左线 D 型断面拱腰处围岩，该部位的最大主应力增大了 5.2%。左线拱脚围岩最大主应力数值增大最大的部位为 WY-2 左线 C 型断面的拱脚处围岩，该部位的最大主应力增大了 0.067MPa；增长率最大部位同是 WY-5 左线 D 型断面拱脚处围岩，该部位的最大主应力增大了 14.8%。左线拱底围岩最大主应力数值增大最大的部位和增长率最大部位同为 WY-2 左线 C 型断面的拱底处围岩，该部位的最大主应力增大了 0.01MPa，增长了 10.8%。由此可以看出，右线隧道的开挖施工过程中，就隧道断面形式的角度分析，主要是对左线 C 型隧道断面围岩的最大主应力影响程度较大，两条隧道之间的间距与夹岩厚度有关，两条主隧道之间的净距越小也即是夹岩厚度越小，左线主隧道围岩的最大主应力受影响程度相对越大。

左线开挖完成后隧道断面围岩最大主应力（单位：MPa） 表 4-10

围岩位置	WY-1	WY-2	WY-3	WY-4	WY-5
	左 E	左 C	左 E	左 C	左 D
拱顶	0.196	0.151	0.178	0.117	0.154
拱肩	0.340	0.371	0.341	0.472	0.462
拱腰	0.538	0.664	0.516	0.600	0.500
拱脚	0.533	0.565	0.522	0.592	0.425
拱底	0.184	0.175	0.173	0.130	0.215

双线开挖完成后隧道断面围岩最大主应力（单位：MPa） 表 4-11

围岩位置	WY-1		WY-2		WY-3		WY-4		WY-5	
	左 E	右 E	左 C	右 C	左 E	右 E	左 C	右 C	左 D	右 D
拱顶	0.221	0.200	0.182	0.184	0.196	0.177	0.140	0.139	0.168	0.145
拱肩	0.375	0.358	0.436	0.378	0.372	0.367	0.508	0.365	0.507	0.372
拱腰	0.559	0.560	0.691	0.673	0.531	0.529	0.622	0.613	0.526	0.445
拱脚	0.599	0.597	0.632	0.591	0.558	0.507	0.629	0.514	0.488	0.401
拱底	0.202	0.198	0.194	0.148	0.186	0.154	0.142	0.179	0.223	0.217

注：表最大应力值均为压应力。

通过对左线隧道开挖完成和双线隧道均开挖完成后的围岩应力变化进行研究可以发现：

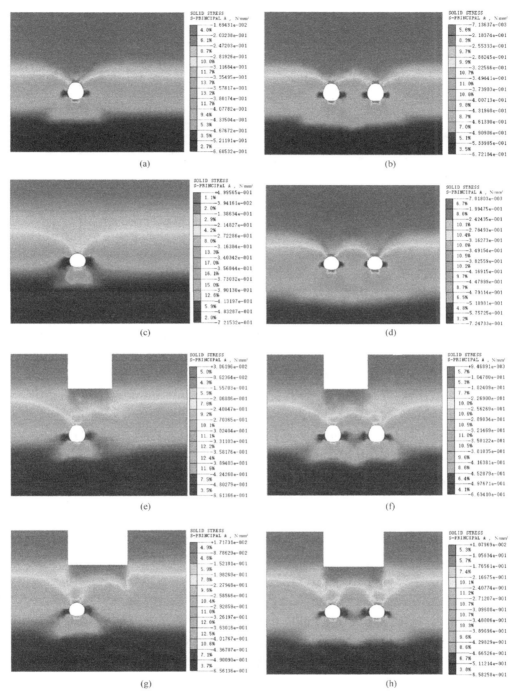

图 4-24 左线、双线开挖围岩最大主应力云图（一）
(a) 左线开挖完成 WY-1 处最大主应力；(b) 双线开挖完成 WY-1 处最大主应力；
(c) 左线开挖完成 WY-2 处最大主应力；(d) 双线开挖完成 WY-2 处最大主应力；
(e) 左线开挖完成 WY-3 处最大主应力；(f) 双线开挖完成 WY-3 处最大主应力；
(g) 左线开挖完成 WY-4 处最大主应力；(h) 双线开挖完成 WY-4 处最大主应力

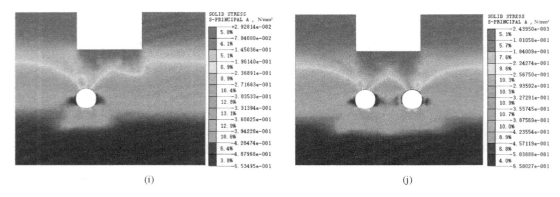

图 4-24 左线、双线开挖围岩最大主应力云图（二）
(i) 左线开挖完成 WY-5 处最大主应力；(j) 双线开挖完成 WY-5 处最大主应力

（1）左线隧道即先开挖隧道引起的竖向位移变形量要大于右线隧道即后开挖隧道。同一断面类型的隧道，受上部围岩的作用影响，位于基坑下部埋深相对较浅的隧道比直接位于地表下部的隧道的竖向位移变形量要小。

（2）处于同一埋深同一种类型断面的左右两条隧道，先开挖隧道引起的水平变形量要大于后开挖隧道。同一断面类型的隧道，受上部围岩的作用影响，位于基坑下部埋深相对较浅的隧道比直接位于地表下部的隧道的位移变形量要小。受隧道跨度和高度的影响，不同断面的隧道开挖对夹岩位移影响程度也存在差异。

（3）通过对左线隧道开挖完成和双线隧道均开挖完成后的围岩应力变化进行研究可以发现，后建隧道的施工对先建隧道的围岩应力会产生一定的影响，受隧道断面的结构形式、隧道的埋深程度以及隧道间的间距等因素的影响，在隧道施工的整个过程中，先建隧道各部位的围岩应力的变化状况也不尽相同。

4.1.5 站台隧道关键点及薄弱点开挖方法分析

在该车站的地铁主线站台隧道施工过程中，涉及的隧道断面变化次数较为频繁，既包含了小断面向大断面的开挖施工情况，也存在大断面向小断面的开挖施工情况，按照施工组织安排，两条主隧道开挖顺序为先左线、后右线。左线隧道的施工技术可以为右线施工予以参考，因此，重点分析左线隧道开挖施工。

（1）左线隧道变截面关键点分析

按照原始设计施工方案，两条主隧道开挖均采用 CD 法开挖，为进一步明确在实际施工过程中，隧道开挖支护结构的变形和受力情况以及周边围岩的扰动情况，可以通过数值模拟的形式得以直观体现，重点分析隧道变截面处的结构受力状况。选择左线主隧道 5 处变截面一定范围距离内的隧道结构进行分析，这 5 处变截面过渡形式分别为由 C 型截面过渡到 E 型截面，E 型截面过渡到 C 型截面，C 型截面过渡到 E 型截面，E 型截面过渡到 C 型截面，C 型截面过渡到 D 型截面，并对这 5 处变截面依次编号为 ZB-1、ZB-2、ZB-3、ZB-4、ZB-5，如图 4-25 所示。

1）CD 法开挖分析

CD 法隧道施工示意图见图 4-26。

第4章 复杂隧道群设计与施工技术研究

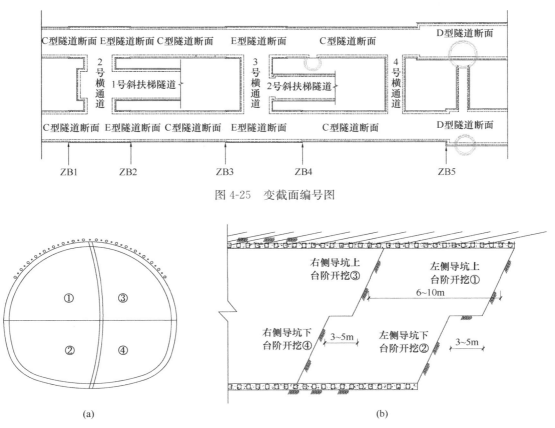

图 4-25 变截面编号图

图 4-26 CD 法隧道施工示意图
(a) CD 法施工正视图；(b) CD 法施工工序纵断面图

CD 法施工时，主要施工步骤如下：

开挖左导坑上台阶①部分；施作①部分的初期支护，包括侧壁临时支护；开挖左导坑下台阶②部分；施作②部分的初期支护，包括侧壁临时支护；开挖右导坑上台阶③部分；施作③部分的初期支护，包括侧壁临时支护；开挖右导坑的下台阶④部分；施作④部分的初期支护，包括侧壁临时支护；在施作二衬前拆除临时支护。

台阶建议长度为 3~5m，隧道开挖每循环进尺不应大于 0.5m，边墙每循环开挖进尺不应大于 1m，并且应及时封闭初期支护。支护完成后，应及时进行支护背后注浆，背后注浆距离应不大于开挖工作面 5m 的距离，并且应该在支护达到强度之前仅进行注浆。

图 4-27 为左线隧道按照 CD 法开挖完成后的 5 处变截面位置的最终竖向位移云图。经数值计算分析，ZB-1 处 C 型断面隧道的拱顶沉降为 10.37mm，拱底隆起 14.21mm，E 型断面隧道拱顶沉降为 10.30mm，拱底隆起 11.76mm；ZB-2 处 E 型断面隧道的拱顶沉降为 10.77mm，拱底隆起 14.12mm，C 型断面隧道拱顶沉降为 11.93mm，拱底隆起 14.98mm；ZB-3 处 C 型断面隧道的拱顶沉降为 9.53mm，拱底隆起 13.97mm，E 型断面的隧道拱顶沉降为 9.32mm，拱底隆起 12.91mm；ZB-4 处 E 型断面隧道的拱顶沉降为 8.68mm，拱底隆起 13.03mm，C 型断面的隧道拱顶沉降为 9.36mm，拱底隆起

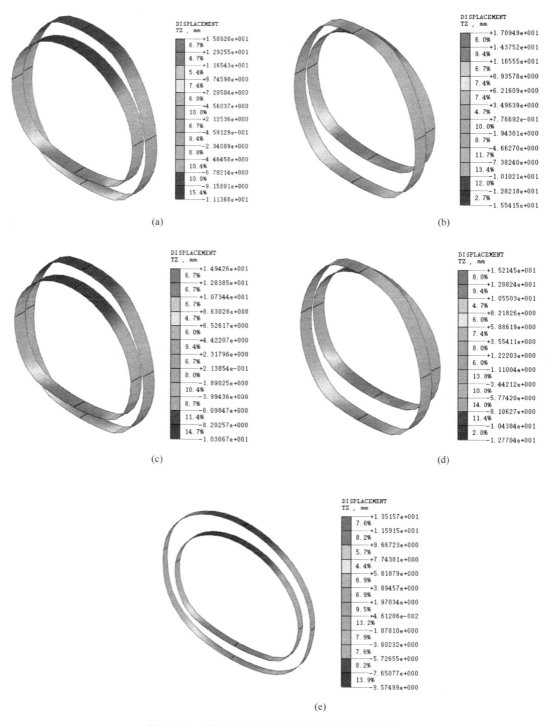

图 4-27 左线 CD 法开挖竖向变截面处位移云图
(a) ZB-1 竖向位移云图；(b) ZB-2 竖向位移云图；(c) ZB-3 竖向位移云图；
(d) ZB-4 竖向位移云图；(e) ZB-5 竖向位移云图

13.94mm；ZB-5处C型断面隧道的拱顶沉降为8.56mm，拱底隆起12.77mm，D型断面隧道拱顶沉降为8.51mm，拱底隆起11.80mm。通过计算数据进一步分析得出，利用CD法开挖隧道左线时，由C、E两种隧道断面构成的变截面，ZB-1和ZB-2处的同种类型的隧道断面比ZB-3和ZB-4处的拱顶沉降要略大，拱底隆起数值基本相同，分析原因主要是ZB-3和ZB-4处上部基坑开挖造成隧道拱顶荷载减小造成。

2）三台阶法开挖分析

青秀山站地铁隧道开挖施工前地下水已降至隧道拱底，解决了地下水对隧道开挖施工的影响。且CD法开挖施工过程中由于临时中隔墙的存在以及其他施工技术要求，造成其施工工期较长。相比之下，三台阶法施工能够缩短施工工期，降低工程造价。因此，有必要对比CD法和三台阶法施工时衬砌结构的受力情况。三台阶法隧道施工示意图见图4-28。

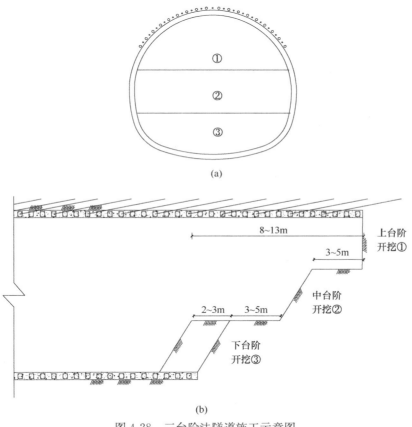

图4-28 三台阶法隧道施工示意图
（a）三台阶法施工正视图；（b）三台阶法施工工序纵断面图

三台阶法施工隧道时，主要施工步骤如下：

上台阶开挖①部分后，及时架设该处的格栅钢拱架，网系统支护，喷射混凝土，使之形成稳定的承载拱；在滞后①部分3~5m后开挖②部分，并进行中台阶该处的喷、网系统支护；在滞后②部分2m后开挖③部分，并进行下台阶该处的喷、网系统支护。

图4-29为左线隧道按照三台阶法开挖完成后的5处变截面位置的最终竖向位移云图。经数值计算分析，ZB-1处C型断面隧道的拱顶沉降为13.09mm，比CD法开挖沉降值增加

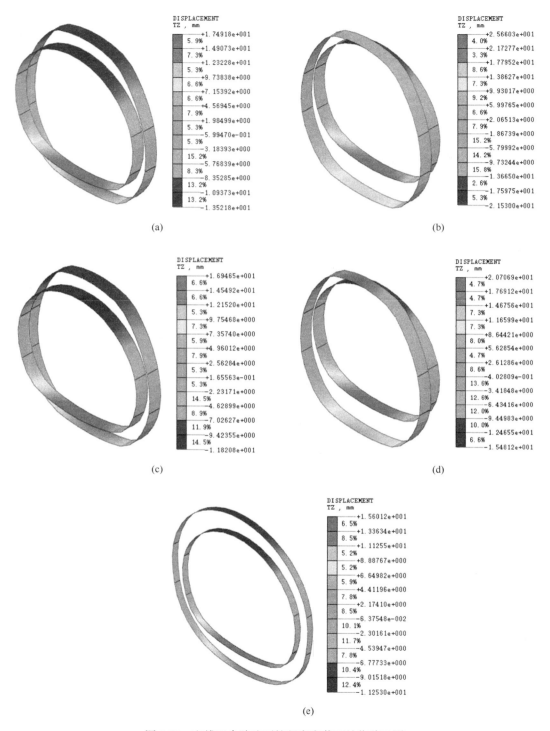

图 4-29 左线三台阶法开挖竖向变截面处位移云图
(a) ZB-1 竖向位移云图；(b) ZB-2 竖向位移云图；(c) ZB-3 竖向位移云图；
(d) ZB-4 竖向位移云图；(e) ZB-5 竖向位移云图

了 26.2%，拱底隆起为 17.49mm，比 CD 法隆起值增加了 23.8%；E 型断面隧道拱顶沉降为 12.75mm，比 CD 法开挖沉降值增加了 23.7%，拱底隆起为 15.15mm，比 CD 法隆起值增加了 28.8%；ZB-2 处 E 型断面隧道的拱顶沉降为 13.36mm，比 CD 法开挖沉降值增加了 24.0%，拱底隆起为 16.44mm，比 CD 法隆起值增加了 16.4%；C 型断面隧道拱顶沉降为 19.03mm，比 CD 法开挖沉降值增加了 59.5%，拱底隆起为 21.77mm，比 CD 法隆起值增加了 45.3%；ZB-3 处 C 型断面隧道的拱顶沉降为 11.36mm，比 CD 法开挖沉降值增加了 19.2%，拱底隆起为 16.94mm，比 CD 法隆起值增加了 21.2%；E 型断面的隧道拱顶沉降为 10.86mm，比 CD 法开挖沉降值增加了 16.5%，拱底隆起为 14.82mm，比 CD 法隆起值增加了 14.7%；ZB-4 处 E 型断面隧道的拱顶沉降为 10.63mm，比 CD 法开挖沉降值增加了 14.0%，拱底隆起为 15.16mm，比 CD 法隆起值增加了 17.4%；C 型断面的隧道拱顶沉降为 15.48mm，比 CD 法开挖沉降值增加了 78.3%，拱底隆起为 18.71mm，比 CD 法隆起值增加了 43.5%；ZB-5 处 C 型断面隧道的拱顶沉降为 11.25mm，比 CD 法开挖沉降值增加了 20.1%，拱底隆起为 15.60mm，比 CD 法隆起值增加了 11.9%；D 型断面隧道拱顶沉降为 10.41mm，比 CD 法开挖沉降值增加了 22.3%，拱底隆起为 13.20mm，比 CD 法隆起值增加了 11.8%。

通过对比三台阶法和 CD 法两种开挖方法对左线隧道衬砌结构竖向位移的影响，可以分析出，三台阶法施工较 CD 法施工时，使隧道拱顶沉降和拱底隆起均有不同程度的增加，这与 CD 法中存在临时支护有关。在隧道喷射混凝土初期，临时中隔壁的及时施作，有效地抵抗了围岩压力引起的初期支护结构的变形，待隧道衬砌结构达到相对稳定的状态，初衬混凝土结构已具备较高的刚度减小其自身变形时，再拆除临时支撑。此过程中，临时支护能够很好地控制隧道衬砌结构的竖向位移。但是使用三台阶法开挖施工引起的隧道竖向位移变形均在规范允许的范围内。

为进一步分析超前支护在隧道开挖中的作用以及两条主隧道开挖对地层变化的影响。在本模型中，地层的沉降值仅为两条主隧道开挖引起的变化，没有考虑基坑开挖引起的变化，该变化规律并非为最终沉降值。在数值模拟的计算过程中，通过改变隧道拱顶上部加固圈围岩的属性来实现隧道超前加固的模拟。具体操作是通过 MIDAS/GTS NX 中，渗流/固结分析中改变属性工具栏的施工阶段将岩土体的属性改变为具有超前加固属性的围岩。通过数值模拟隧道有超前支护和无超前支护两种开挖形式下的地表沉降和基坑底部沉降进行对比，对比过程中，仍然选择 WY-1 至 WY-5 这 5 处隧道围岩断面进行分析。施加超前加固层前后单元情况见图 4-30。有、无超前加固地表（基坑底部）沉降规律见图 4-31。

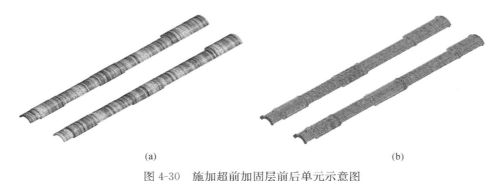

(a) (b)

图 4-30 施加超前加固层前后单元示意图

(a) 隧道顶部原有围岩属性示意图；(b) 隧道顶部施加加固层属性示意图

由图 4-31 有、无超前加固两种情况下地表（基坑底部）沉降规律可以看出，沿地表中心线变形规律基本呈现对称形式向两侧发展，并且明显地可以看出，有超前加固的隧道开挖方式引起的地层变形数值大小要小于无超前加固的隧道开挖引起的地层变形数值，加固区承受了较大的围岩荷载。隧道的超前加固措施对控制地层的变形起到了关键作用。由

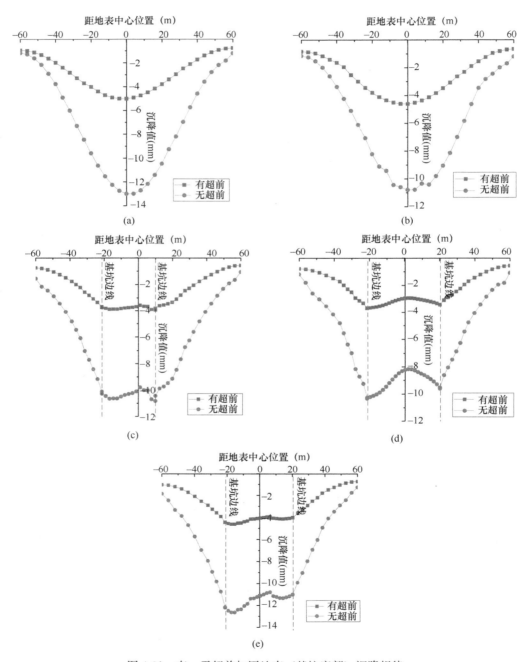

图 4-31 有、无超前加固地表（基坑底部）沉降规律
（a）WY-1 地表沉降规律；（b）WY-2 地表沉降规律；（c）WY-3 地表、基坑底部沉降规律；
（d）WY-4 地表、基坑底部沉降规律；（e）WY-5 地表、基坑底部沉降规律

WY-1 和 WY-2 这两处变形规律进一步可以发现,这两处隧道埋深较深,地表沉降的最大值发生在两条主隧道的中间位置,而 WY-3 和 WY-4 这两处的最大沉降值靠近基坑边线位置,而 WY-5,由于 D 型断面隧道埋深浅,高度较高,造成其最大沉降值位于两条主隧道上方,由此可见针对关键点采取小导管大管棚的超前支护可有效减小地表沉降,对主线隧道施工的安全性起到积极性的作用。

(2) 站台隧道丁字口段关键点及薄弱点分析

站台隧道群丁字口段施工设计中常用大包法和小包者两种施工方法,以南宁轨道交通 3 号线青秀山站隧道为背景,通过有限元软件 MIDAS/GTS NX,对站台隧道连接处丁字口段施工方法及受力特征进行分析,着重对比大包法和小包法施工引起的围岩位移、应力分布及塑性区范围,并进一步对小包法施工全过程进行动态力学行为研究。

大包法在丁字口施工工程中已十分普遍,小包法是在大包法基础上改进形成的一种施工方法,大包法施工中,小导洞的开挖高度与开挖长度均大于站台隧道的开挖轮廓线。在小包法施工中,小导洞开挖只需上包站台隧道上台阶。将大包法和小包法两种隧道挑顶施工方法进行对比分析,着重对比两种开挖方式产生的围岩位移、应力以及支护结构应力,判断两种施工方法下隧道及围岩的稳定性。

根据隧道实际施工过程对丁字口处围岩产生的影响,选取右线隧道与横通道中线交叉面为目标断面,针对施工全过程进行力学行为分析,见图 4-32。

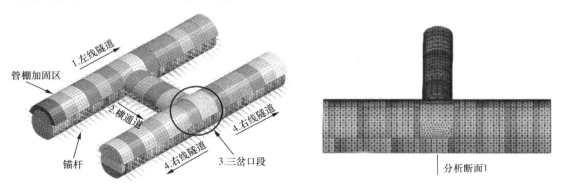

图 4-32 分析断面示意图

表 4-12 为丁字口段两种施工方法中各个特征点的计算位移。大包法施工中,丁字口段拱顶沉降及拱底隆起均大于小包法。小包法施工引起的丁字口处拱顶沉降量为 7.0mm,大包法施工引起的丁字口拱顶沉降量为 7.2mm。沉降量均在允许范围 30mm 以内,小包法施工竖向位移均小于大包法施工。分析认为大包法小导洞施工开挖轮廓线较大,施工对围岩产生扰动也更多,从控制转换段围岩变形的角度出发,更有利于控制隧道围岩的稳定性。

特征点位移 表 4-12

丁字口施工方法	竖向位移 (mm)	
	拱顶沉降	拱底隆起
大包法	7.2	11.8
小包法	7.0	10.2

围岩应力分布规律可反映围岩的稳定状态。将两种施工方法计算得到的隧道拱顶、拱肩、拱脚、拱底处围岩最大、最小主应力进行对比分析。由表 4-13 可知，大包法开挖引起的围岩应力要普遍大于小包法。其中拱顶、拱底主应力相差较大而拱肩、拱脚主应力相差较小，两种丁字口施工方法中拱肩最小主应力比值最小达 1.15，拱底最大主应力比值最大达到 1.97，从控制围岩应力角度来看小包法要优于大包法。

围岩应力对比（单位：kPa） 表 4-13

讨论位置	应力类型	大包法	小包法	比值
拱顶	最大主应力	−215.36	−166.04	1.30
	最小主应力	−1147.32	−902.14	1.27
拱肩	最大主应力	−574.61	−452.54	1.27
	最小主应力	−1835.46	−1599.80	1.15
拱脚	最大主应力	−664.63	−557.75	1.19
	最小主应力	−1871.64	−1605.62	1.17
拱底	最大主应力	−433.39	−219.55	1.97
	最小主应力	−650.76	−441.40	1.47

从表 4-14 中可知丁字口段施工完成后围岩塑性区主要集中在拱肩位置，大包法与小包法塑性区半径分别为 5.2m 和 4.3m，该位置塑性区范围最广，围岩变形较大，应采取有效措施防止此处隧道围岩产生大变形破坏。在拱脚处大包法与小包法塑性区半径分别为 4.8m 和 3.5m，整体来说，小包法相比大包法能够更有效地控制围岩塑性区的发展，尤其是在拱脚位置处。

围岩塑性区半径（单位：m） 表 4-14

塑性区半径（m） 部位 \ 施工方法	大包法	小包法
拱肩	5.2	4.3
拱脚	4.8	3.5

由上述分析可知，小包法施工在控制围岩位移、应力及塑性区半径方面均优于大包法施工，并且小包法施工工艺更简易，施工工期及工程造价更加节约，故实际施工方法建议使用小包法施工，更适用于深埋大断面地铁车站丁字口段的施工。

(3) 站台隧道丁字口段动态力学行为分析

1) 围岩位移变化特征分析

车站隧道开挖完毕后，整体围岩位移云图及转换段位移云图如图 4-33、图 4-34 所示。

前 75 个施工步骤为左线站台隧道施工，施工步骤 75~98 为横通道施工阶段。为研究横通道对既有隧道的影响，从 75 步骤开始分析，如图 4-35、图 4-36 所示。施工步骤在 98 之前对截面 1 与截面 2 的拱顶沉降几乎没有影响，横通道与站台隧道交差口施工过程中，结合施工步骤可以发现:两个截面的拱顶沉降与上台阶导洞核心土的开挖有关,下台阶的开挖对两个截面的拱顶沉降位移几乎没有影响。

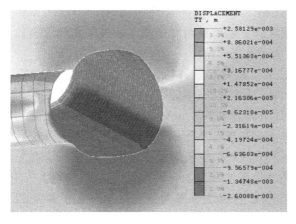

图 4-33　围岩水平位移

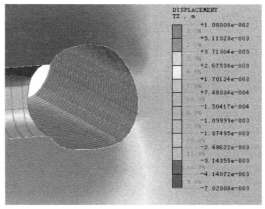

图 4-34　围岩竖向位移

结合施工步序,截面 1 的拱顶沉降曲线大致分为三个阶段:左线站台隧道、横通道土体的开挖,小导洞的开挖。以及核心土的开挖。由图 4-35 可知截面 1 在导洞开挖时开始出现沉降,小导洞开挖完成后,拱顶沉降量为-1.3mm,占总沉降量的 35.6%,之后开挖小导洞下台阶土体,此阶段拱顶沉降基本不受影响,转换段施工完成后,施工右线站台隧道使截面 1 拱顶继续沉降。随着站台隧道施工,沉降曲线逐渐趋于平缓,最大沉降-3.94mm。

截面 2 起初基本不受影响,施工开始拱顶开始缓慢沉降。随着站台隧道施工,沉降曲线逐渐趋于平缓,最大沉降-3.2mm,比截面 1 小了 18.7%。

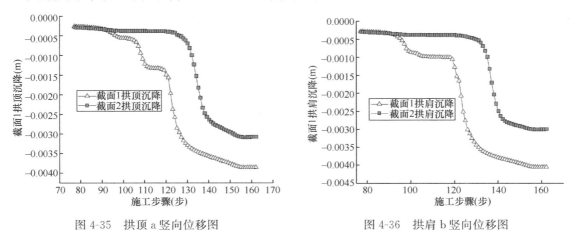

图 4-35　拱顶 a 竖向位移图　　　　　图 4-36　拱肩 b 竖向位移图

由图 4-35、图 4-36 可知,小导洞扩挖法施工过程中,各截面拱肩沉降曲线与相应截面的拱顶沉降曲线变化规律相近。左线站台隧道与横通道的开挖对各个截面的拱肩沉降几乎没有影响。截面的拱肩沉降与上台阶导洞及核心土的开挖有关,从图 4-36 中可以看出,上台阶导洞开挖至截面 1 后,其拱肩沉降开始出现,小导洞开挖完成后,拱肩沉降量为

−0.92mm，占总沉降量的23.6%，之后开挖小导洞下台阶土体，此阶段拱拱肩降基本不受影响，转换段施工完成后，施工右线站台隧道使截面1拱肩继续沉降。随着站台隧道施工，沉降曲线逐渐趋于平缓，最大沉降−4.04mm。

截面2起初基本不受影响，开始出现拱顶沉降。随着站台隧道施工，沉降曲线逐渐趋于平缓，最大沉降−2.97mm，比截面1小了25.8%。

由图4-37可知，在小导洞施工过程中，拱脚c点隆起位移与c点上部土体开挖有关。断面1拱脚隆起随横通道的开挖而缓慢增大，转换段开挖完毕后，断面1拱脚隆起位移为0.31mm，之后变化缓慢，直至小导洞下部土体开挖，断面1拱脚隆起位移出现增大的现象，由于转换段下部土体分三层开挖，每层分多次开挖，从图中可以看出，土体的开挖导致拱脚位移有明显的快速隆起阶段，之后，随着右线站台隧道的开挖，断面1拱脚隆起位移缓慢增大直至逐渐趋于平衡状态，最终，拱脚隆起位移为2.97mm。

断面2的拱脚位移曲线可以看出，施工左线站台隧道及横通道对拱脚隆起的影响很小，拱脚隆起位移从导洞开挖至该断面时增长速度开始加快，直至该断面核心土开挖完成后，拱脚隆起又逐渐趋于稳定。最终，断面2的隆起位移为2.23mm。比断面1小了24.3%。

由图4-38可知，在小导洞施工过程中，各断面拱肩沉降曲线与相应断面的拱顶沉降曲线变化规律相近。断面1拱底隆起随横通道的开挖而缓慢增大，转换段开挖完毕后，断面1拱底隆起位移为0.23mm，之后变化缓慢，直至小导洞下部土体开挖，断面1拱底隆起位移出现增大的现象，由于转换段下部土体分三层开挖，每层分多次开挖，从图中可以看出，土体的开挖导致拱底位移有明显的快速隆起阶段，之后，随着右线站台隧道的开挖，断面1拱底隆起位移缓慢增大直至逐渐趋于平衡状态，最终，拱底隆起位移为3.47mm。

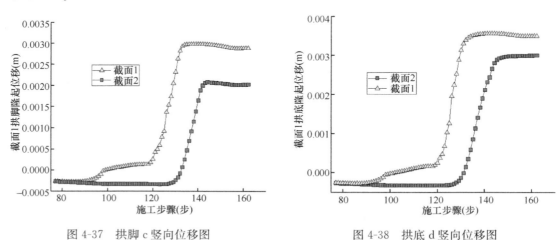

图4-37 拱脚c竖向位移图　　　　　图4-38 拱底d竖向位移图

断面2的拱底位移曲线可以看出，施工左线站台隧道及横通道对拱底隆起的影响很小，拱底隆起位移从导洞开挖至该断面时增长速度开始加快，直至该断面核心土开挖完成后，拱底隆起又逐渐趋于稳定。最终，断面2的隆起位移为2.98mm。比断面1小了14.1%。

2）围岩应力变化特征分析

隧道开挖完毕后，丁字口处围岩最大主应力、最小主应力云图见图 4-39，丁字口段隧道拱顶处围岩应力小，易产生拉应力，拱脚处围岩应力最大，最大主应力能反映围岩破坏面方向，横通道进主隧道拱顶处部分区域出现拉应力，可能产生张拉破坏。

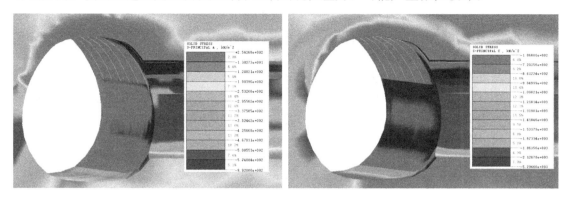

图 4-39　丁字口处围岩主应力云图（单位：kPa）

由图 4-40 可知，断面 1 处拱顶最大主应力在转换段小导洞施工过程中变化最为显著，转换段土体开挖前，拱顶最大主应力由 -0.39MPa 增长为 -0.42MPa，随着小导洞的开挖，拱顶最大主应力急剧减小 -0.08MP。随着对转换段下台阶施工开挖并进行支护加固，拱顶最大主应力逐渐趋于稳定，最终，断面 1 的拱顶最大主应力为 -0.17MPa，较隧道开挖前的 -0.39MPa 减小 56.4%。

横通道的开挖对拱底的最大主应力基本无影响。随着转换段的开挖，断面 1 的拱底最大主应力得到快速释放，由开挖前的 -0.49MPa，变为 -0.42MPa，释放量达到 14.3%，之后随着小导洞上台阶核心土的开挖，断面 1 的拱底最大主应力曲线出现了一个较小的跳跃阶段，跳跃之后其最大主应力变为 -0.39MPa。随着导洞下台阶核心土的开挖，其最大主应力进一步跳跃释放，特别是下台阶核心土开挖的时候，其最大主应力释放速度最快，一步释放量为 -0.1MPa，之后断面 1 的拱底最大主应力逐渐趋于稳定为 -0.23MPa。

由图 4-41 可知，断面 1 处拱肩最大主应力随着施工通道的开挖而缓慢的变化，当施

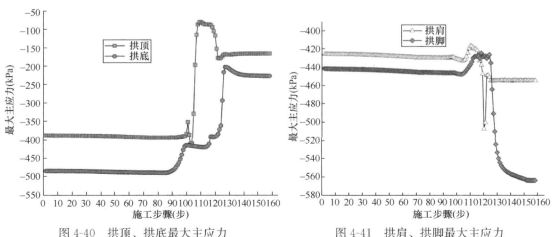

图 4-40　拱顶、拱底最大主应力　　　　图 4-41　拱肩、拱脚最大主应力

工通道开挖至交界断面处时,断面 1 的拱肩最大主应力急剧增加,因为施工需要破洞对围岩产生了较大扰动,一个施工步内从 -0.44 MPa 增加至 -0.52 MPa,增加了 -0.08 MPa,随着支护和施工的进行拱肩最大主应力在下一个施工步恢复到了 -0.46 MPa 并趋于稳定状态。

断面 1 大主应力随着施工通道的开挖在缓慢的变化开挖变化缓慢,之后随着横通道得开挖,其拱腰最大主应力开始缓慢减小,横通道开挖完毕后为 -0.44 MPa,拱脚最大主应力基本处于稳定状态,随着施工至转换段施工下台阶处时,其最大主应力出现了向下的跳跃,拱脚处最大主应力急剧增大并维持在至 -0.56 MPa。

由图 4-42 可知,断面 1 处拱顶最小主应力在转换段开挖过程中变化最为显著,随着小导洞上台阶土体的开挖,拱顶最小主应力急剧增大,转换段土体开挖前,拱顶最小主应力为 -1.22 MPa,转换段开挖上台阶完成后,拱顶最小主应力为 -1.78 MPa。之后随着转换段进一步施工,下台阶核心土开挖使拱顶最小主应力跳跃式减小至 -0.78 MPa。随着右线站台隧道主体的开挖,拱顶最小主应力逐渐趋于稳定,处于 -0.93 MPa。

横通道的开挖对拱底最小主应力基本无影响。随着小导洞的开挖,断面 1 的拱底最小主应力开始出现一些波动状况,不过波动范围很小,基本处于 $-1.22 \sim -1.24$ MPa 之间,随着转换段下台阶核心土开挖,其最小主应力得到释放,下台阶核心土开挖完成后,拱底最小主应力逐渐趋于稳定其最小主应力减小为 -0.42 MPa,减幅为 34.1%。

由图 4-43 可知,断面 1 处拱肩最小主应力随着横通道的开挖无明显变化,当横通道开挖至交界断面处时,其最小主应力逐渐增加,施工通道开挖完后,拱肩最小主应力值为 -1.1 MPa。之后随着转换段小导洞的开挖,断面 1 拱肩最小主应力急剧减小,转换段开挖完成后,其最小主应力为 -1.6 MPa。最后,随着车站主体的开挖,断面 1 的拱肩最小主应力逐渐减小,直至最后趋于稳定状态,隧道开挖完成后,断面 1 的拱肩最小主应力处于拉应力状态,为 -1.68 MPa。

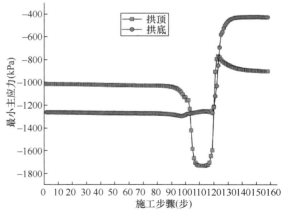

图 4-42 拱顶、拱底最小主应力

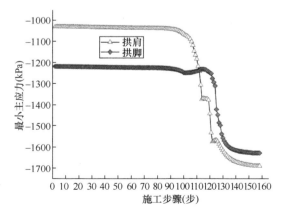

图 4-43 拱肩、拱脚最小主应力

断面 1 处拱肩最小主应力随着横通道的开挖无明显变化,横通道开挖完成后,其拱腰最小主应力为 -1.22 MPa,之后随着转换段小导洞上台阶的开挖,其最小主应力开始逐渐增大此时,拱腰最小主应力为 -1.32 MPa,之后随着转换段下侧核心土开挖,其最小主应力开始快速增大,其拱腰最小主应力为-1.57MPa,车站主体结构的开挖,其最小主应力基本维持不变。最终,断面1拱腰处最小主应力逐渐趋于平衡,隧道开挖完后其最小主应力为-1.63MPa。

监测断面所有特征点围岩最大主应力都是掌子面经过监测断面产生突变,最大主应力稳定后,拱顶处最大主应力最大,其次是拱肩、拱底,拱脚处最大主应力最小。拱顶和拱底围岩应力释放明显,其中拱顶处最大主应力峰值达-65kPa,围岩易产生拉应力,应提前施做预支护。拱肩处最大主应力在割除了小导洞竖向钢架使支护体系产生应力体系转换时,最大主应力出现跳跃变化,要针对阶段施工对围岩进行预加固,并采取快挖、快支、快闭合的施工方法重点防护。在拱脚位置围压应力最大,且达到稳定的时间最长达-572kPa,保证喷射混凝土的初期强度,必要时提高喷射混凝土的强度,并加强锁脚锚杆控制拱脚变形。

4.1.6 十字交叉隧道分析

斜扶梯隧道在施工之前,已经施作了下部的暗挖左、右线隧道以及两条隧道之间的联络横通道。斜扶梯施工完成后,与横通道隧道形成十字交叉隧道。

(1) 斜扶梯隧道整体分析

在多隧道同期施工时,斜扶梯隧道的施工会导致先建隧道围岩及结构的稳定状态产生变化,特别是在有限空间内进行多条隧道暗挖施工,隧道群间存在相互平面重叠、立体交叉的情况,对周边围岩及先建隧道都会造成多次扰动,每条隧道的施工都能影响到地铁车站整体结构的稳定,因此时刻监测既有结构和围岩的变形状况,严格按照"管超前、严注浆、短开挖、强支护、勤量测、快封闭"的原则组织施工。

斜扶梯隧道X、Y、Z变形规律基本一致,因此以不同施工方法下隧道初支的Z方向位移为例进行阐述,位移云图如图4-44所示。

综合分析图4-44可以发现,不同施工方法产生的斜扶梯隧道的拱顶沉降均不是均匀分布的,随着埋深的增加,隧道的拱顶沉降颜色在不断增加说明位移在增加,且在隧道线型改变的位置以及同横通道的连接位置沉降均较大。拱顶轴线上的各点的沉降值如表4-15所示,不同位置的沉降曲线图如图4-45所示。在图表中因为隧道不同的高度值不便于确定,于是选取拱顶点相对于隧道始发点的水平距离作为监测点的划分标准。

不同位置拱顶沉降(单位:mm) 表4-15

沉降工况 \ 位置	2	8	14	20	26	32	38
CD法	-2.378	-4.094	-5.635	-6.550	-7.328	-7.422	-6.808
CRD法	-1.534	-2.355	-3.953	-4.942	-6.117	-5.907	-6.177
台阶法	-4.131	-9.073	-12.373	-16.079	-17.568	-20.385	-16.569

由图4-45可知,斜扶梯隧道的不同位置拱顶位移值均不相同,前期隧道拱顶沉降与隧道埋深近似呈反比关系,随着隧道埋深的增加,斜扶梯隧道的拱顶沉降值也在不断加大,CD法最小沉降值为-2.378mm,最大沉降值为-7.526mm,增加了3.16倍;CRD

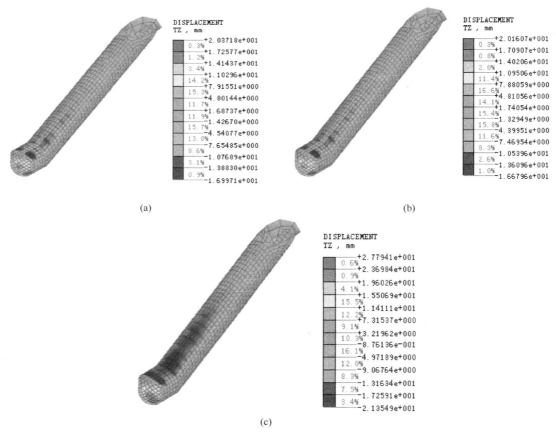

图 4-44 Z 方向位移云图
(a) CD 法位移云图；(b) CRD 法位移云图；(c) 台阶法位移云图

法最小沉降值为 −1.323mm，最大沉降值为 −6.365mm，增加了 5.17 倍；台阶法最小沉降值为 −4.131mm，最大沉降值为 −21.026mm，增加了 5.10 倍，可以知道斜扶梯埋深位置的不同对于拱顶沉降的影响非常大。台阶法的最大沉降数值是其他两种开挖工况的 2.5 倍左右，这是由于台阶法开挖面积大，围岩松动导致。三种工况的最大沉降值均出现在了隧道线型由斜转成水平的交接点位置，过了该位置后，三种工法对应的水平段的拱顶沉降均有所回弹，这是由于水平段隧道的受力情况不同于斜扶梯隧道段的多方向受力，且水平段所在位置在两条主隧道之间，围岩多次扰动，导致出现了拱顶沉降回升的情况。

为更加具体的研究不同施工方法对隧道衬砌的影响，选取第 10 步开挖对应的拱顶点作为监测点，随着施工进行该点处位移的变化如图 4-46 所示。

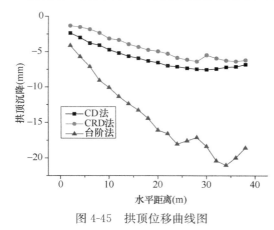

图 4-45 拱顶位移曲线图

监测点处拱顶的沉降首先快速加大然后逐渐趋于收敛，CD法最终收敛于−6.2mm，CRD法收敛于−5.4mm，台阶法收敛于14.4mm。台阶法在施工后三个施工步内快速沉降了10.02mm，占该监测点总沉降的69.5%。CD法与CRD法监测点在开挖后三个施工步内也出现了较为明显的沉降，沉降值分别为2.255mm和1.82mm，分别占总沉降值的35.8%和34.5%，由此可见隧道拱顶的沉降有很大部分是在施工后的三个施工步内完成的。CD法与CRD法因为将掌子面分割成小块进行开挖，掌子面的空间效应以及中隔墙的保护使得衬砌结构沉降增加量较为缓慢。

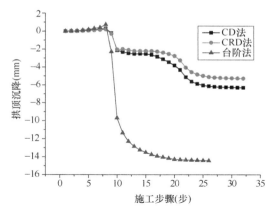

图 4-46 拱顶沉降随施工步骤变化图

将不同的开挖工法产生的衬砌结构在不同方向的最大、最小位移总结如表 4-16 所示。

不同开挖方法产生的衬砌结构位移　　表 4-16

工况	X方向位移（mm）		Y方向位移（mm）		Z方向位移（mm）	
	最大	最小	最大	最小	最大	最小
CD法	6.018	−5.571	3.178	−1.515	8.700	−7.700
CRD法	5.754	−5.478	3.376	−1.776	8.600	−7.710
台阶法	7.211	−5.795	5.521	−1.630	9.246	−9.501

因为斜扶梯隧道开挖面积较小，CD法与CRD法开挖产生的衬砌结构的位移差别并不大，台阶法产生的衬砌结构的位移明显大于其他两种方法，这是因为台阶法开挖产生的围岩应力释放较大，衬砌结构附近产围岩松动，造成了衬砌结构位移增加。

（2）开挖进尺对于斜扶梯开挖影响

对比三种不同施工方法，台阶法相对于其他两种方法在斜扶梯的拱顶沉降，Y方向以及X方向的位移方面均产生了较大的影响，会对施工过程产生比较不利的影响。CD法、CRD法针对所依托的工程来看，在应力以及位移方面差别均不大，本节以CD法为例，在原有0.5m的开挖步距基础上增加开挖步距0.75m和1m，进行对比分析，研究不同的开挖步距对斜扶梯隧道自身结构产生的不同影响。不同开挖进尺产生的衬砌结构的各方向位移云图如图 4-47 所示，最大、最小位移值见表 4-17。

不同开挖进尺引起的衬砌结构位移　　表 4-17

工况	X方向位移（mm）		Y方向位移（mm）		Z方向位移（mm）	
	最大	最小	最大	最小	最大	最小
0.5m	10.942	−10.510	5.400	−2.500	13.354	−13.526
0.75m	14.747	−15.367	7.344	−3.565	20.372	−16.879
1m	20.360	−23.768	7.890	−3.730	23.059	−25.128

不论哪种开挖进尺，斜扶梯的位移在线型改变的位置均出现了较大的突变，为工程中

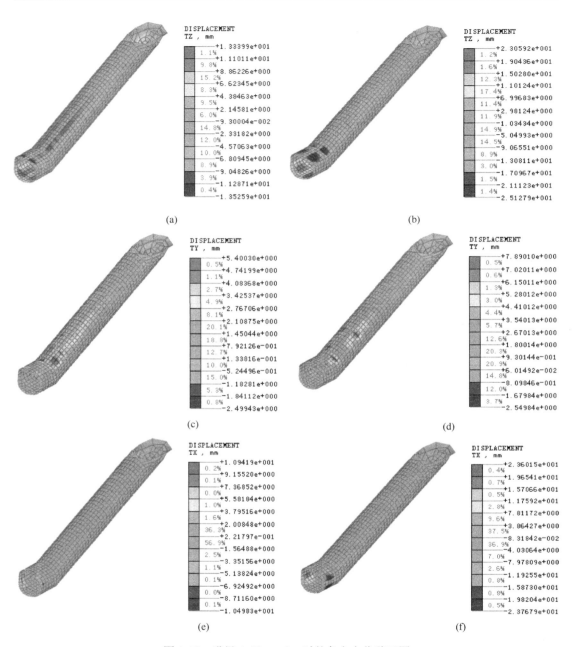

图 4-47 进尺 0.75m、1m 时的各方向位移云图

(a) 0.75m 时 Z 方向位移；(b) 1m 时 Z 方向位移；(c) 0.75m 时 Y 方向位移；(d) 1m 时 Y 方向位移；
(e) 0.75m 时 X 方向位移；(f) 1m 时 X 方向位移

的危险节点。

斜扶梯隧道的开挖在线型改变的位置会发生明显的应力集中现象，在该位置衬砌结构的位移以及受力相对于其他位置均较大，故本节以斜扶梯隧道转到水平段以后的第一环支护结构作为研究对象，将不同开挖步距的最大、最小主应力作为比较指标进行比较，进尺 0.75m、1m 时主应力云图如图 4-48 所示，不同开挖进尺应力值见表 4-18。

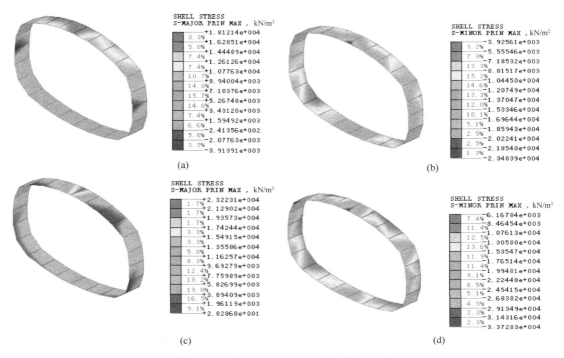

图 4-48 进尺 0.75m、1m 时主应力云图

(a) 0.75m 时最大主应力；(b) 0.75m 时最小主应力；(c) 1m 时最大主应力；(d) 1m 时最小主应力

三种开挖进尺的最大主应力出现的位置均在衬砌环的上方中间位置，随着开挖进尺的加大，最大主应力以及最小主应力的数值都在增加，开挖进尺的增加引起围岩应力释放的加大，造成了作用在衬砌结构上的作用力增加。1m 的开挖进尺对于 0.5m 的开挖进尺最大主应力增加了 28%，最小主应力增加了 57.1%。

不同开挖进尺下的应力值　　　　表 4-18

开挖进尺	0.5m	0.75m	1m
最大主应力（kN/m^2）	1 812.43	2 107.72	2 322.36
最小主应力（kN/m^2）	−3 925.61	−4 042.43	−6 167.84

开挖进尺对于斜扶梯自身结构的稳定性具有很重要的影响。大的开挖进尺造成了斜扶梯支护结构在位移以及应力方面有了明显的增加；小的开挖进尺对于围岩的扰动小，产生的围岩变形更小，隧道支护结构更为稳定，有利于施工的安全。在修建斜扶梯隧道时若条件允许，建议选用 0.5m 的开挖进尺进行隧道施工，同时加强对衬砌结构位移的监测，防止工程事故的发生。

(3) 斜扶梯隧道关键点及薄弱点分析

斜扶梯开挖完成后直接破除横通道的支护结构连接在横通道上，这对横通道之前形成的稳定状态会造成较大的影响，危害其结构安全，故斜扶梯与横通道隧道连接部分是关键点和危险节点，分析不同工法对斜扶梯隧道自身结构以及与横通道交叉部位的影响具有很大的工程指导意义。

1) 斜扶梯与横通道十字交叉口衬砌应力分析

在斜梯施工前以及不同方法开挖斜梯后，横通道最大主应力云图如图 4-49 所示。

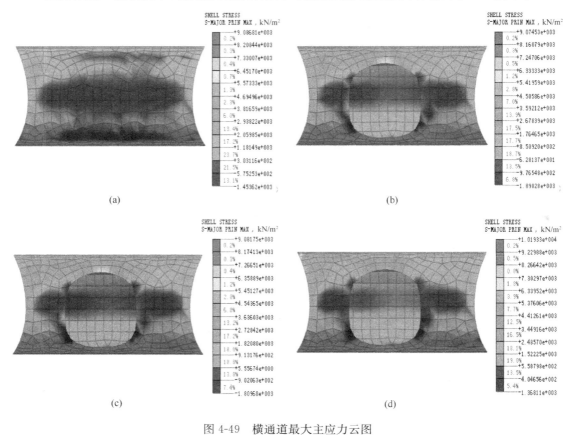

图 4-49　横通道最大主应力云图

(a) 横通道初始最大主应力；(b) CD 法破洞后横通道最大主应力；(c) CRD 法破洞后横通道最大主应力；(d) 台阶法破洞后横通道最大主应力

由图 4-49 可知，在斜扶梯施工前，横通道衬砌的最大主应力分布较为均匀，仅在横通道与左侧隧道连接处出现了应力集中现象，这是由于既有隧道之间在连接口位置相互约束位移产生的拉应力造成的。当斜扶梯开挖完成后，在横通道与连接口的周围位置出现了较为明显的应力增长，斜扶梯的开挖对横通道衬砌结构造成了较大的影响，在连接口的上下以及左右侧均形成了不同的应力集中带。在斜扶梯隧道施工完成，需要对横通道隧道衬砌进行破除，由于横通道支护的完整性被破坏，在两条隧道的连接处会造成复杂的受力情况。

横通道的支护结构在斜扶梯隧道施工前受力以压应力为主，斜扶梯隧道施工后，受到土体开挖以及斜扶梯隧道支护结构的影响，受力情况发生了较大的变化，上部和下部监测点由受压转变成受拉状态（监测点 1 和 3），左右两侧压应力加大（监测点 2 和 4）。斜扶梯隧道的施工对于横通道上下部位的影响主要在 20 个施工步骤后，该步骤为横通道前方土体已有部分被完全开挖；对于左右部位的影响在第 15 个施工步就已经较为明显，斜扶梯隧道对于横通道水平方向上的影响作用较竖直方向的影响提前，总体来说，三种不同的施工方法对于横通道不同位置的应力状态的影响区别不大。根据上述结果可知,在斜扶梯隧道近接横通道的过程中要加强对于横通道多个位置的受力监测,并且在破除横通道衬砌结构前应在马头门上下位置做好抗拉措施,保证整体结构的安全。

2)对横通道位移的影响

选取横通道状态为斜扶梯隧道施工完成破洞后的状态。沿着横通道的拱顶线每一个网格点布置一个监测点,不同施工方法造成的拱顶位移曲线如图4-50所示。

不同的斜扶梯隧道施工方法造成的横通道的拱顶沉降分布规律基本一致,整体上呈现出"V"形分布,在隧道连接位置最大,距离连接位置越远,沉降值越小。CD法施工造成的拱顶最大沉降为-2.960mm,CRD法造成的拱顶沉降最大值为-2.279mm,台阶法造成的拱顶沉降最大值为-2.385mm。

因为临近斜扶梯与横通道连接口的点对于施工引起的沉降更为敏感,选取连接口正上方的点作为监测点,研究在施工过程中该点的竖向位移值变化,如图4-51所示。

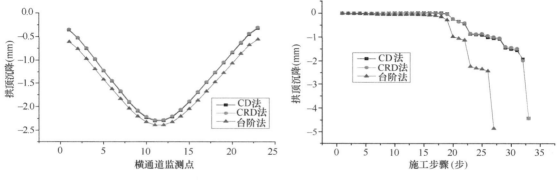

图4-50 横通道拱顶沉降曲线图　　图4-51 Z方向位移随着施工步骤变化图

斜扶梯隧道的开挖对于横通道结构竖向变形的影响在整个施工过程中主要分为三个阶段,第一个阶段是斜扶梯隧道内土体还没有完全开挖之前,该阶段斜扶梯隧道的施工对于横通道的竖向变形几乎没有影响。第二个阶段为斜扶梯隧道内不同部分的土体不断地开挖完成到破除横通道支护结构之前的阶段,这个过程中三种方法造成的横通道的位移分别为-1.67mm、-1.92mm、-2.43mm。三种方法都是由第20个施工步骤开始,在该施工步骤中,CD法与CRD法左部分的上台阶开挖完成,台阶法的上台阶开挖完成。在该过程内,横通道支护结构的竖向位移出现了以三个施工步骤为一阶梯的阶梯型跳跃式变化,这是因为在数值模拟的过程中设置的两个开挖部分之间的施工间距为三个施工步距。由图4-51可以看出,随着横通道前方每一部分临近土体的开挖,横通道的支护结构都会出现一个明显的位移增加,斜扶梯内部位于横通道之前的土体对于横通道竖向变形具有一定的保护作用。第三个阶段为三种方法破除横通道支护结构的阶段,在这个阶段横通道的位移值出现了大幅度增加,三种方法的位移变化值分别为-2.51mm、-2.44mm、-2.43mm,占总沉降量的百分比为56.8%、55.2%、50.1%。

选取横通道拱顶线的每一个网格点作为监测点,不同施工方法造成的拱顶水平位移曲线如图4-52所示。由图可知,CD法与CRD法造成的横通道的支护结构的变化规律相同,整体上向着Y的正向发生了移动,位移的最大值在斜扶梯与横通道连接口的两侧位置,在连接口的中间位置,位移值相对于两侧发生了一定的回落。台阶法施工造成横通道支护结构的最后的位移变化规律同另外两种方法不同,主要向着 Y 的负向发生了移动,且位移值也是在横通道与斜扶梯隧道连接口中间的位置最大,两侧相对较小。三种方法造成的横通道在 Y 方向的位移值区别较大,这是因为台阶法在施工过程中,最后一步斜扶梯隧道的结构直接连接,斜扶梯隧道支护结构在 Y 方向上有较大的作用力作用在横通道支护结构上,最后造成了横通道在 Y 方向的位移差别。

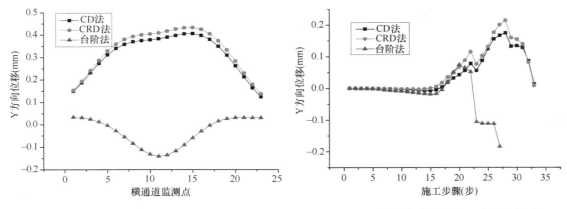

图 4-52　横通道拱顶水平位移曲线图　　　　图 4-53　Y 方向位移随着施工步骤变化图

由图 4-53 可知,在隧道施工没有进入水平段之前,横通道的 Y 方向位移较小,当施工到了水平段后,横通道拱顶的位移开始出现了较为明显的增长。当施工进行到开挖最后部分土体时,位移值开始出现了较为明显的跳动,说明横通道前方的土体对于横通道的 Y 方向位移具有较好的限制作用。位移曲线在最后阶段先上升、后下降,与斜扶梯隧道衬砌和横通道衬砌结构的连接有关,两条隧道的衬砌结构在全部进行连接后,横通道受到了较大的推力作用,所以位移值出现了回落。

4.1.7　小净距隧道群分析

当一个施工区域内要开挖多条隧道时会出现隧道近接施工,而近接隧道的受力模式已不同于半无限体或无限体中修建单条隧道的一般情况,其初始应力场往往早已达到应力平衡状态,其隧道施工将再次对洞室围岩进行扰动。具体来说,先建隧道已处于多次应力状态中,后建隧道的施工会使围岩在多次演变应力状态的基础上应力场再次进行变化,正是这种应力场的变化致使先建隧道和后建隧道的应力变化的复杂性,如显著的非对称性和空间效应,造成先建隧道的安全性及后建隧道的复杂性,同时修建多条隧道时的相互影响以及由此引起的工法、工序和对策优化等问题。

以南宁青秀山地铁隧道群为工程背景,探究小净距群洞室立体交叉情况,小间距交叉隧道群在施工过程中,由于受到多重因素耦合效应,相较于常规隧道,其围岩力学效应更复杂,围岩与支护结构的受力状态复杂多变,开挖和支护相互交错,使得围岩应力变化和衬砌荷载转换复杂,造成围岩应力的多次重分布,导致既有结构和围岩产生较大的变形与位移,使得设计与施工困难,严重时造成安全事故。因此,有必要对小净距交叉隧道群施工引起的既有结构和围岩的变形及应力—应变规律等力学行为进行研究。

小净距群洞室交叉主要可分为有两种情况：①斜扶梯通道对小竖井围岩的施工力学分析；②斜扶梯通道对横通道围岩的施工力学分析。小净距群洞室交叉施工剖面图效果图分别如图 4-54、图 4-55 所示，小净距 1 号斜扶梯通道开挖宽 11.5m，与左右主隧道最小净距离分别为 3.85m、3.45m。横通道及 1 号斜扶梯通道均采用马蹄形复合式衬砌结构。2 号斜扶梯通道开挖宽 9.5m，与左右主隧道最小距离分别为 5.54m、3.36m，与 4 号小竖井的最小距离为 1.44m。3 号小竖井开挖直径 10.5m、深度 17.65m，连接于右线隧道顶部。4 号小竖井开挖直径 4.7m，开挖深度 21.8m，位于左线隧道和 1 号斜扶梯通道之间。

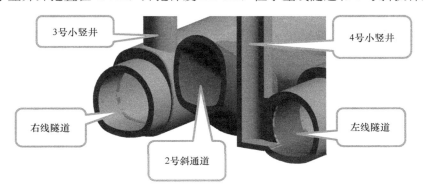

图 4-54 小净距群洞室交叉施工剖面图

（1）斜扶梯通道对小竖井围岩施工力学分析

为研究分析南宁轨道交通 3 号线青秀山站暗挖地铁隧道群在不同施工顺序下斜扶梯通道及小竖井之间的相互影响，根据现场实际情况分析采用两种不同的施工顺序进行三维数值计算，对比研究不同施工顺序下围岩应力及围岩位移的变化规律。

施工方案一：青秀山站暗挖地铁隧道群施工工序为从施工横通道进入左线隧道后，同时向两侧进行施工，左线隧

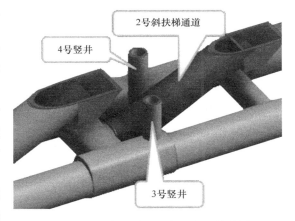

图 4-55 小净距群洞室交叉施工效果图

道施工完毕后，施工 3 号横通道，由 3 号横通道进入右线隧道，进入右线隧道后同时向两侧进行隧道施工。主线隧道施工完毕后 4 号小竖井和 2 号横通道进行施工，施工完毕后，3 号小竖井进行施工之后，2 号斜扶梯通道自上而下进行施工，施工完毕后，1 号斜扶梯通道自上而下进行施工，见图 4-56。

施工方案二：青秀山站暗挖地铁隧道群施工工序为从施工横通道进入左线隧道后，同时向两侧进行施工，左线隧道施工完毕后，施工 3 号横通道，由 3 号横通道进入右线隧道，进入右线隧道后同时向两侧进行隧道施工。主线隧道施工完毕后自上而下进行 2 号斜扶梯通道施工，施工完毕后自上而下进行 1 号。斜扶梯通道施工，施工完毕后施工 4 号小竖井，施工完毕后同时进行 2 号横通道及 3 号小竖井的施工，见图 4-57。

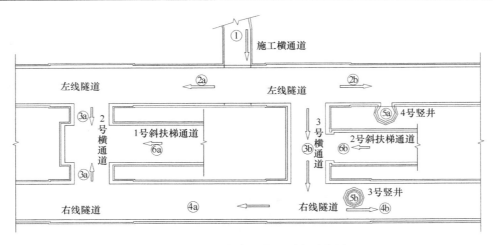

图 4-56 施工方案一施工顺序示意图

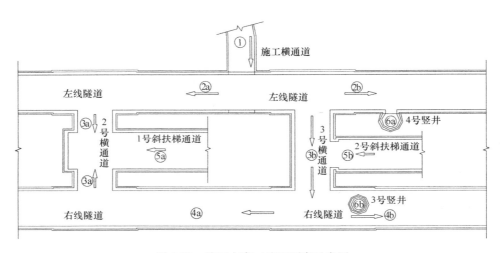

图 4-57 施工方案二施工顺序示意图

(2) 斜扶梯通道对小竖井围岩关键点的变化分析

斜扶梯通道与 4 号小竖井间的最小距离为 1.44m，两者之间的影响为强影响区域，为分析斜扶梯通道施工对 4 号小竖井的影响，提取 4 号小竖井和 2 号斜扶梯通道施工完成后的最大主应力和最小主应力云图，如图 4-58 所示。

由 2 号斜扶梯通道和 4 号小竖井的主应力云图可以看出，斜扶梯通道和小竖井之间的相互影响是十分强烈的，为详细分析两者间的相互影响，提取两种施工方案下 4 号小竖井中部和底部的围岩最大主应力及最小主应力，如图 4-59、图 4-60 所示。

由图 4-59、图 4-60 可知，青秀山站地铁隧道采用施工方案一施工时，4 号小竖井工作面在未接近 4 号小竖井底部监测点时，最大主应力及最小主应力曲线处于平缓阶段，最大主应力为 -0.32MPa，最小主应力为 -0.76MPa，随着施工工作面距监测点约 1.3D（D 为 4 号小竖井开挖直径）时，4 号小竖井底部监测点围岩受到扰动，最大主应力及最小主应力曲线开始发生变化，到监测点时的最大主应力为 -0.68MPa，最小主应力为 -0.83MPa，随着施工工作面距离监测点后约 1D（D 为 4 号小竖井开挖直径）后，隧道

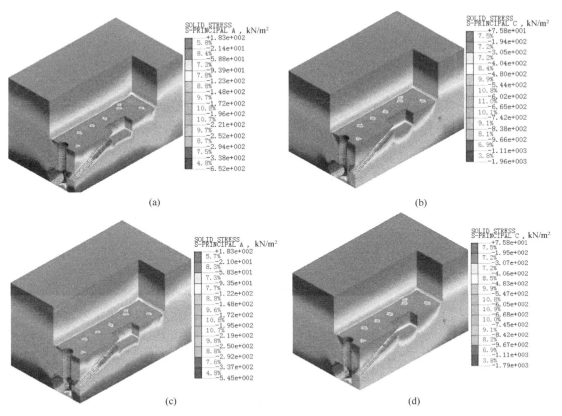

图 4-58 不同施工方案 2 号斜扶梯通道和 4 号小竖井主应力云图
(a) 施工方案一最大主应力云图；(b) 施工方案一最小主应力云图；(c) 施工方案二最大主应力云图；
(d) 施工方案二最小主应力云图

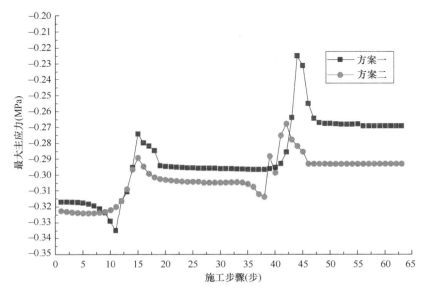

图 4-59 4 号小竖井底部最大主应力

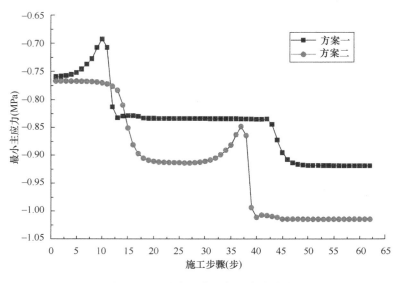

图 4-60　4 号小竖井底部最小主应力

施工对围岩的扰动情况较小，最大主应力及最小主应力曲线趋于平缓。当 2 号斜扶梯通道施工工作面距底部监测点约 2D 时，斜扶梯通道施工对 4 号小竖井围岩产生了扰动，到斜扶梯通道施工至监测点后约 1D 后，斜扶梯通道施工对 4 号小竖井围岩的扰动减小，围岩最后稳定后的最大主应力为 -0.27 MPa，最小主应力为 -0.92 MPa。青秀山站地铁隧道采用方案二施工时，2 号斜扶梯通道工作面未接近 4 号小竖井底部监测点时，最大主应力及最小主应力曲线处于平缓阶段，最大主应力为 -0.32 MPa，最小主应力 -0.77 MPa，随着斜扶梯通道施工工作面距底部监测点约 1D，4 号小竖井底部监测点围岩受到扰动最大主应力及最小主应力曲线开始发生变化，到斜扶梯通道施工至监测点后约 1D 后，斜扶梯通道施工对监测点围岩的扰动减小。当 4 号小竖井施工工作面距底部监测点约 1.2D 时，4 号小竖井底部围岩开始受到施工扰动，最大主应力及最小主应力曲线开始发生变化，到监测点时的最大主应力为 -0.28 MPa，最小主应力为 -1.01 MPa，随着施工工作面距监测点约 1D 后，隧道施工对围岩的扰动情况减小，最大主应力及最小主应力曲线趋于平缓，最大主应力为 -0.29 MPa，最小主应力为 -1.01 MPa。

由图 4-61、图 4-62 可知，青秀山站地铁隧道采用施工方案一施工时，4 号小竖井工作面在未接近 4 号小竖井中部监测点时，最大主应力及最小主应力曲线处于平缓阶段，最大主应力为 -0.20 MPa，最小主应力为 -0.50 MPa，随着施工工作面距监测点约 1D（D 为 4 号小竖井开挖直径）时，4 号小竖井中部监测点围岩受到扰动，最大主应力及最小主应力曲线开始发生变化，到监测点时的最大主应力为 -0.18 MPa，最小主应力为 -0.49 MPa，随着施工工作面距离监测点后约 0.5D（D 为 4 号小竖井洞径）后，隧道施工对围岩的扰动情况较小，最大主应力及最小主应力曲线趋于平缓。当 2 号斜扶梯通道施工工作面距中部监测点约 1D 时，斜扶梯通道施工对 4 号小竖井围岩产生了扰动，到斜扶梯通道施工至监测点后约 0.5D 后，斜扶梯通道施工对 4 号小竖井围岩的扰动减小，围岩最后稳定后的最大主应力为 -0.12 MPa，最小主应力为 -0.51 MPa。青秀山站地铁隧道采用方案二施工时，2 号斜扶梯通道工作面未接近 4 号小竖井中部监测点时，最大主应力及最

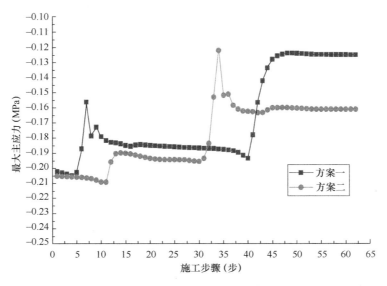

图 4-61　4 号小竖井中部最大主应力

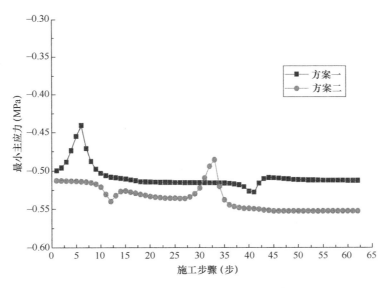

图 4-62　4 号小竖井中部最小主应力

小主应力曲线处于平缓阶段，最大主应力为－0.21MPa，最小主应力－0.51MPa，随着斜扶梯通道施工工作面距中部监测点约 0.5D 时，4 号小竖井中部监测点围岩受到扰动最大主应力及最小主应力曲线开始发生变化，到斜扶梯通道施工至监测点后约 0.5D 后，斜扶梯通道施工对监测点围岩的扰动减小。当 4 号小竖井施工工作面距中部监测点约 1D 时，4 号小竖井中部围岩开始受到施工扰动，最大主应力及最小主应力曲线开始发生变化，到监测点时的最大主应力为－0.15MPa，最小主应力为－0.54MPa，随着施工工作面距监测点约 0.5D 后，隧道施工对围岩的扰动情况减小，最大主应力及最小主应力曲线趋于平缓，最大主应力为－0.16MPa，最小主应力为－0.55MPa。将青秀山站暗挖隧道群采用不同施工方案施工完毕前后 4 号小竖井及 2 号斜扶梯通道最大主应力和最小主应力进行对比分析,见表4-19。

监测点围岩最大主应力及最小主应力　　　　表4-19

监测点位置			施工前	施工后	绝对应力差
施工方案一	中部监测点	最大主应力（MPa）	−0.20	−0.12	0.08
		最小主应力（MPa）	−0.50	−0.51	0.01
	底部监测点	最大主应力（MPa）	−0.32	−0.27	0.05
		最小主应力（MPa）	−0.76	−0.92	0.16
施工方案二	中部监测点	最大主应力（MPa）	−0.21	−0.16	0.05
		最小主应力（MPa）	−0.51	−0.55	0.04
	底部监测点	最大主应力（MPa）	−0.32	−0.29	0.03
		最小主应力（MPa）	−0.77	−1.01	0.24

由于4号小竖井和2号斜扶梯通道为交错隧道,4号小竖井底部与2号斜扶梯通道中部间距较小,由表4-18可知,两种施工方案下隧道施工对底部围岩的影响大于中部围岩的影响,为强影响区域,且施工方案一的底部监测点最小主应力的应力差小于施工方案二底部监测点最小主应力的应力差,最大主应力的应力差相差不大,对隧道围岩的扰动较小,因此采用施工方案一施工4号小竖井和2号斜扶梯通道两者之间的相互影响较小。

为研究斜扶梯通道和4号小竖井围岩的位移变化规律,提取两种施工方案下两者的围岩水平位移云图,见图4-63。

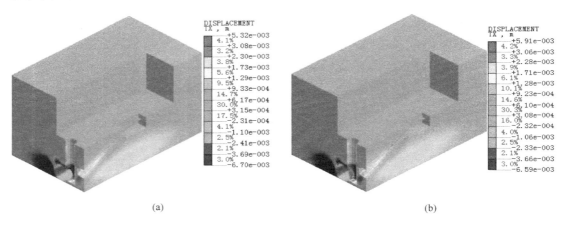

图4-63　不同施工方案2号斜扶梯通道和4号小竖井围岩水平位移云图
(a)施工方案一;(b)施工方案二

由两种施工方案的位移云图可以发现,随着4号小竖井离斜扶梯通道的距离变小,两者间的相互影响呈现一种增大的趋势,为详细分析两者间的相互影响,提取两种施工方案下4号小竖井中部和底部的围岩水平位移,如图4-64所示。

由图4-64可知,青秀山站地铁隧道采用施工方案一施工时,4号小竖井工作面在未接近4号小竖井底部监测点时,底部围岩水平位移处于平缓阶段,围岩水平位移为2.95mm,随着施工工作面距监测点约1.2D(D为4号小竖井洞径)时,4号小竖井底部监测点围岩受到扰动,围岩水平位移开始发生变化,到监测点时的围岩水平位移为

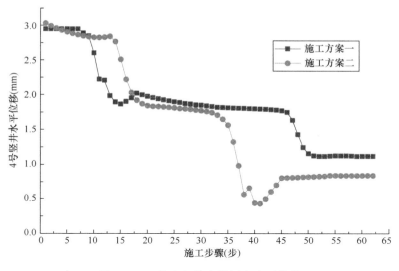

图 4-64 4 号小竖井底部围岩水平位移

1.98mm，随着施工工作面距离监测点后约 1D（D 为 4 号小竖井洞径）后，隧道施工对围岩的扰动情况较小，围岩水平位移曲线趋于平缓。当 2 号斜扶梯通道施工工作面距底部监测点约 0.5D 时，斜扶梯通道施工对 4 号小竖井围岩产生了扰动，到斜扶梯通道施工至监测点后约 0.5D 后，斜扶梯通道施工对 4 号小竖井围岩的扰动减小，围岩最后稳定后的围岩水平位移为 1.12mm。青秀山站地铁隧道采用方案二施工时，2 号斜扶梯通道工作面未接近 4 号小竖井底部监测点时，底部围岩水平位移处于平缓阶段，围岩水平位移为 2.96mm，随着斜扶梯通道施工工作面距底部监测点约 0.5D 时，4 号小竖井底部监测点围岩受到扰动，围岩水平位移开始发生变化，到斜扶梯通道施工至监测点后约 0.5D 后，斜扶梯通道施工对监测点围岩的扰动减小。当 4 号小竖井施工工作面距底部监测点约 1.4D 时，4 号小竖井底部围岩开始受到施工扰动，围岩水平位移曲线开始发生变化，到监测点时的围岩水平位移为 0.44mm，随着施工工作面距监测点约 1D 后，隧道施工对围岩的扰动情况减小，围岩水平位移曲线趋于平缓，围岩水平位移为 0.83mm。

由图 4-65 可知，青秀山站地铁隧道采用施工方案一施工时，4 号小竖井工作面在未接近 4 号小竖井中部监测点时，中部围岩水平位移处于平缓阶段，围岩水平位移为 1.47mm，随着施工工作面距监测点约 1.5D（D 为 4 号小竖井洞径）时，4 号小竖井中部监测点围岩受到扰动，围岩水平位移开始发生变化，到监测点时的围岩水平位移为 0.89mm，随着施工工作面距离监测点后约 1D（D 为 4 号小竖井洞径）后，隧道施工对围岩的扰动情况较小，围岩水平位移曲线趋于平缓。当 2 号斜扶梯通道施工工作面距中部监测点约 0.5D 时，斜扶梯通道施工对 4 号小竖井围岩产生了扰动，到斜扶梯通道施工至监测点后约 0.5D 后，斜扶梯通道施工 4 号小竖井围岩的扰动减小，围岩最后稳定后的围岩水平位移为 0.39mm。青秀山站地铁隧道采用方案二施工时，2 号斜扶梯通道工作面未接近 4 号小竖井中部监测点时，中部围岩水平位移处于平缓阶段，围岩水平位移为 1.34mm，随着斜扶梯通道施工工作面接近监测点时，4 号小竖井中部监测点围岩受到扰动，围岩水平位移开始发生变化，到斜扶梯通道施工至监测点后约 0.5D 后，斜扶梯通道

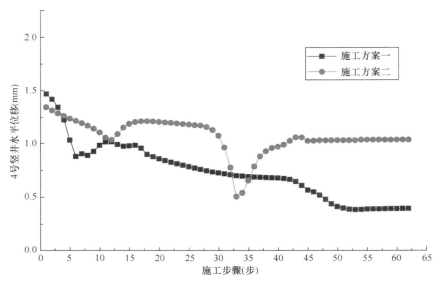

图 4-65 4 号小竖井中部围岩水平位移

施工对监测点围岩的扰动减小。当 4 号小竖井施工工作面距底部监测点约 1.4D 时，4 号小竖井底部围岩开始受到施工扰动，围岩水平位移曲线开始发生变化，到监测点时的围岩水平位移为 0.69mm，随着施工工作面距监测点约 1D 后，隧道施工对围岩的扰动情况减小，围岩水平位移曲线趋于平缓，围岩水平位移为 1.04mm。

将青秀山站隧道群不同施工方案下 4 号小竖井施工完毕及斜扶梯通道施工完毕后围岩水平位移进行对比分析，计算两者围岩水平位移之差，见表 4-20。

监测点围岩水平位移　　　　表 4-20

监测点位置	施工前	施工后	变形差
中部监测点（mm）	1.47	0.39	−1.08
底部监测点（mm）	2.95	1.12	−1.83
中部监测点（mm）	1.34	1.04	−0.30
底部监测点（mm）	2.96	0.83	−2.13

由于 4 号小竖井和 2 号斜扶梯通道为交错隧道，4 号小竖井底部与 2 号斜扶梯通道中部间距较小，由表 4-19 可以看出，两种施工方案下隧道施工对底部围岩的影响大于中部围岩的影响，施工方案一的底部监测点围岩水平位移的变形差小于施工方案二底部监测点围岩水平位移的变形差，对围岩的扰动较小，因此采用施工方案一施工 4 号小竖井和 2 号斜扶梯通道两者之间的相互影响较小。

(3) 斜扶梯通道对横通道围岩关键点的施工力学分析

3 号横通道为连接左线隧道和右线隧道的联络通道，2 号斜扶梯通道与 3 号横通道为交叉连接隧道，斜扶梯通道施工对横通道围岩会产生一定的影响。为分析斜扶梯通道对横通道围岩的影响，提取施工方案一中斜扶梯通道施工完成后横通道围岩最大主应力和最小主应力云图及拱顶位移云图，如图 4-66 和图 4-67 所示。

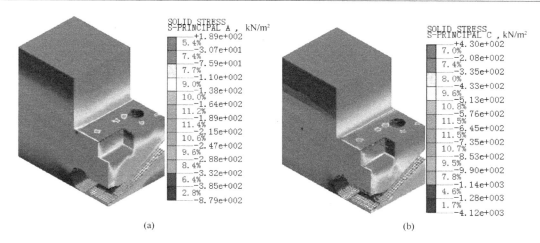

图 4-66　3 号横通道拱顶围岩主应力云图
(a) 施工方案一最大主应力云图；(b) 施工方案一最小主应力云图

由图 4-66、图 4-67 可以看出，2 号斜扶梯通道施工完成后横通道拱顶围岩主应力和竖向位移都明显发生了变化，为分析这种变化规律选取施工方案一中位于斜扶梯通道中心线及两侧的 3 号横通道拱顶围岩作为监测点，提取 3 号横通道拱顶围岩应力场及位移场变化情况，如图 4-68、图 4-69 所示。

由图 4-68、图 4-69 可以看出，2 号斜扶梯通道施工工作面未接近 3 号横通道时，最大主应力及最小主应力曲线保持平稳，随着施工工作面距 3 号横通道监测点约 1D（D 为 3 号横通道跨度）时，3 号横通道围岩逐渐受到

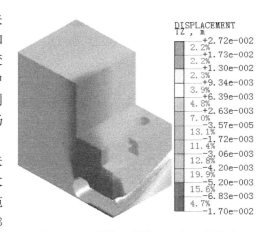

图 4-67　3 号横通道拱顶围岩竖向位移

隧道施工的扰动，最大主应力及最小主应力曲线开始发生变化，2 号斜扶梯通道施工完毕

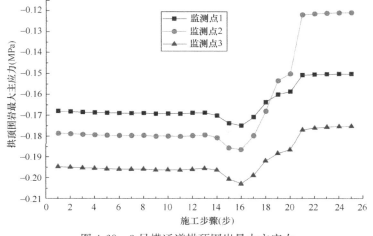

图 4-68　3 号横通道拱顶围岩最大主应力

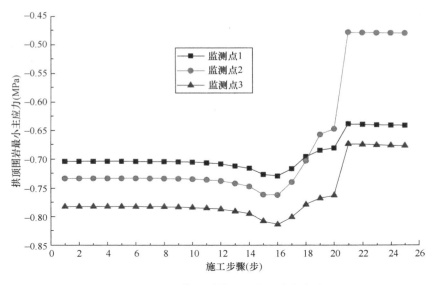

图 4-69　3 号横通道拱顶围岩最小主应力

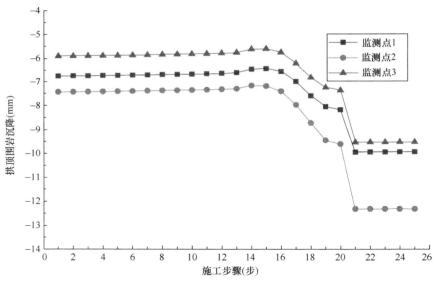

图 4-70　3 号横通道拱顶围岩沉降

后，监测点处的围岩开始逐渐稳定。

由图 4-70 可知，2 号斜扶梯通道施工工作面未接近 3 号横通道时，隧道拱顶围岩沉降曲线保持平稳，随着施工工作面距 3 号横通道监测点约 1D（D 为 3 号横通道跨度）时，3 号横通道围岩逐渐受到隧道施工的扰动，隧道拱顶围岩沉降曲线开始发生变化，2 号斜扶梯通道施工完毕后，监测点处的围岩开始逐渐稳定。

由表 4-21、表 4-22 可知，到斜扶梯通道施工完成后，监测点 2 的应力和位移明显大于监测点 1 和监测点 3，说明斜扶梯通道施工对处于中心线上的横通道拱顶围岩的影响大于两侧横通道拱顶围岩的影响，因此随着两侧距离的增加，斜扶梯通道对横通道两侧的影响逐渐减小。

3 号横通道拱顶围岩主应力 表 4-21

围岩应力	监测点 1		监测点 2		监测点 3	
	最大主应力（MPa）	最小主应力（MPa）	最大主应力（MPa）	最小主应力（MPa）	最大主应力（MPa）	最小主应力（MPa）
施工前	−0.17	−0.70	−0.18	−0.73	−0.19	−0.78
施工后	−0.15	−0.15	−0.15	−0.15	−0.15	−0.15
应力差	0.02	0.02	0.02	0.02	0.02	0.02

3 号横通道拱顶围岩沉降 表 4-22

围岩沉降	监测点 1（mm）	监测点 2（mm）	监测点 3（mm）
施工前	−6.80	−7.48	−5.95
施工后	−10.00	−12.38	−9.57
变形差	−3.20	−4.90	−3.63

4.1.8 竖向交叉隧道分析

3 号小竖井和 4 号小竖井分别与右线隧道和左线隧道进行交叉连接，3 号小竖井位于右线隧道正上方，与右线隧道为正交隧道，4 号小竖井位于左线隧道一侧，与左线隧道为侧交隧道，从而构成多种形式的竖向交叉隧道。因此，小竖井施工对主线隧道围岩存在一定的影响。

（1）4 号小竖井对左线隧道围岩的施工力学分析

4 号小竖井位于明挖站厅基坑内部，与左线隧道为侧交隧道，小竖井施工会对左线隧道产生影响，为分析 4 号小竖井对左线隧道的影响，提取施工方案一中 4 号小竖井施工完成后左线隧道围岩最大主应力和最小主应力云图及拱顶位移云图，如图 4-71 和图 4-72 所示。

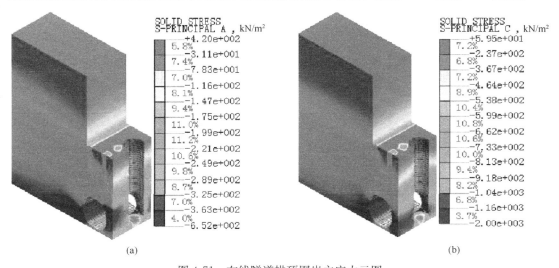

图 4-71　左线隧道拱顶围岩主应力云图
（a）施工方案一最大主应力云图；（b）施工方案一最小主应力云图

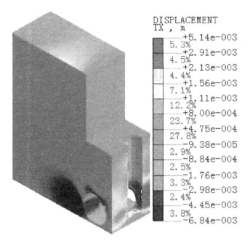

图 4-72 左线隧道拱顶围岩水平位移云图

由图 4-71、图 4-72 可以看出，到 4 号小竖井施工完成后左线隧道拱顶围岩主应力和水平位移都明显发生了变化，为分析这种变化规律选取采用施工方案一施工下 4 号小竖井中心线及两侧的左线隧道拱顶围岩作为监测点，提取左线隧道拱顶围岩的应力场及位移场，如图 4-73、图 4-74 所示。

由图 4-73、图 4-74 可以看出，4 号小竖井施工工作面未接近左线隧道拱顶时，最大主应力及最小主应力曲线保持平稳，随着施工工作面距左线隧道监测点约 $0.8D$（D 为左线隧道跨度）时，左线隧道围岩逐渐受到隧道施工的扰动，最大主应力及最小主应力曲线开始发生变化，4 号小竖井通道施工完毕后，监测点处的围岩开始逐渐稳定。

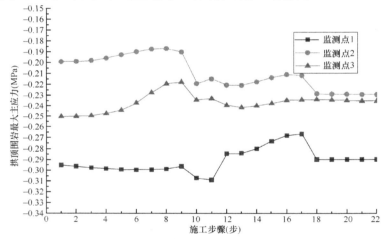

图 4-73 左线隧道拱顶围岩最大主应力

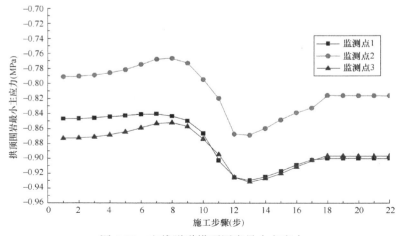

图 4-74 左线隧道拱顶围岩最小主应力

第4章 复杂隧道群设计与施工技术研究

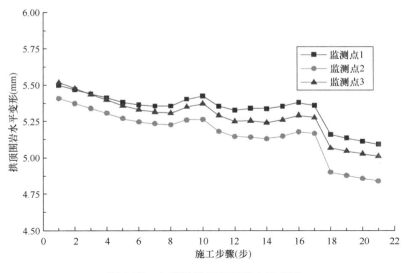

图 4-75 左线隧道拱顶围岩水平变形

在图 4-75 中 4 号小竖井工作面未接近左线隧道时，隧道拱顶围岩水平变形曲线保持平稳，随着施工工作面距左线隧道监测点约 1D（D 为左线隧道跨度）时，左线隧道围岩逐渐受到隧道施工的扰动，隧道拱顶围岩水平变形曲线开始发生变化，4 号小竖井施工完毕后，监测点处的围岩开始逐渐稳定。

左线隧道拱顶围岩主应力　　表 4-23

工况	监测点1围岩应力		监测点2围岩应力		监测点3围岩应力	
	最大主应力（MPa）	最小主应力（MPa）	最大主应力（MPa）	最小主应力（MPa）	最大主应力（MPa）	最小主应力（MPa）
施工前	-0.30	-0.85	-0.20	-0.79	-0.25	-0.87
施工后	-0.29	-0.90	-0.23	-0.82	-0.24	-0.90
应力差	0.01	-0.05	-0.03	-0.03	0.02	-0.02

左线隧道拱顶围岩水平变形　　表 4-24

工况	监测点1围岩沉降（mm）	监测点2围岩沉降（mm）	监测点3围岩沉降（mm）
施工前	5.50	5.41	5.52
施工后	5.09	4.84	5.01
变形差	-0.40	-0.57	-0.50

由表 4-23、表 4-24 可知，到 4 号小竖井完成后，监测点 2 的应力及位移明显大于监测点 1 和监测点 3，说明 4 号小竖井施工对处于中心线上的左线隧道拱顶围岩的影响大于两侧横通道拱顶围岩的影响，随着左线隧道两侧距离的增加，4 号小竖井对两侧的影响逐渐减小，且 4 号小竖井为后建隧道，在一定范围内左线隧道向后建隧道发生变形。

（2）3 号小竖井对右线隧道围岩的施工力学分析

3号小竖井位于右线隧道正上方，与右线隧道为正交隧道，小竖井施工会对右线隧道产生影响，为分析3号小竖井对右线隧道的影响，提取施工方案一中3号小竖井施工完成后右线隧道围岩最大主应力和最小主应力云图及拱顶位移云图，如图4-76、图4-77所示。

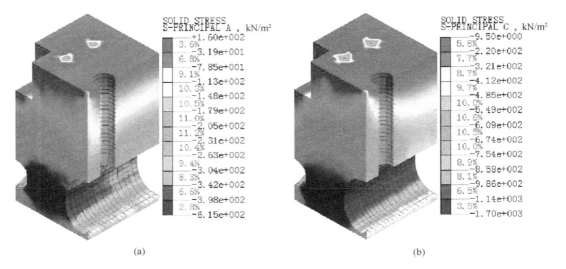

(a)   (b)

图 4-76　右线隧道拱顶围岩主应力云图
（a）施工方案一最大主应力云图；(b) 施工方案一最小主应力云图

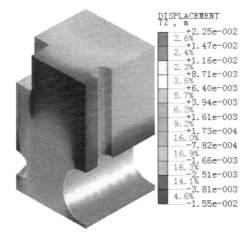

图 4-77　右线隧道拱顶围岩竖向位移云图

由图4-76、图4-77可以看出，到3号小竖井施工完成后右线隧道拱顶围岩主应力和竖向位移都明显发生了变化，为分析这种变化规律选取施工方案一中右线隧道左右两侧的拱顶围岩作为监测点，提取右线隧道拱顶围岩的应力场和位移场，如图4-78～图4-80所示。

由图4-78～图4-80可知，随着3号小竖井施工工作面不断接近右线隧道，在距右线隧道监测监测点约1D后，小竖井施工逐渐对右线隧道拱顶围岩产生影响，使最大主应力及最小主应力曲线出现变化，且右线隧道拱顶围岩随着3号小竖井的施工逐渐发生变形。

右线隧道拱顶围岩主应力　　　　　　表 4-25

工况	监测点1围岩应力		监测点2围岩应力	
	最大主应力（MPa）	最小主应力（MPa）	最大主应力（MPa）	最小主应力（MPa）
施工前	-0.15	-0.42	-0.14	-0.46
施工后	-0.18	-0.50	-0.19	-0.54
应力差	-0.03	-0.09	-0.05	-0.08

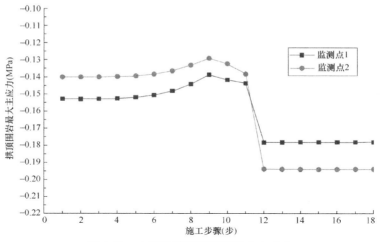

图 4-78　右线隧道拱顶围岩最大主应力

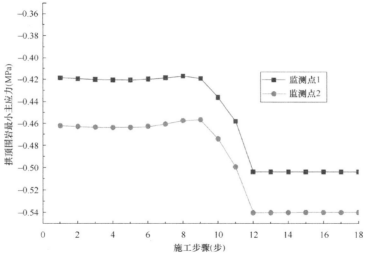

图 4-79　右线隧道拱顶围岩最小主应力

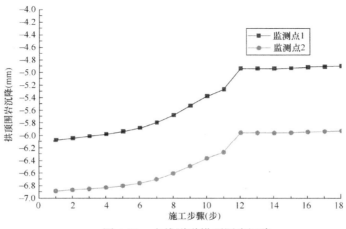

图 4-80　右线隧道拱顶围岩沉降

右线隧道拱顶围岩沉降　　　　　　　　　表 4-26

工况	监测点 1 围岩沉降（mm）	监测点 2 围岩沉降（mm）
施工前	−6.07	−6.88
施工后	−4.90	−5.93
变形差	1.16	0.95

表 4-25、表 4-26 可知，到 3 号小竖井完成后，监测点 1 和监测点 2 的最大主应力和最小主应力呈现增大的趋势，说明 3 号小竖井施工对处于中心线上的右线隧道拱顶围岩的影响较大，且由拱顶围岩沉降变化可以发现，3 号小竖井为后建隧道，在一定范围内右线隧道向后建隧道发生向上变形。

（3）竖向交叉隧道关键点及薄弱点分析

左小竖井和左线隧道的连接处在左线隧道的内侧，右小竖井与右线隧道的连接处在右线隧道的上方，小竖井施工到最后破除了主隧道的衬砌结构后与主隧道连接成整体结构，对主隧道衬砌结构以及既有的隧道连接口位置可能会产生不利的影响。本节通过比较小竖井立体交叉位置在小竖井施工前后的轴力和位移变化，研究小竖井的施工对于既有主隧道结构的影响。

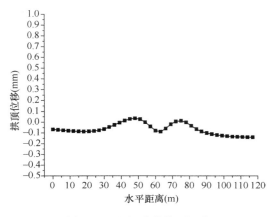

图 4-81　左侧隧道拱顶沉降

左侧小竖井施工引起的左侧隧道的拱顶位移呈现出先沉降后隆起最后趋于平缓的趋势，影响的范围大致为 40m 隧道长度，但是小竖井施工引起的左侧隧道拱顶沉降总体上较小，对于左侧隧道整体的稳定性影响不大。按照顺时针方向在左小竖井与左线隧道连接点处选取四个监测点，各点在小竖井施工前后的轴力变化如表 4-27 所示。

小竖井周围 X 方向轴力变化表（单位：kN/m）　　　　　表 4-27

工况	监测点 1	监测点 2	监测点 3	监测点 4
施工前	−871.372	−1121.270	−1066.689	−1542.946
施工后	−587.336	−853.919	215.774	−1289.036
变化值	284.036	267.351	1282.463	253.910

在左侧小竖井施工前，左侧主隧道的轴力以压力为主，在左小竖井施工以后，监测点的轴力值均减小，其中监测点 1、2、4 依然是压应力，监测点 3 的受力状态由受压转变成了受拉，该监测点位于连接口位置的下方，可见左侧小竖井的施工对于连接处的下方位置影响较大。

左侧小竖井的施工对于既有的隧道与横通道的连接处的位置会产生一定的影响。采用相同的选择监测点的方法选择监测点。左侧小竖井施工前后左侧隧道与横通道连接口处轴力变化值如表 4-28 所示。

第4章 复杂隧道群设计与施工技术研究

左线隧道与横通道连接处 X 方向轴力值变化（单位：kN/m）　　　表 4-28

工况	监测点 1	监测点 2	监测点 3	监测点 4
施工前	1128.248	−5434.347	1762.655	−5170.362
施工后	1159.012	−5479.909	1847.593	−5194.574
变化值	30.764	−45.562	84.938	24.212

在左侧小竖井施工前左侧隧道与横通道连接口的位置受力在上下位置主要为拉力（监测点 1、3），在左右位置主要受压力（监测点 2、4）。左侧小竖井施工后，各个监测点的受力变化值均较小，主要原因是因为左侧小竖井距离连接口的位置距离较远，小竖井本身的开挖面积较小，产生的扰动较小，故对于既有的隧道连接口影响不大。

右侧小竖井相对于右侧隧道的位置与左小竖井相对于左侧隧道的位置不同，对于既有结构可能会产生与左侧小竖井不同的影响。图 4-82 为右小竖井施工完成后右侧隧道拱顶位移的曲线分布图。

由于右小竖井相对与右侧隧道的位置同左侧小竖井不同，对于既有右侧隧道造成的影响也不相同，右线隧道的衬砌结构主要造成了向上的位移，这主要是因为右侧隧道与右小竖井连接于隧道的正上方，对隧道衬砌结构的影响主要

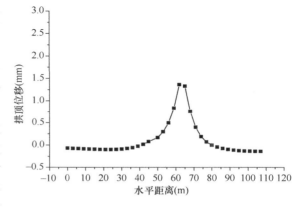

图 4-82　右侧隧道拱顶沉降

表现为向上的提拉作用。右小竖井的施工造成的影响在连接口的位移相对较大，距离连接口处越远影响越小，位移值趋于收敛，影响范围约为 40m 隧道长度，影响程度相较于左侧小竖井较大。按照与上一节同样的方式选取四个监测点进行右侧小竖井施工前后的受力比较，如表 4-29 所示。

小竖井周围 X 方向轴力值变化表（单位：kN/m）　　　表 4-29

工况	监测点 1	监测点 2	监测点 3	监测点 4
施工前	−591.927	−217.843	−701.089	−687.102
施工后	402.243	−325.977	409.035	−1059.221
变化值	994.170	−98.134	1110.124	−372.119

右侧小竖井施工前右侧隧道衬砌结构的 X 方向受力以压力为主，在右侧小竖井施工后在连接口左右位置（监测点 2、4）监测点受力依然为压力，且压力值增加；在上下位置（监测点 1、3）受力由压力变为了拉力，且变化数值均较大。右侧小竖井施工对于不同位置的影响不同，这与小竖井施工后引起的既有隧道的变形有关，右侧小竖井的施工要增加既有结构的抗拉钢筋的配置，防止结构产生拉裂破坏。

右侧小竖井距离既有的隧道连接口距离较近,在施工过程中会对连接口位置的影响是不确定的,需要根据结果对该位置进行分析。与上一节中选取监测点的方法相同,沿连接口周围选取四个监测点对比右小竖井施工前后监测点位置的受力变化情况。施工前后数据如表 4-30 所示。

右线隧道与横通道连接处 X 方向轴力值变化表(单位:kN/m)　　表 4-30

工况	监测点1	监测点2	监测点3	监测点4
施工前	849.837	−5712.773	1418.111	−3153.384
施工后	899.686	−5718.765	1374.494	−3027.698
变化值	49.849	5.992	−43.617	125.686

在右侧小竖井施工前右侧隧道与横通道连接口的位置受力在上下位置主要为拉力(监测点 1、3),在左右位置主要受压力(监测点 2、4)。右侧小竖井施工后,各个监测点的受力变化值同左小竖井施工对于左侧连接口的影响区别不大,对于连接处受力的影响均较小。

小竖井与主隧道立体交差段衬砌分析,如图 4-83、图 4-84 所示。3 号小竖井与主隧道立体交叉接口对主隧道的影响范围约为 3m,小竖井立体交叉接口与横通道相互影响程度较低。小竖井支护的竖向约束会使小竖井对主隧道形成竖向约束,当主隧道拱顶产生沉降时,小竖井支护将对主隧道衬砌产生竖向约束,从而在竖向方向产生拉应力。设计时,应对竖向接口进行加强设计,或考虑在小竖井中设置变形缝。由于小竖井对主隧道产生相对往上的拉力,在小竖井与主隧道的接口位置弯矩会有大幅度的提高。

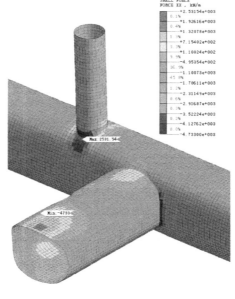
XX 向轴力 (kN)

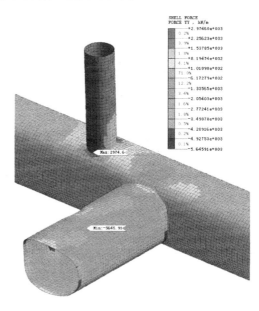
YY 向轴力 (kN)

图 4-83　立体交叉段衬砌轴力

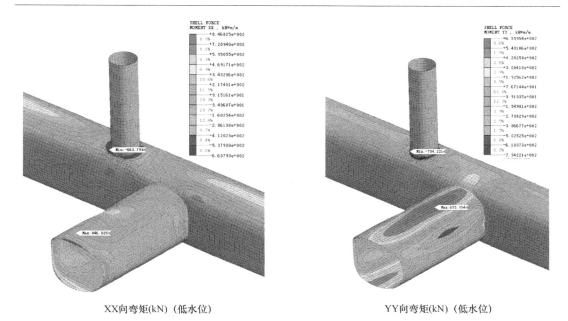

图 4-84 立体交叉段衬砌弯矩

4.2 复杂隧道群分析设计应用及优化

4.2.1 变截面隧道群分析设计应用及优化

通过分析站台隧道群中主线隧道截面变化时的内力及变形的变化，指出了在隧道变截面处出现了部分应力集中现象，认为其实由于不同类型隧道断面净空收敛值不一和差异沉降造成的，并建议在主隧道的施工过程中，要密切关注隧道变截面处受力情况，严格控制变形，设计方案据此进行了深化设计，并做相应的响应及优化。

（1）主隧道标准断面分析

主隧道存在不同大小的多个截面，其受力状况各异，根据分析计算，拟定支护参数及辅助工程措施如表 4-31 所示。

支护参数及辅助工程措施　　　　表 4-31

断面类型及断面尺寸（宽×高）（m×m）	初期支护（全断面支护）	二次模筑衬砌（全断面支护）	断面开挖方法	锚杆设置	围岩等级	超前支护措施设置
A 型衬砌断面 11.4×10.65	初喷 C25、P6、350mm 厚喷混凝土，挂单层 $\phi8@150\times150$ 钢筋网，格栅钢架间距 500mm	防水层，模筑 600mm 厚，C40、P12 混凝土	采用 CD 法开挖，采用工字钢施作临时支撑	在边墙设置 $L=3.5m$ 的中空注浆锚杆，间距为 $0.5\times1m$，梅花形布置。锚杆端头与钢筋网连接	Ⅴ	拱部 120° 范围设置 $\phi89$ 大管棚，环向间距 0.4m。拱部 120° 范围设置 $L=3.5m$，环向间距 0.4m、纵向 1.5m，$\phi42$ 超前注浆小导管

续表

断面类型及断面尺寸（宽×高）(m×m)	初期支护（全断面支护）	二次模筑衬砌（全断面支护）	断面开挖方法	锚杆设置	围岩等级	超前支护措施设置
B型衬砌断面 12.45×12.45	初喷C25、P6、350mm厚喷混凝土，挂单层Φ8@150×150钢筋网，格栅钢架间距500mm	防水层，模筑700mm厚C40、P12混凝土	采用CD法开挖，采用工字钢施作临时支撑	在边墙和拱顶设置L=3.5m的中空注浆锚杆，间距为0.5×1m，梅花形布置。锚杆端头与钢筋网连接	V	拱部120°范围设置Φ89大管棚，环向间距0.4m。拱部120°范围设置L=3.5m，环向间距0.4m、纵向1.5m、Φ42超前注浆小导管
1号横通道断面 11×10.25	初喷C25、P6、350mm厚喷混凝土，挂单层Φ8@150×150钢筋网，格栅钢架间距500mm	防水层，模筑600mm厚C40、P12混凝土	采用CD法开挖，采用工字钢施作临时支撑	在边墙设置L=3.5m的中空注浆锚杆，间距为0.5×1m，梅花形布置。锚杆端头与钢筋网连接	V	拱部120°范围设置Φ89大管棚，环向间距0.4m。拱部120°范围设置L=3.5m，环向间距0.4m、纵向1.5m、Φ42超前注浆小导管
C型衬砌断面 10.9×10.05	初喷C25、P6、350mm厚喷混凝土，挂单层Φ8@150×150钢筋网，格栅钢架间距500mm	防水层，模筑600mm厚C40、P12混凝土	采用CD法开挖，采用工字钢施作临时支撑	在边墙设置L=3.5m的中空注浆锚杆，间距为0.5×1m，梅花形布置。锚杆端头与钢筋网连接	V	拱部120°范围设置Φ89大管棚，环向间距0.4m。拱部120°范围设置L=3.5m，环向间距0.4m、纵向1.5m、Φ42超前注浆小导管
D型衬砌断面 13.06×13.21	初喷C25、P6、350mm厚喷混凝土，挂单层Φ8@150×150钢筋网，钢拱架间距500mm	防水层，模筑700mm厚C40、P12混凝土	采用CD法开挖，采用工字钢施作临时支撑	在边墙和拱顶设置L=3.5m的中空注浆锚杆，间距为0.5×1m，梅花形布置。锚杆端头与钢筋网连接	V	拱部120°范围设置Φ89大管棚，环向间距0.4m。拱部120°范围设置L=3.5m，环向间距0.4m、纵向1.5m、Φ42超前注浆小导管
3号横通道断面 11×9.3	初喷C25、P6、350mm厚喷混凝土，挂单层Φ8@150×150钢筋网，钢拱架间距500mm	防水层，模筑900mm厚C40、P12混凝土	采用CD法开挖，采用工字钢施作临时支撑	在边墙设置L=3.5m的中空注浆锚杆，间距为0.5×1m，梅花形布置。锚杆端头与钢筋网连接	V	拱部150°范围设置Φ89大管棚，环向间距0.4m。拱部150°范围设置L=3.5m，环向间距0.4m、纵向1.5m、Φ42超前注浆小导管

续表

断面类型及断面尺寸（宽×高）（m×m）	初期支护（全断面支护）	二次模筑衬砌（全断面支护）	断面开挖方法	锚杆设置	围岩等级	超前支护措施设置
E型衬砌断面 11.3×12.3	初喷C25、P6、350mm厚喷混凝土，挂单层Φ8@150×150钢筋网，格栅钢架间距500mm	防水层，模筑800mm厚，C40、P12混凝土	采用CD法开挖，采用工字钢施作临时支撑	在边墙设置L=3.5m的中空注浆锚杆，间距为0.5×1m，梅花形布置。锚杆端头与钢筋网连接	V	拱部120°范围设置Φ89大管棚，环向间距0.4m。拱部120°范围设置L=3.5m，环向间距0.4m、纵向1.5m、Φ42超前注浆小导管

（2）主隧道不同大小截面转换

对其初支及二衬结构进行加强，并作以下要求：接头墙对外侧采用Φ22砂浆锚杆以稳定地层，砂浆锚杆长4000mm，间距1000×1000mm，梅花形布置；采用Φ8@150×150mm双层钢筋网，喷射C25早强混凝土。隧道二衬纵向钢筋应伸入接头墙内，并与接头墙钢筋连接，如图4-85所示。

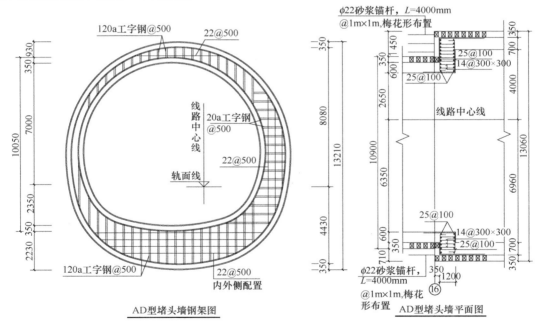

图4-85 主隧道截面变换处堵头墙结构方案图

（3）主隧道与盾构区间接口处截面转换

主隧道与盾构接口处堵头墙结构进行加强，并作以下要求：竖向连接筋锚入隧道初支内，并保证锚固长度。采用砂浆锚杆对外部土体进行加固，并利用端头处降水井进行降水，若掌子面裂隙水较多，应进一步采取注浆加固措施，并应采取必要的措施保证掌子面的安全。洞门影响范围内的初支钢筋和锚杆采用玻璃纤维筋，便于暗挖主隧道内进行盾构接收时，盾构机可直接切削堵头墙，如图4-86所示。

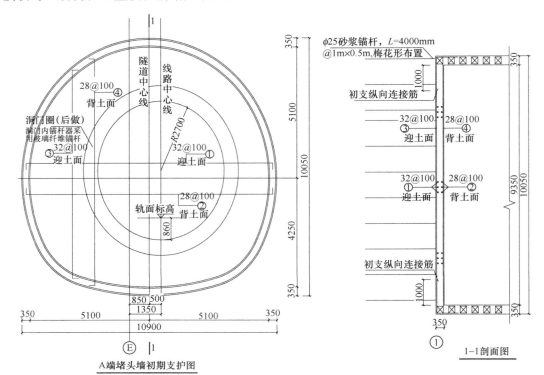

图4-86 主隧道与盾构接口处堵头墙结构方案图

(4) 主隧道支护设计

通过对左线隧道开挖完成和双线隧道均开挖完成后的围岩应力变化进行了详细分析，指出了先开挖隧道引起的竖向位移及水平位移变形量要大于后开挖隧道。设计之初就考虑了左右线主隧道的相互影响，选择较为合适的线间距，以确保左右线主隧道结构结构保持一定结构净距。在主隧道初支及二衬结构设计时，已将隧道先后施工引起的附加内力变化，进行包络设计。

通过对横通道与主线隧道丁字口位置进行重点分析，指出了隧道开挖完毕后，丁字口段隧道拱顶处围岩应力小，易产生拉应力，拱脚处围岩应力最大，最大主应力能反映围岩破坏面方向；通道进主隧道拱顶处部分区域出现拉应力，可能产生张拉破坏；在拱腰和拱脚位置围岩压应力约增大2～3倍，出现压应力集中现象。

对此，对隧道支护进行加强设计如下：

1) 交叉口区域初期支护的内力弯矩增大，加强正线隧道及横通道的格栅钢架主筋，其中横通道主筋采用4E32钢筋。

2) 隧道支护由单向受力状态为双向受力状态，有必要加强钢架的纵向连接，将格栅钢架的纵向连接筋直径由22mm提高至28mm，环向间距由1m减小至0.5m，增强钢架的整体性。

3) 为减小拱顶和仰拱向隧道内变形，减小支护的拉力值，考虑在支护破洞前在破洞位置的拱底和拱顶位置施做锚杆，抵抗围岩的向隧道内变形。

4) 横通道进洞会导致主隧道的位移和内力在三岔口位置急剧增加,对横通道进洞钢架进行密排,密排数量不少于4榀,间距为400mm。横通道进洞前需打设 Φ108mm 的超前大管棚。

5) 为了保证永久结构的安全,适当加大横通道的衬砌厚度及相应的配筋,本站横通道丁字口处衬砌厚度设计为900mm。

4.2.2 斜扶梯隧道分析设计应用及优化

通过分析不同开挖工法下斜扶梯隧道的变形及应力变化,研究了不同开挖进尺对隧道应力的影响,提出斜扶梯隧道线型改变的位置附近均产生了较为明显的应力集中现象,且在该位置衬砌结构受到了较大的拉力,上下部结构受力的不同会产生较大的剪力,对于隧道整体的安全不利。同时亦提出过大的开挖进尺,将引起衬砌结构上的作用力大幅增加。

设计方案据此进行了深化设计,并做相应的响应及优化:

(1) 斜扶梯隧道标准断面设计

斜扶梯隧道存在不同大小的多个截面,其受力状况各异,设计根据分析计算,拟定支护参数及辅助工程措施如表4-32所示。

支护参数及辅助工程措施　　　　表4-32

断面类型及断面尺寸(宽×高)(m×m)	初期支护(全断面支护)	二次模筑衬砌(全断面支护)	断面开挖方法	锚杆设置	围岩等级	超前支护措施设置
1号斜扶梯通道平直段 11.7×12.5	初喷C25、P6、350mm厚喷混凝土,挂双层 Φ8@150×150钢筋网,格栅钢架间距500mm	防水层,模筑800mm厚,C40、P12混凝土	采用CD法开挖,采用工字钢施作临时支撑	在边墙设置 L=3.5m的中空注浆锚杆,间距为0.5×1m,梅花形布置。锚杆端头与钢筋网连接	V	拱部1200范围设置 L=3.5m,环向间距0.2m,纵向1.5m, Φ42超前注浆小导管
1号斜扶梯通道斜坡段 11.3×13.38	初喷C25、P6、350mm厚喷混凝土,挂双层 Φ8@150×150钢筋网,格栅钢架间距500mm	防水层,模筑600mm厚,C40、P12混凝土	采用CD法开挖,采用工字钢施作临时支撑	在边墙和拱顶设置 L=3.5m的中空注浆锚杆,间距为0.5×1m,梅花形布置。锚杆端头与钢筋网连接	V	拱部1200范围设置 Φ108大管棚,环向间距0.4m。拱部1200范围设置 L=3.5m,环向间距0.4m、纵向1.5m, Φ42超前注浆小导管
2号横通道断面 10.25×8.55	初喷C25、P6、350mm厚喷混凝土,挂单层 Φ8@150×150钢筋网,格栅钢架间距500mm	防水层,模筑600mm厚,C40、P12混凝土	采用CD法开挖,采用工字钢施作临时支撑	在边墙设置 L=3.5m的中空注浆锚杆,间距为0.5×1m,梅花形布置。锚杆端头与钢筋网连接	V	拱部1200范围设置 Φ89大管棚,环向间距0.4m。拱部1200范围设置 L=3.5m,环向间距0.4m、纵向1.5m, Φ42超前注浆小导管

续表

断面类型及断面尺寸（宽×高）(m×m)	初期支护（全断面支护）	二次模筑衬砌（全断面支护）	断面开挖方法	锚杆设置	围岩等级	超前支护措施设置
2号斜扶梯通道平直段 10.45×10.75	初喷C25、P6、350mm厚喷混凝土，挂单层Φ8@150×150钢筋网，格栅钢架间距500mm	防水层，模筑600mm厚，C40、P12混凝土	采用CD法开挖，采用工字钢施作临时支撑	在边墙设置$L=3.5m$的中空注浆锚杆，间距为$0.5×1m$，梅花形布置。锚杆端头与钢筋网连接	V	拱部1200范围设置$L=3.5m$，环向间距0.2m，纵向1.5m、Φ42超前注浆小导管
2号斜扶梯通道斜坡段 9.50×10.79	初喷C25、P6、350mm厚喷混凝土，挂单层Φ8@150×150钢筋网，钢拱架间距500mm	防水层，模筑600mm厚，C40、P12混凝土	采用CD法开挖，采用工字钢施作临时支撑	在边墙和拱顶设置$L=3.5m$的中空注浆锚杆，间距为$0.5×1m$，梅花形布置。锚杆端头与钢筋网连接	V	拱部1200范围设置Φ108大管棚，环向间距0.4m。拱部1200范围设置$L=3.5m$，环向间距0.4m，纵向1.5m、Φ42超前注浆小导管
2号斜扶梯通道接口断面 9.20×7.5	初喷C25、P6、350mm厚喷混凝土，挂单层Φ8@150×150钢筋网，钢拱架间距500mm	防水层，模筑900mm厚，C40、P12混凝土	采用CD法开挖，采用工字钢施作临时支撑	不设置锚杆	V	拱部1500范围设置$L=3.5m$，环向间距0.2m，纵向1.5m、Φ42超前注浆小导管
4号横通道断面 6.70×7.20	初喷C25、P6、300mm厚喷混凝土，挂单层Φ8@150×150钢筋网，格栅钢架间距500mm	防水层，模筑500mm厚，C40、P12混凝土	采用台阶法开挖	不设置锚杆	V	拱部1200范围设置$L=3.5m$，环向间距0.4m、纵向1.5m、Φ42超前注浆小导管
5号横通道断面 4.30×4.80	初喷C25、P6、250mm厚喷混凝土，挂单层Φ8@150×150钢筋网，格栅钢架间距800mm	防水层，模筑400mm厚，C40、P12混凝土	采用台阶法法开挖	不设置锚杆	V	拱部1200范围设置$L=3.5m$，环向间距0.4m、纵向1.5m、Φ42超前注浆小导管

对于斜扶梯线型变化处，设计上采取结构加强的措施；要求采用CD法施工隧道，打设大管棚。要求采用较小的开挖进尺施工，并加强对结构的监测，如图4-87所示。

(2) 斜扶梯隧道支护设计

对于斜扶梯与横通道交叉处衬砌应力及变形亦进行了重点分析，指出斜扶梯隧道施工破除了横通道的衬砌结构，对于横通道结构影响较大，在斜扶梯隧道与横通道十字交叉部位位移最大，在两条隧道连接十字交叉区域上、下部位出现了明显的拉力，对于整体结构

第4章 复杂隧道群设计与施工技术研究

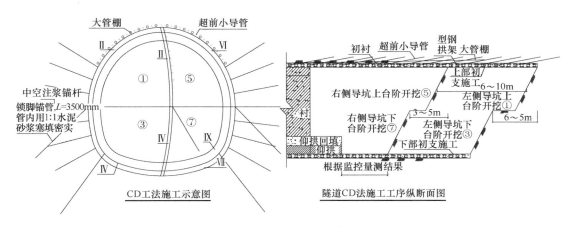

图 4-87 CD 法施工工序图

的稳定性不利。

设计方案据此进行了优化设计,并作相应的响应及优化,如图 4-88 所示。

1)加强斜扶梯隧道及横通道的格栅钢架主筋,及格栅钢架的纵向连接筋,增强钢架的整体性。

2)在交叉口横通道位置设置抗拉钢筋。

3)加强节点处结构配筋。

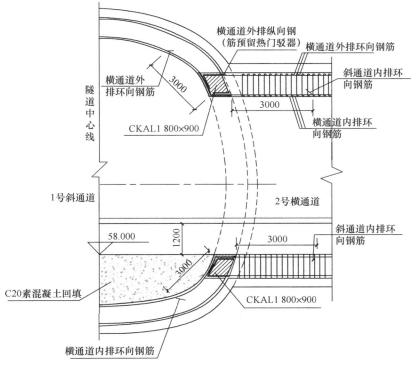

图 4-88 横通道与斜通道交叉口处配筋图

141

4.2.3 小净距隧道群分析设计应用及优化

通过分析隧道群处于小净距情况下,采用不同的施工顺序,隧道群内部的相互影响,研究了工作面与监测点不同距离时,施工对围岩的影响规律,其提出了优化的小净距隧道群施工顺序。

对小净距隧道群的相互影响控制,主要从施工顺序优化方面着手。设计基于前文的分析,针对小净距隧道群的施工影响特点,对开挖时序总结归纳,提出了以下几点原则用于指导施工:

(1) 横通道距离左线隧道开挖面大于1倍隧道洞径后方可开挖;
(2) 明挖站厅位置的斜扶梯通道需要待下方正线及横通道二次衬砌完成后方可施工;
(3) 连接站厅与站台的小竖井最后施工。

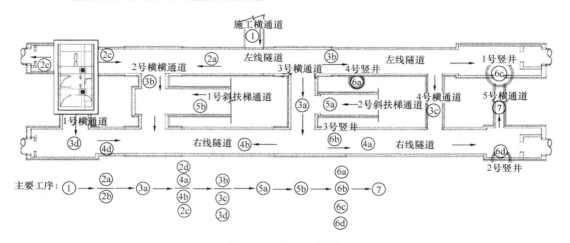

图 4-89 施工工序图

4.2.4 小竖井分析设计应用及优化

分析了小竖井施工对主线隧道围岩及主线隧道的影响,比较了小竖井立体交叉位置在小竖井施工前后的内力和位移的变化,指出以下几方面:

(1) 当小竖井施工工作面不断接近主线隧道时,在与右线隧道交叉口约 1D(D 代表主线隧道洞径)后,小竖井施工将逐渐对隧道拱顶围岩产生影响,使最大主应力及最小主应力曲线出现变化,建议在施工工作面距离交叉口区域 1D 范围区域内采取一定的工程措施,同时要加强对该位置区域的围岩数据的监测,确保整体结构的安全。

(2) 小竖井支护的竖向约束会使小竖井对主隧道形成竖向约束,当主隧道拱顶产生沉降时,小竖井支护将对主隧道衬砌产生竖向约束,从而在竖向方向产生拉应力。设计时,应对竖向接口进行加强设计,或考虑在小竖井中设置变形缝。

(3) 由于小竖井对主隧道产生相对往上的拉力,在小竖井与主隧道的接口位置弯矩会有大幅度的提高。

设计方案据此进行深化设计,并做相应的响应及优化:主隧道二衬施工时在小竖井接口位置预留环梁;在小竖井与主隧道交叉口位置,对比了隧道二维荷载结构法计算结果与三维计算结果,基于该处内力情况进行复核配筋;对交叉口处初支结构的破除,应在主隧道二衬施工完成后实施,并需在二衬隧道内增设临时钢支撑。小竖井不同截面其受力状况各异,根据分析计算,拟定支护参数及辅助工程措施如表4-33所示。

支护参数及辅助工程措施 表4-33

断面类型及断面尺寸(宽×高)(m×m)	初期支护(全断面支护)	二次模筑衬砌(全断面支护)	断面开挖方法	锚杆设置	围岩等级	超前支护措施设置
1号小竖井	初喷C25、P6、350mm厚喷混凝土,挂双层Φ8@150×150钢筋网,格栅钢架间距500mm	防水层,模筑500mm/700mm厚,C40、P10混凝土	采用全断面法开挖	在侧壁设置$L=3.5m$的系统锚杆,间距为1×1m,梅花形布置。锚杆端头与钢筋网连接	V	超前锚杆
2号小竖井	初喷C25、P6、350mm厚喷混凝土,挂双层Φ8@150×150钢筋网,格栅钢架间距500mm	防水层,模筑400mm/600mm厚,C40、P10混凝土	采用全断面法开挖	在侧壁设置$L=3.5m$的系统锚杆,间距为1×1m,梅花形布置。锚杆端头与钢筋网连接	V	超前锚杆
3号小竖井	初喷C25、P6、350mm厚喷混凝土,挂双层Φ8@150×150钢筋网,格栅钢架间距500mm	防水层,模筑400mm/650mm厚,C40、P10混凝土	采用全断面法开挖	在侧壁设置$L=3.5m$的系统锚杆,间距为1×1m,梅花形布置。锚杆端头与钢筋网连接	V	超前锚杆
4号小竖井	初喷C25、P6、350mm厚喷混凝土,挂双层Φ8@150×150钢筋网,格栅钢架间距500mm	防水层,模筑400mm/500mm厚,C40、P10混凝土	采用全断面法开挖	在侧壁设置$L=3.5m$的系统锚杆,间距为1×1m,梅花形布置。锚杆端头与钢筋网连接	V	超前锚杆

4.3 复杂隧道群施工与支护

4.3.1 三岔口转换开挖支护

本站涉及的隧道三岔口较多,主要有两种情况:一种为小断面隧道转入大断面隧道;另一种为大断面隧道转入小断面隧道。考虑难易程度,本方案以施工横通道小断面转入站台隧道左线大断面为例进行施工工艺介绍。

施工横通道与暗挖站台隧道左线正交于里程YDK20+125.870处,由于车站隧道断面大,施工主通道与车站主洞站台层在墙部和大拱脚处相交相接,受力复杂,须精心组织,确保施工安全。横通道与正线隧道的平面图见图4-90。

采用台阶法施工横通道,采用CD工法施工车站站台层隧道。横通道施工到交叉口部位后,转换成站台层左线隧道的转换通道进入车站的上部断面部位,转换通道宽度跟施工通道开挖宽度一致,待开挖至左线隧道右半部分位置后再返回拆除临时支撑开始拱架体系转换,转换通道开挖范围内主洞洞顶开挖轮廓线外扩25cm;随着转换通道的开挖,转换通道部分车站初期支护完成后,开始按站台层隧道CD工法前后进行开挖支护。施工横通道与车站站台层隧道转换图见以图4-91。

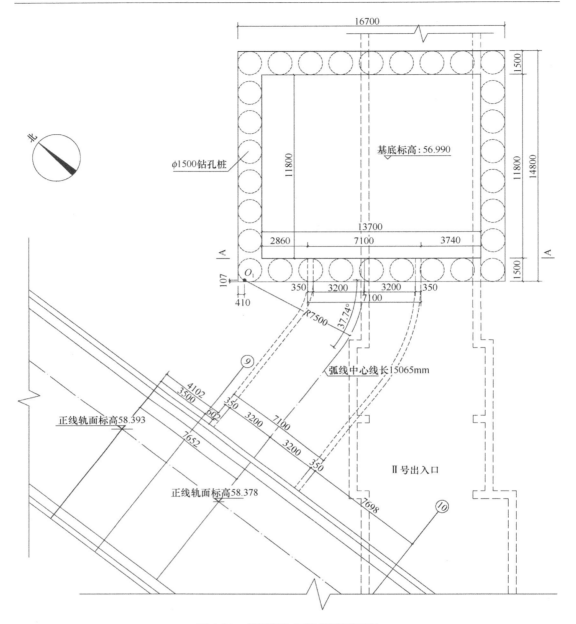

图 4-90 横通道与正线隧道平面图

(1) 开挖横通道前先打设双排小导管，参数为 Φ42，壁厚 3.5mm 无缝钢管加工，长度为 2.5m、3.5m 交替设置。

(2) 横通道采用台阶法施工至站台隧道右边开挖边界时，隧道上部采用门型小导洞的方式进行开挖挑顶施工，架设门式钢架，钢架采用 I18a 工字钢，3m（高）×4m（宽），同时底部位置架设同型号横撑钢架封闭成环，开挖时在小导洞两侧打设锁脚锚管，并及时在掌子面及导洞两侧挂网片及喷射混凝土。锁脚锚管、网片及喷射混凝土参数同横通道隧道开挖一致。

(3) 按工序开挖横通道剩余土体，使横通道钢架闭合成环，同时在横通道与正线隧道

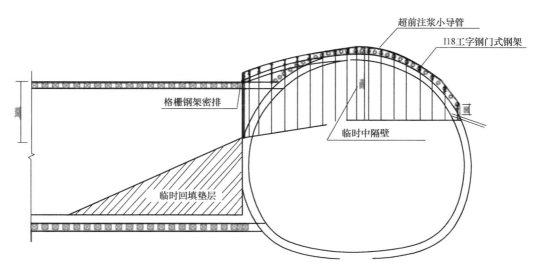

图 4-91　横通道与车站站台层施工转换

交叉口位置采用 4 榀钢架密排，焊接成整体。开挖横通道时需对掌子面（正洞隧道土体）进行喷射混凝土封闭掌子面。

（4）依次架设正线隧道左侧钢架、右侧钢架，并挂网喷射混凝土封闭，同时钢架与横通道钢架焊接成整体。对正线掌子面拱顶位置打设双排小导管进行超前支护加固，小导管与小导洞的门式钢架焊接成整体。

（5）分部割除小导洞的竖向钢架，开挖正洞左侧上半部土体，并架设正洞的拱架，左侧正洞的开挖顺序应遵循"先弱后强"的开挖原则，按照 CD 工法进行施工。

（6）开挖正线隧道左侧上台阶土体至距交叉口一定距离（3～5m）后，进行下台阶的施工。

（7）开挖正线隧道右侧上台阶土体，架设主隧道钢架与横通道钢架连接成整体。

（8）隧道右侧上台阶开挖一定距离后，进行右线下台阶的开挖，并及时进行拱架架立和网喷支护。

（9）三岔口处横通道支撑体系转换到正线隧道正常开挖后，密切监测该段形变数据，并根据设计要求，尽快组织施做二次衬砌，衬砌封闭后再进行隧道常规台阶法施工。

4.3.2　基坑竖井与正线垂直交叉开挖与支护

本站涉及的竖井与正线垂直交叉处主要有四处，考虑交叉的程度及竖井的大小、难易程度，本方案以 1 号竖井、2 号竖井与正线隧道的垂直交叉为例进行施工工艺介绍。

1 号竖井与暗挖站台隧道左线正交于里程 YDK20+212.868 处，2 号竖井与暗挖站台隧道右线正交于里程 YDK20+213.518 处，1 号竖井开挖断面直径 9.9m，2 号竖井开挖断面直径 7.2m，正线隧道左线与右线分别与 1 号竖井、2 号竖井相交相接，受力复杂，须精心组织，确保施工安全。

根据整体的工程筹划安排，1、2 号竖井及左线、右线隧道的施工顺序为：1、2 号竖井竖向开挖先见底，左线右线隧道再开挖施工与竖井交叉。竖井的施工方法为竖向全断面暗挖，每 0.5m 进行网锚喷支护施工，支护结构参数与正线隧道一致。左线、右线隧道采用CD法施工与竖井交叉。施工到交叉口部位后，考虑正线隧道与竖井支护体系接口衔接，随着正线隧道的开挖进尺，应逐榀拱架进行衔接，重点是竖井底部拱架与正线隧道拱顶位置拱架的彼此衔接。在开挖至竖井范围前，应对正线隧道范围内的竖井初支拱架进行拱架密排，间距为0.35m，锁脚锚管环向间距为0.3m的方式加固，待竖井范围的正线隧道开挖完成后，应立即进行该段的衬砌施工，确保该段的稳定安全。竖井与正线隧道开挖拱架衔接图见图4-92。

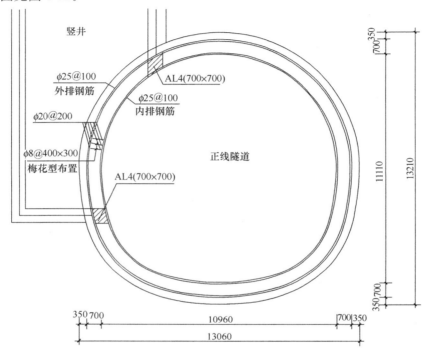

图4-92　竖井与正线隧道开挖拱架衔接图

4.3.3　非爆破机械联合作业开挖方法

引进先进的非爆破开挖设备联合作业，提高隧道施工效率，为了解决在古近系泥质粉砂岩富水地层中开挖施工及下穿建筑物的安全问题，在进行超深管井降水后，采用非爆破机械联合作业开挖方式成功解决了爆破震动对隧道群施工产生的安全风险、对周边建筑物扰动大、施工速度慢的问题，并在此基础上结合现场实际施工情况整理总结形成非爆破开挖工法。该工法适用于城市复杂环境条件下有一定自稳能力、强度大于1MPa、断面面积大于90m² 的软弱围岩地层暗挖隧道或隧道群的非爆破开挖施工。

（1）工法特点

非爆破开挖工法采用高效新型双牙高频震动破碎锤与铣挖机联合开挖方式替代传统单一机械的低效开挖方式，联合作业，优劣势互补。对软弱围岩及周边建筑物扰动影响小，噪音低。可多作业面平行施工、作业效率高。适用多种断面形式的复杂周边环境下城市隧道软弱围岩三台阶开挖，开挖支护工序操作便捷，可快速封闭成环。该工法适用于泥质粉砂岩富水地层暗挖隧道进行管井降水的条件下。

（2）工艺原理

非爆破开挖工法采用效率高、噪声低、振动小的新型高效高频振动破碎锤及铣挖机设备为主要开挖工具进行联合开挖作业，开挖形成三台阶后，先中台阶并行联合作业，后上下台阶联合作业，以此循环。该两套设备在洞内联合作业对地表周边环境和隧道围岩扰动小，设备可根据断面大小进行灵活选配，优劣势互补，保证施工安全和进度。

（3）工艺流程

施工工艺流程图见图4-93。

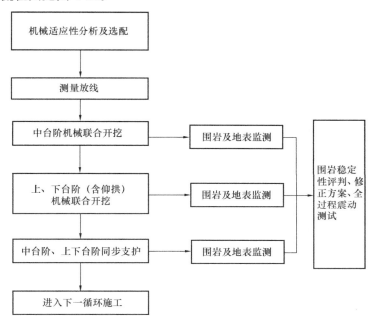

图4-93 施工工艺流程图

（4）机械分析及选配

该隧道以古近系⑦$_{2-3}$泥质粉砂岩、⑦$_{3-3}$粉细砂岩半成岩地层为主，地层中以第四系松散岩类孔隙水、碎屑岩类孔隙裂隙水为主。在经过降水后，高频破碎锤对岩层之间的裂纹进行高频振击，使其与原来的结合体分离而脱落，在泥岩、粉砂岩、泥质粉砂岩地层中开挖效果明显。铣挖机具有低振动、低噪声、围岩扰动小的特点，铣挖机采用机械切削开挖的方式，机械连续切削围岩，在隧道开挖成型方面效果尤为明显。根据隧道设计开挖断面的大小，通过挖机、双牙高效振动破碎锤及铣挖机的比对分析，确定开挖载体设备的配置及高频破碎锤型号的选择配置。重点对设备选型配置后的开挖操作进行可行性分析，不同的断面尺寸确定不同的开挖台阶的高度，确保选配后的设备在隧道内能有效开展工作。根据机械对作业空间的要求，以上台阶高度≥4.6m，长度3～5m，中台阶高度≥2.6m，长度6～8m，下台阶高度≥2.9m为原则确定台阶开挖参数，见表4-34、表4-35。

设备选配参数表　　　　　表4-34

设备名称	型号	整机参数（m）	适应岩层及强度	效率
铣挖头	1500号	长：1.5m 宽：0.5m 高：0.5m	砂岩、砾岩、泥质粉砂岩、粉砂岩、风化砂岩、砂质岩；<50MPa	8～10m³/h

续表

设备名称	型号	整机参数（m）	适应岩层及强度	效率
高频破碎锤	100 号	长：1.1m 宽：0.5m 高：0.9m	泥质粉砂岩、粉砂岩、风化砂岩、砂质岩；<30MPa	20m³/h
挖机	卡特 313	长：3.5m 宽：2.5m 高：2.67m	无	无
挖机	小松 200	长：4.1m 宽：2.8m 高：3.1m	无	无

设备选配方案　　　　　表 4-35

设备名称	型号	选配挖机型号	收臂最小作业空间（m）	展臂最大作业空间（m）	最小开挖断面（m）	备注
铣挖头	1500 号	小松 200-8	宽：4.0 高：3.0	宽：4.0 高：6.0	宽：4.0 高：4.0	去小臂用专用支架替代
		小松 200-8	宽：4.0 高：3.0	宽：4.0 高：8.0	宽：4.0 高：5.0	不去小臂
高频破碎锤	100 号	卡特 313	宽：4.0 高：2.6	宽：4.0 高：6.5	宽：3.5 高：4.0	对卡特 313 挖机进行改装，大臂可左右旋转

（5）开挖施工

隧道采用两台卡特 313 挖机载高频破碎锤以及一台小松 200-8 机载 ERcat-1500 型铣挖头联合作业进行台阶法开挖施工，并配置卡特 313 挖机及柳工 50E 装载机各一台配合翻渣运土。初期支护采用超前小导管＋双层钢筋网片＋格栅钢架＋喷射混凝土支护。上中台阶完成形成三台阶开挖方式后，按以下开挖方案组织施工：一台 CAT313 挖机载高频破碎锤以及一台小松 200-8 机载 ERcat1500 型铣挖头两台机械联合开挖中台阶；一台高频破碎锤开挖上台阶，同时另一台 CAT313 挖机载铣挖头开挖下台阶。高频破碎锤开挖效率为 20m³/h，能灵活转动大臂，开挖成型得到有效控制，铣挖头开挖效率为 10m³/h，上、下部基本同时完成开挖，随后高频破碎锤和铣挖头互换位置进行开挖和修边的工序转换，确保开挖成型质量。

（6）施工监测

对围岩及地表建（构）筑物进行监控量测，分析反馈信息，从而指导施工。

1）沉降、收敛及拱架应力、岩层与拱架之间压力监测；

2）地表沉降、建筑物沉降、裂缝、倾斜及明挖基坑沉降监测。

另外采用 SW820 型高灵敏度振速测试仪监测非爆破开挖设备对岩层的扰动程度，监测点的位置位于开挖掌子面后方 12～15m 处，埋设测试元器件在初支背后岩层中。

测试结果显示平均速率为 0.1cm/s，加速度为 0.03m/s²。

图 4-94　监控量测

4.3.4 群洞多断面施工措施

暗挖隧道群洞施工，断面变化频繁（正线共 5 种断面，分别为 A、B、C、D、E 断面），如小断面变大断面；大断面变小断面；十字交叉节点；立体交叉节点，施工安全风险高。

(1) 大断面变小断面

大断面隧道向小断面隧道的工法转换相对较为简单，由于开挖断面变小，围岩的稳定性加强。转换过程中作业空间较大，操作方便，施工更趋于安全性，一般在对大断面按设计采取支护措施后，采用直接转换法进入小断面隧道的施工。

具体的施工步骤为：

先将大断面全部施作到设计位置后，先施作钢格栅喷射混凝土封堵端墙，再破除混凝土进入小断面施工，架设小断面或小断面分部的格栅钢架，作为开口的环框，直接过渡到小断面或小断面分部进行施工，可将小断面格栅钢架加强作为开口圈梁，用焊接方式连接在一起，喷射混凝土封闭。

具体的施工流程有：

1) 大断面开挖至设计位置后，密排两榀格栅钢架，后面的一榀喷射混凝土封闭，前面的一榀不喷，为大小断面间的封端墙做准备。

2) 准确定出小断面的位置，架设加强的小断面钢格栅，作为小断面开挖的加强环。

3) 采用水平钢格栅或连接筋连接大小断面格栅，保证焊接质量。

4) 打设小断面范围内超前小导管，视情况注浆加固，同时喷射封端墙混凝土封闭。

5) 重复以上步骤直至大断面施工完成，小断面具备开挖条件。

6) 短进尺开挖小断面，深度以能够满足密排格栅拱架为宜，一般为 30cm 间距密排，完成施工转换。

(2) 小断面变大断面开挖支护

小断面隧道向大断面隧道的工法转换，因开挖断面的增加以及作业空间的限制，施工转换难以一步到位，尤其是对于采用 CD 法不能直接转换的部位，必须多次采取措施，才能完成工序转换，本工程采用渐变过渡法可解决小断面变大断面的开挖半径扩大施工。主要涉及两个工艺技术环节：

图 4-95 大变小断面图

1) 分步过渡技术关键环节

过渡段仰角的选取，综合考虑应力变化复杂性，施工作业可操作性及后续反向扩挖的工作量，在粉砂岩层中易选取 30～40°；对于过渡段附近 5～10m 的渐变段开挖支护措施应加强，采用 $\Phi 42$、$t=3.5mm$ 的双排小导管注浆加固前方土体，打设 $\Phi 42$、$t=3.5mm$ 的锁脚锚管，重点加强接头处的施工和拱架之间的连接筋数量。格栅拱架根据过渡段开挖净空逐榀定型加工，严格控制开挖进尺，及时进行监控量测。

2) 反向扩挖技术关键环节

小断面变大断面的过渡段施工完成后,监测数据稳定,即可进行过渡段的反向扩挖施工,分段拆除过渡段临时支护并重新施工大断面的初期支护,并满足设计断面尺寸,在过渡段拆除临时支护时,应逐榀格栅拱架进行拆除,拆除一榀,补充一榀,严禁2榀及以上的拱架拆除,拆除前应从大断面向小断面方向打设3.5m超前小导管,CD法中的临时竖向中隔壁支撑只进行相应的接长处理,不拆除,接长后立即封闭小断面一侧的暴露岩体。小断面变大断面挑顶过渡示意图见图4-96。

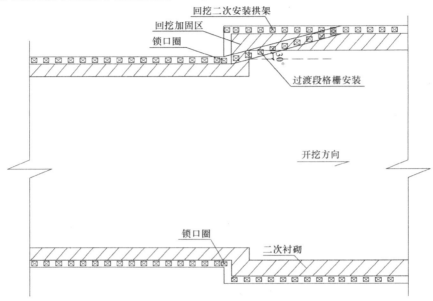

图4-96 小断面变大断面挑顶过渡示意图

(3) 十字交叉节点开挖与支护

正线变横通道,横通道再变正线,正线变横通道采用提前挑顶开好洞门;横通道小断面变斜通道大断面,采用门型拱架转换,降低风险,十字交叉处仰拱采用临时仰拱先封闭,再开挖下台阶,见图4-97。

 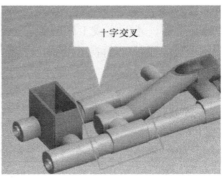

图4-97 十字交叉节点图

(4) 立体交叉开挖与支护

正线、横通道与竖向竖井空间立体交叉,利用时空效应,先封闭正线二衬再开挖竖井,见图4-98。

图 4-98　立体交叉节点图

4.4 复杂隧道群监测数据分析

4.4.1 站台隧道关键点监测数据对比分析

根据施工情况，左线主隧道按照每 5m 一个监测断面进行位移监测。现选取左线隧道里程 ZDK20+115.81、ZDK20+125.81 和 ZDK20+135.81 共三个隧道监测断面的拱顶沉降和水平收敛监测数据和数值模拟结果进行对比。三个隧道监测断面中，ZDK20+115.81 处的拱顶沉降监测点标号为 KDG23-2，水平收敛监测点标号为 KJK23-1、KJK23-2；ZDK20+125.81 处的拱顶沉降监测点标号为 KDG21-2，水平收敛监测点标号为 KJK21-1、KJK21-2；ZDK20+135.81 处的拱顶沉降监测点标号为 KDG19-2，水平收敛监测点标号为 KJK19-1、KJK19-2。三个监测断面整理后的拱顶沉降数值模拟结果与监测结果见图 4-99。

为了更加准确清晰地分析隧道施工过程中支护结构的位移变化情况，施工步骤按照从开始开挖至该断面的施工步骤开始计步，未施工至各断面之前的施工步骤数不计入。由图

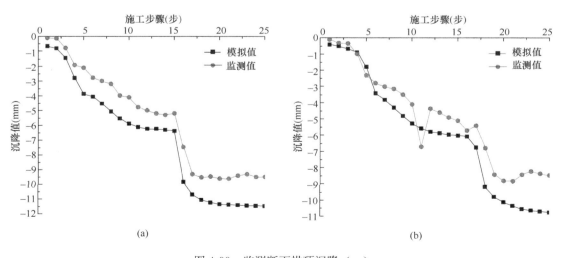

图 4-99　监测断面拱顶沉降（一）
(a) ZDK20+115.81 处拱顶沉降；(b) ZDK20+125.81 处拱顶沉降

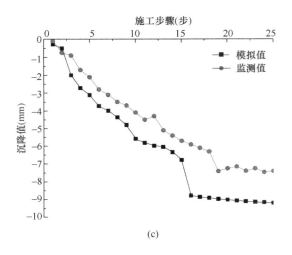

图 4-99 监测断面拱顶沉降（二）
(c) ZDK20+135.81 处拱顶沉降

4-99 分析可知，三个隧道监测断面的拱顶沉降监测值的大小小于模拟值，由于在实际开挖过程中，监测点的布设落后于隧道开挖和隧道初期支护过程造成的。在隧道拱顶沉降的过程中。均出现了两次幅度较大的沉降过程，第一次是由于隧道刚开挖时，初期支护承受了由于隧道开挖而产生的围岩压力引起的较大变形。第二次变形是由于临时支护的拆除造成的隧道拱顶初期支护突然沉降，而且由于临时支护拆除造成的拱顶沉降值所占比例占拱顶总沉降值的比例较大，在拆临时支护的过程中，要密切关注拱顶的沉降变化。现场监测的监测值和数值模拟的拱顶沉降值变化规律基本一致。

分析图 4-100，数值模拟的结果与现场监测结果规律基本一致。因此，表明数值模拟所选的模型参数符合现场工程情况，所作假设合理。数值模拟结果可为现场施工提供指导。

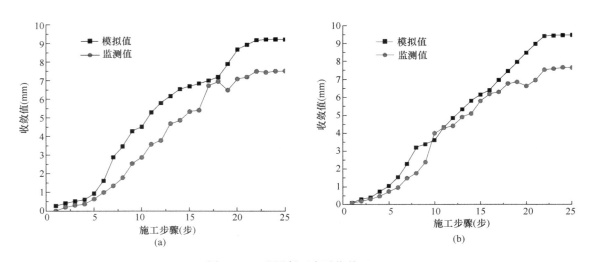

图 4-100 监测断面水平收敛（一）
(a) ZDK20+115.81 处水平收敛；(b) ZDK20+125.81 处水平收敛

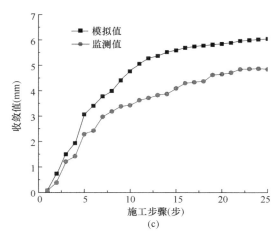

图 4-100 监测断面水平收敛(二)
(c) ZDK20+135.81 处水平收敛

4.4.2 丁字口段隧道关键点监测数据对比分析

为验证上述模拟分析的可靠性,隧道施工过程中在 KGD92-2 位置处布置一组监测断面,利用全站仪来监测隧道拱顶沉降,如图 4-101 所示,拱顶沉降监测值曲线与模拟值曲线趋势大致相同,最终其拱顶沉降监测值为－8.5mm,较数值模拟的结果－7.3mm 略大,分析原因是数值模拟条件相对实际工程更加理想化,且没有考虑地下水的影响,断面 KGD92-2 拱顶沉降监测值与拱顶沉降模拟值相差 1.2mm,差值较小且趋势大致相同,可以认为数值模拟的结果是可靠的。

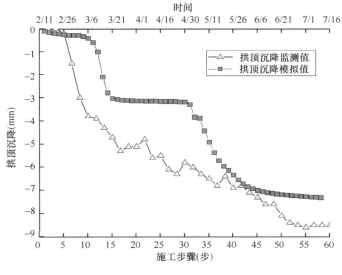

图 4-101 拱顶沉降对比

4.4.3 横通道隧道关键点监测数据对比分析

青秀山站暗挖地铁隧道群左线隧道通过 3 号横通道进入右线隧道施工，3 号横通道起到了联络隧道的作用。提取采用三台阶法施工下数值计算中 3 号横通道初期支护结构上拱顶沉降及拱腰水平净空收敛，与现场监测量测中的拱顶沉降及拱腰水平净空收敛做对比，对比曲线图如图 4-102、图 4-103 所示。

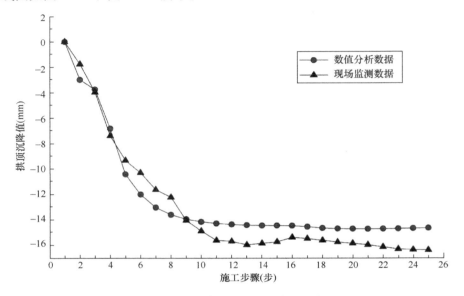

图 4-102　3 号横通道拱顶沉降对比曲线

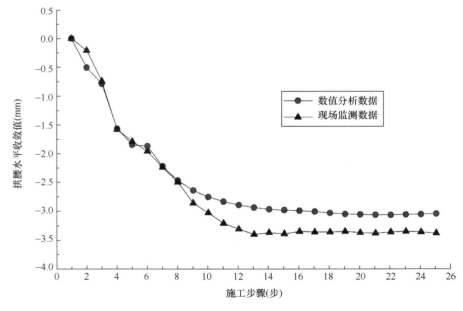

图 4-103　3 号横通道拱腰水平收敛对比曲线

由图4-102、图4-103可知，青秀山站3号横通道现场监测拱顶沉降曲线及拱腰水平收敛曲线总体呈下降趋势，与采用三台阶法施工模拟计算出来的拱顶沉降曲线及拱腰水平收敛曲线变化规律吻合。当隧道施工时，尤其是上台阶的施工，是隧道施工较为关键的区域，对隧道拱顶和拱腰的影响较大，隧道工作面施工至监测点约$1.5D$（D为3号横通道洞径）处时，拱顶沉降及拱腰水平收敛开始趋于平稳。3号横通道在隧道施工完毕后拱顶最大沉降为14.71mm，拱腰最大水平收敛为3.06mm，现场监测数据中拱顶最大沉降为16.48mm，拱腰最大水平收敛为3.38mm，现场监测数据和数值计算结果拱顶沉降绝对误差为1.77mm，拱腰水平收敛绝对误差为0.32mm，3号横通道采用三台阶法施工与现场监测数据基本相差不大。

第 5 章　偏压、超深基坑设计与施工关键技术

5.1　明挖站厅设计及稳定性分析

本章建立了站厅基坑与车站隧道群有限元模型，对车站站厅隧道群结构连接部位关键点的受力特征及连接方法进行综合评价和分析。基于数值分析研究半成岩地层及暗挖隧道开挖面稳定性及变形特征，分析超前支护、开挖工序对隧道变形特征的影响规律，并结合隧道群围岩破坏形态优化施工顺序。

5.1.1　明挖站厅与斜扶梯通道影响分析

站厅主体结构施工完成后，向下开挖扶梯隧道以连通站厅层与站台层。通过对比扶梯隧道施工前后，站厅结构的力学指标变化，来反映扶梯隧道施工对站厅结构的影响。扶梯隧道施工前后，站厅结构的内力云图如图5-1、图5-2所示。

站厅结构施工完成后，站厅一层底板所受轴压力最大，向下层底板所受轴压力逐渐减小，底板受到较小程度的轴拉力。站厅第一层底板每延米所受的最大轴压力达1851kN，出现在靠近左侧（站厅3层部分）的位置；底板每延米所受的最大轴拉力为949kN。除底板外，各层底板所受弯矩均不大。随着结构侧墙以及上部结构的施工，底板的弯矩分布出现了一定的变化：结构侧墙施工后，对底板在两端的转动位移形成限制，底板左侧与侧墙相连处出现了最大弯矩，弯矩值达2290kN·m/延米。相对于底板左侧与侧墙相连处弯矩的明显变化，由于右侧墙不远处存在的支撑柱的约束作用，右侧墙施工后，对于转交附近的弯矩影响不大。

对比图5-1、图5-2可以看出，扶梯隧道施工后，站厅结构的内力变化不大：轴力与弯矩的分布形式与各量值最大值出现的位置基本保持不变；站厅底层底板每延米所受的最大轴压力增加至1903kN，增加约3%；底板每延米所受的最大轴拉力增加至1084kN，增加约14%。底板左端的最大弯矩出现处由于扶梯隧道施工后的弯矩分担作用，其最大的弯矩值有所减小，减小至1982kN·m/延米，减小约13%。

扶梯隧道施工前后，站厅结构的轴力与弯矩的分布规律保持不变，其量值变化也不甚明显，基本在15%以内。总体来说，扶梯隧道的施工对于站厅结构的影响不大。

(1) 1号坑中坑与1号斜扶梯通道关键点分析

选取斜扶梯隧道第一环初期支护作为分析关键点对象，对斜扶梯第一环支护结构竖向位移及水平位移进行分析，结构位移云图如图5-3所示。

由图5-3可知，通过对斜扶梯隧道第一环初期支护数值模拟分析，可以看出初期支护水平收敛最大值为2.73mm，竖向位移最小值位于初期支护拱顶部位为-9.53mm，竖向位移最大值位于拱底部位为-1.08mm。坑中坑与斜扶梯通道交叉处初期支护变形较大，需密切关注隧道变截面处的初期支护受力情况，严格控制初期支护变形。

第 5 章　偏压、超深基坑设计与施工关键技术

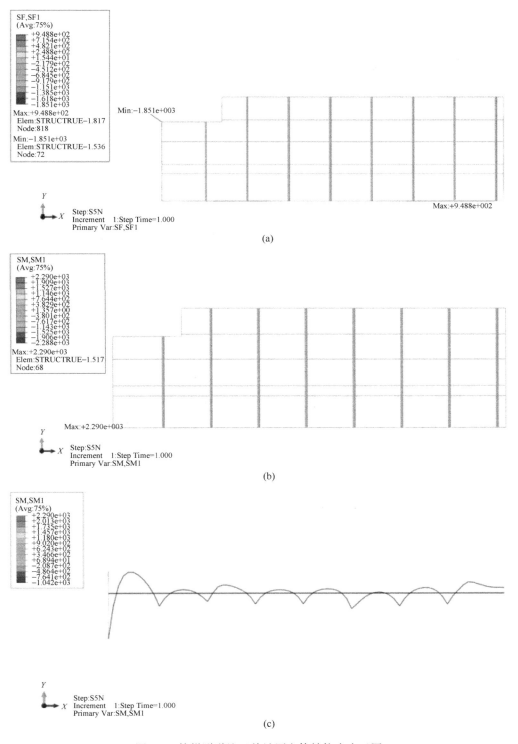

图 5-1　扶梯隧道施工前站厅主体结构内力云图
(a) 轴力云图；(b) 弯矩云图；(c) 底板弯矩分布图

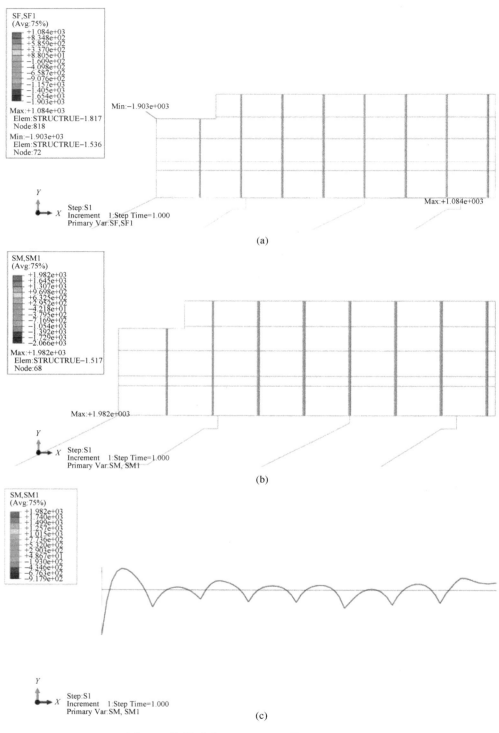

图 5-2　扶梯隧道施工后站厅主体结构内力云图
（a）轴力云图；（b）弯矩云图；（c）底板弯矩分布图

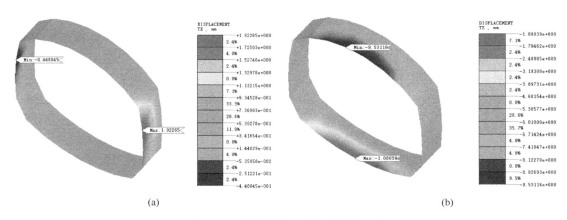

图 5-3　1 号斜扶梯初期支护位移云图
(a) X 方向位移云图；(b) Z 方向位移云图

选取斜扶梯隧道第一环初期支护作为分析关键点对象，对斜扶梯支护结构 XX 方向轴力及 YY 方向轴力进行分析，结构轴力云图如图 5-4、图 5-5 所示。

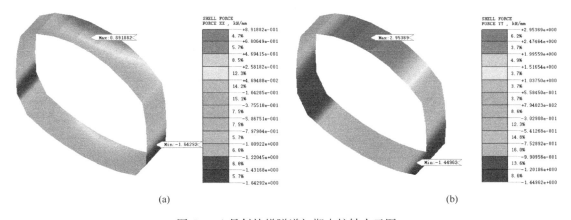

图 5-4　1 号斜扶梯隧道初期支护轴力云图
(a) XX 方向轴力云图；(b) YY 方向轴力云图

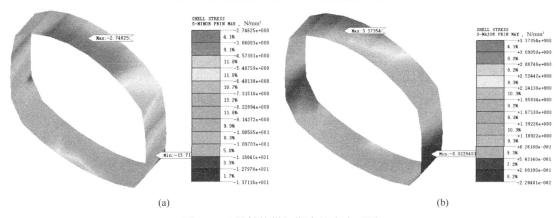

图 5-5　1 号斜扶梯初期支护应力云图
(a) 最大主应力云图；(b) 最小主应力云图

由图 5-4 可知，在斜扶梯关键点处，XX 方向上初期支护结构轴力均以压力为主，斜扶梯拱顶处初期支护结构产生较大拉应力达 0.89kN/mm，拱腰处初期支护结构产生较大压应力达 −1.64kN/mm，斜扶梯关键点在 YY 方向上产生的轴力也均以压应力为主，斜扶梯拱顶处初期支护结构产生较大拉应力达 2.95kN/mm，拱腰处初期支护结构产生较大压应力达 −1.45kN/mm，分析因为斜扶梯与坑中坑连接处结构连接形式复杂，拱顶易产生拉应力，初期支护可能出现张拉破坏；拱脚处初期支护易出现压应力集中现象，建议设计施工过程中针对此区域进行重点加固处理，防止出现不安全行为导致初期支护破坏。

由图 5-5 可知，斜扶梯通道关键点初期支护主应力分布并不均匀，最大主应力均为压应力，最大值出现在拱顶位置达 −2.75N/mm^2，最小值出现在右拱脚位置达 −13.7N/mm^2，主应力小于混凝土抗压设计值，最小主应力在拱顶部位处出现拉应力，达 3.37N/mm^2，最小主应力最小值在右拱脚位置达 −0.02N/mm^2。

综上所述，1 号斜扶梯隧道与 1 号坑中坑围护桩交叉处连接形式复杂，易出现应力集中现象，在具体设计施工中应重点针对次区域采取合适的加固支护手段，以保证交叉处施工安全。

(2) 2 号坑中坑与 2 号斜扶梯通道关键点分析

选取 2 号斜扶梯隧道第一环初期支护作为分析关键点对象，对斜扶梯支护结构竖向位移及水平收敛进行研究分析，初期支护结构位移云图如图 5-6 所示。

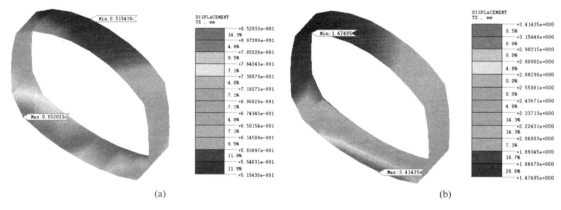

图 5-6　2 号斜扶梯初期支护位移云图
(a) X 方向位移云图；(b) Z 方向位移云图

由图 5-6 可知，通过对斜扶梯隧道第一环初期支护数值模拟分析，可以看出初期支护水平收敛最大值为 1.41mm，竖向位移最小值位于初期支护左侧拱肩部位为 1.47mm，竖向位移最大值位于拱底部位为 3.414mm，坑中坑与 2 号斜扶梯通道交叉处初期支护竖向变形为正，说明部分已出现张拉破坏，此部位应力集中现象明显，设计施工要对坑中坑与 2 号斜扶梯通道交叉处采取加厚处理等加固手段，防止出现不安全破坏。

选取斜扶梯隧道第一环初期支护作为分析关键点对象，对斜扶梯支护结构 XX 方向轴力及 YY 方向轴力进行分析，结构轴力云图如图 5-7 所示。

由图 5-7 可知，在斜扶梯关键点处 XX 方向上初期支护结构轴力均以压力为主，斜扶梯拱顶处初期支护结构产生较大拉应力达 0.42kN/mm，拱腰处初期支护结构产生较大压

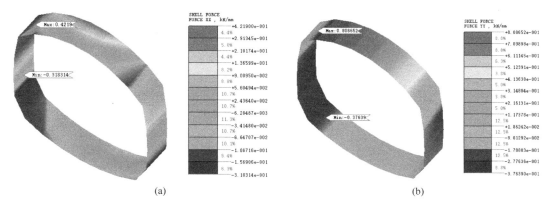

图 5-7　2 号斜扶梯隧道初期支护轴力云图
(a) XX 方向轴力云图；(b) YY 方向轴力云图

应力达-0.318kN/mm，斜扶梯关键点在 YY 方向上产生的轴力也均以压应力为主，斜扶梯拱顶处初期支护结构产生较大拉应力达 0.81kN/mm，拱腰处初期支护结构产生较大压应力达-0.38kN/mm，分析因为斜扶梯与坑中坑连接处结构连接形式复杂易出现应力集中现象，建议设计施工过程中针对此区域进行重点加固处理防止出现不安全行为破坏。

由图 5-8 可知，斜扶梯通道关键点初期支护主应力分布并不均匀，在拱顶部位最大主应力出现最大值达 3.37N/mm²，在右侧拱脚部位最大主应力出现最小值达 0.03N/mm² 最小主应力在拱顶部位处出现拉应力，达 0.21N/mm²，最小主应力最小值出现在拱底位置达-2.50N/mm²，2 号斜扶梯隧道与 2 号坑中坑交叉处初期支护结构最大主应力以拉应力为主，易出现张拉破坏，应采取有效措施防止此处隧道围岩产生大变形破坏。

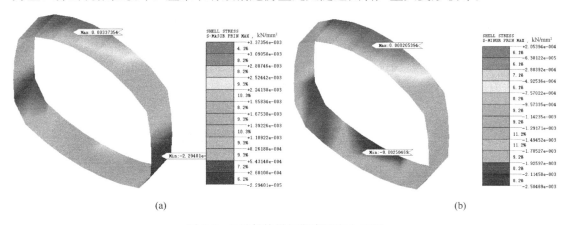

图 5-8　2 号斜扶梯初期支护应力云图
(a) 最大主应力云图；(b) 最小主应力云图

(3) 1 号坑中坑影响分析

1) 坑中坑围护桩分析

由图 5-9 可知，1 号坑中坑整体围护结构 X 方向最小位移位于与斜扶梯通道交叉口左侧拱肩处达 0.50mm；X 方向最大位移位于坑中坑围护结构底部达 1.47mm。围护结构 X 方向位移均为正值，整个围护结构水平向右侧偏移，分析原因是坑中坑受到上侧基坑对坑

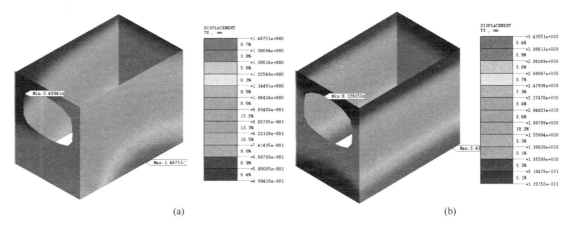

图 5-9　1 号坑中坑位移云图
(a) X 方向位移云图；(b) Y 方向位移云图

中坑产生偏压造成的，1 号坑中坑围护桩 X 方向位移呈现上侧位移小、下侧位移大、左侧位移小、右侧位移大的规律。

坑中坑整体围护结构 Y 方向最小位移位于与斜扶梯通道交叉口拱顶处达 0.13mm；Y 方向最大位移位于坑中坑围护结构底部达 3.43mm。围护结构 Y 方向位移均为正值，Y 方向位移沿交叉口中线左右对称。

2) 坑中坑与斜扶梯关键点位移分析

由图 5-10 可知，探究坑中坑与 1 号斜扶隧道交叉口处位移影响，主要从拱顶、拱肩、拱腰、拱脚部位展开研究，拱顶处 X 方向位移 0.62mm，左拱肩 X 方向位移 0.50mm，右拱肩 X 方向位移 0.88mm，左拱脚 X 方向位移 0.55mm，右拱脚 X 方向位移 0.94mm，拱底 X 方向位移 0.77mm，总体上来说 X 方向位移均为正值，交叉口处右侧拱肩、拱脚处位移值最大，交叉口处右侧位移明显大于左侧位移，分析原因是坑中坑受到上侧基坑对坑中坑产生偏压造成，X 方向位移均处于安全允许值范围内。

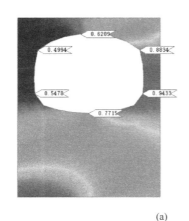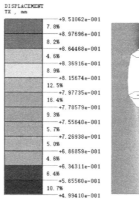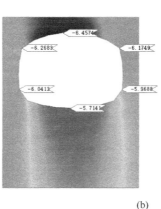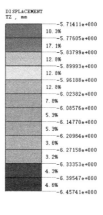

(a)　　　　　　　　　　　　　　(b)

图 5-10　1 号坑中坑位移云图
(a) X 方向位移云图；(b) Z 方向位移云图

1号坑中坑与斜扶隧道交叉口处竖向位移均为负值,拱顶处 Z 方向位移最大值达 -6.46mm,左拱肩 Z 方向位移 -6.27mm,右拱肩 Z 方向位移 -6.17mm,左拱脚 Z 方向位移 -6.04mm,右拱脚 Z 方向位移 -5.97mm,拱底 Z 方向位移最小值为 -5.71mm,交叉口处竖向位移沿交叉口轮廓线中线左右对称,Z 方向竖向位移均处于安全允许值范围内。

3)坑中坑与斜扶梯关键点应力分析

由图 5-11 可知,主要从拱顶、拱肩、拱腰、拱脚部位,对坑中坑与 1 号斜扶隧道交叉口处应力影响展开研究,最大主应力最大值位于拱顶处达 4.54N/mm^2,拱顶部分产生拉应力,易出现张拉破坏,左侧拱肩最大主应力达 0.54N/mm^2,右侧拱肩最大主应力达 1.32N/mm^2,左侧拱脚最大主应力达 0.19N/mm^2,最大主应力最小值位于右侧拱脚达 0.45N/mm^2,拱底处最大主应力达 2.73N/mm^2。

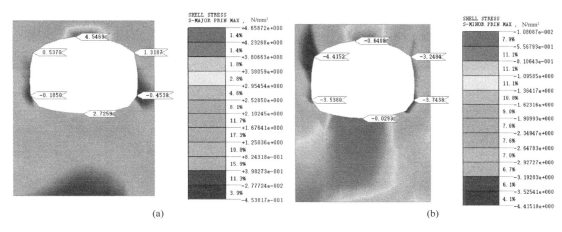

图 5-11　1号坑中坑围护桩应力云图
(a)最大主应力云图;(b)最小主应力云图

拱顶处最小主应力达 0.64N/mm^2,最小主应力最大值位于左侧拱肩位置达 4.42N/mm^2,右侧拱肩最小主应力达 3.25N/mm^2,左侧拱脚最小主应力达 3.54N/mm^2,最小主应力最小值位于拱底达 0.03N/mm^2。从云图中可看出,交叉口左侧处最小主应力发展更广泛,应力值更集中,尤其是左侧拱肩处达到应力峰值,设计施工时对此应位置重点监测防护。

5.1.2　明挖站厅与小竖井影响分析

(1)竖井施工对站厅围护桩的影响

站厅主体结构施工完成后,向下开挖小竖井以连通站厅层与站台层。通过对比小竖井施工前后,站厅结构的力学指标变化,来反映小竖井施工对站厅结构的影响。小竖井施工前后,站厅结构的位移云图如图 5-12、图 5-13 所示。

基坑在小竖井施工前围护结构 X 方向最大位移仅为 0.026mm,Y 方向最大位移仅为 0.023mm。随着小竖井施工进行,站厅基坑围护住桩水平位移也随之增加,直到小竖井施工完成,站厅基坑在隧道施工前围护结构 X 方向最大位移为 1.900mm,Y 方向最大位

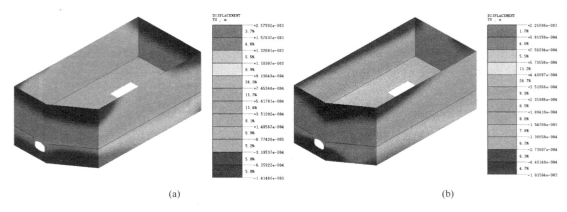

图 5-12 小竖井施工前围护结构水平位移云图
(a) X 方向位移；(b) Y 方向位移

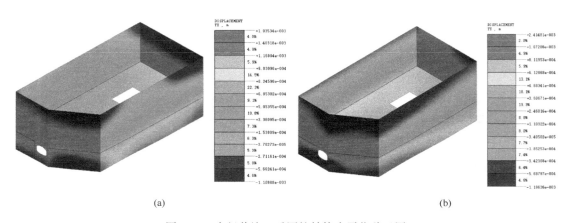

图 5-13 小竖井施工后围护结构水平位移云图
(a) X 方向位移；(b) Y 方向位移

移为 2.415mm。基坑围护结构水平位移变形主要受隧道开挖的影响，最大值出现在基坑围护桩拐角处，此处基坑围护桩受力相对复杂，易产生较大变形，但位移总体趋势不变，围护结构水平位移均小于预警值，结构安全。

小竖井施工完成前后，基坑底板的竖向位移云图如图 5-14 所示。由于小竖井施工所需时间较短，开挖段面较小，且采用全断面施工对基坑底板产生扰动较小，故小竖井施工前后，基坑底板最大竖向位移基本不发生变化，小竖井施工前基坑底板最大竖向位移为 -6.35mm，小竖井施工后基坑底板最大竖向位移为 -6.29mm，基坑底部土体受到基坑外土压力的影响，基坑底板产生部分隆起，基坑底板竖向位移均在允许范围之内。

(2) 明挖站厅与小竖井关键点分析

选取 4 号小竖井第一环初期支护作为分析关键点对象，对 4 号小竖井第一环支护结构 X 方向位移及 Y 方向位移进行分析，结构位移云图如图 5-15 所示。

由图 5-15 可知，通过对 4 号小竖井第一环初期支护分析可知，X 方向位移值最大出现在初期支护结构底部为 1.07mm，X 方向位移值最小出现在初期支护顶部位置为

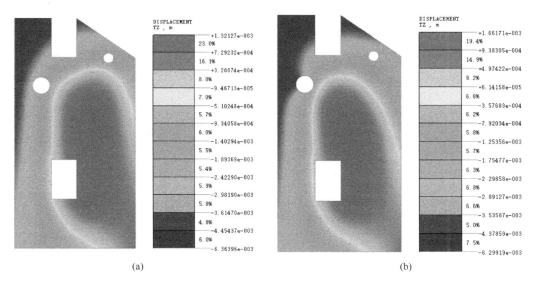

图 5-14　小竖井施工前后基坑底板竖向位移云图
(a) 小竖井施工前；(b) 小竖井施工后

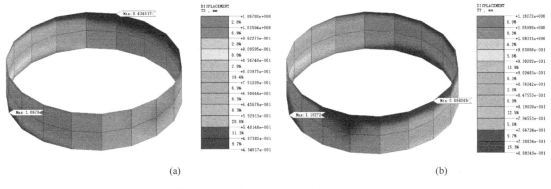

图 5-15　4 号小竖井初期支护位移云图
(a) X 方向位移云图；(b) Y 方向位移云图

0.43mm；Y 方向位移值最大出现在初期支护结构底部为 1.18mm，Y 方向位移值最小出现在初期支护顶部位置为 0.66mm，整体上来看，初期支护结构位移值均为正值，位移值呈现上小下大的规律，处于安全范围内，施工时应对此区域实时监控，防止出现危险断面。

由图 5-16 可知，在 4 号小竖井关键点处 XX 方向上初期支护结构轴力均以压力为主，4 号小竖井初期支护结构顶部产生较大拉应力达 0.75kN/mm，4 号小竖井初期支护结构底部产生较大压应力达 -0.26kN/mm，在 4 号小竖井关键点在 YY 方向上产生的轴力也均以压应力为主，4 号小竖井初期支护结构底部产生较大拉应力达 0.67kN/mm，4 号小竖井初期支护结构顶部产生较大压应力达 -0.25kN/mm，分析因为 4 号小竖井与基坑底板连接处结构连接形式复杂易出现应力集中现象，建议设计施工过程中针对此区域进行重点加固处理，防止出现不安全行为破坏。

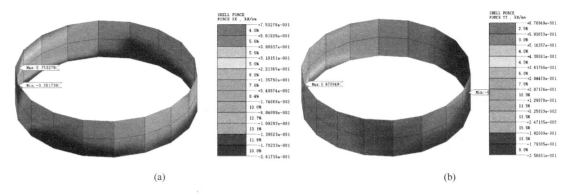

图 5-16　4 号小竖井初期支护轴力云图
(a) XX 方向轴力云图；(b) YY 方向轴力云图

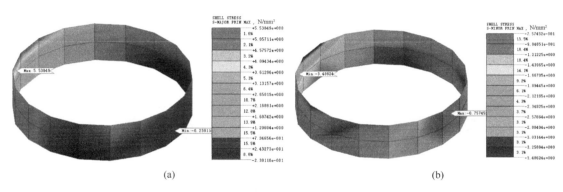

图 5-17　4 号小竖井初期支护应力云图
(a) 最大主应力云图；(b) 最小主应力云图

由图 5-17 可知，4 号小竖井关键点初期支护主应力分布并不均匀，最大主应力以拉应力为主，最大主应力最大值出现在初期支护结构顶部左侧位置达 5.54N/mm²，此处施工过程中易出现拉应力破坏，最大主应力最小值在初期支护结构顶部位置处出现达 -3.49N/mm²；初期支护结构最小主应力均为压应力，最小主应力最大值在初期支护结构顶部位置处出现达 -0.76N/mm²，最小主应力最小值出现在初期支护结构底部位置达 -0.24N/mm²。

综上所述，4 号小竖井与基坑底板交叉处，易产生拉应力导致不安全现象。在具体设计施工中应重点针对此区域采取合适的加固支护手段，以保证交叉处施工安全。建议接口位置设置后浇带，控制水位恢复到一定位置后再浇筑后浇带。

5.1.3　站台层隧道群与明挖站厅影响分析

基坑与隧道群之间的相互影响，不仅与基坑开挖的面积与深度、基坑与隧道的相对位置、隧道周边土体扰动有关，还与基坑与隧道施工顺序因素有关。本节利用三维有限元软件建立模型来对基坑和隧道群的开挖顺序进行分析研究。表 5-1 给出了对应的不同的计算模拟工况。

第5章 偏压、超深基坑设计与施工关键技术

不同计算模拟工况　　　　　　　　　　　　　　　表 5-1

施工工况	施工步骤
施工顺序一	明挖站厅开挖，底板施工完成后，同时施工明挖站厅结构与隧道群
施工顺序二	先开挖明挖站厅，再施做明挖站厅结构，最后完成隧道群施工

通过对比不同施工顺序下，站台层隧道群施工完成前后站厅结构的力学指标变化，来研究站台层隧道群施工与站厅结构的相互影响关系。

（1）基坑结构位移分析

主要针对基坑结构中的顶板、中板及底板进行分析，不同施工顺序完成后站厅结构位移云图如图 5-18 所示。

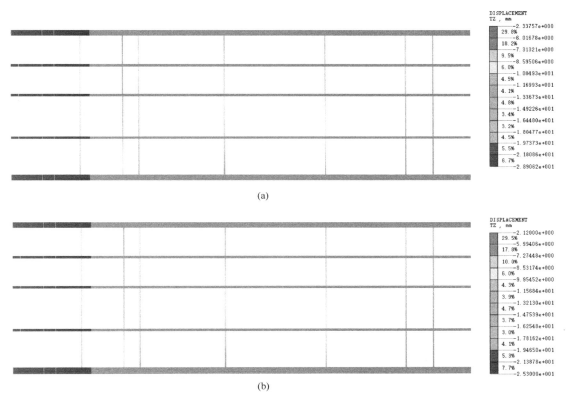

图 5-18　施工完成后基坑结构位移云图
(a) 施工顺序一 Z 方向位移；(b) 施工顺序二 Z 方向位移

由图 5-18 可知，通过对比两种顺序对站厅结构竖向位移的影响，可以分析得出，顺序一施工较顺序二施工使站厅结构在 Z 方向的位移均有不同程度的增加，站厅结构整体竖向位移均为负值，底板处沉降值较小，中板处沉降值较大，顺序一施工最大沉降值为 2.89mm，顺序二施工最大沉降值为 2.53mm，原因是站台隧道、斜扶梯隧道和竖井的开挖增加了土体的扰动次数。两种施工顺序均在允许值内，施工顺序一即明挖站厅结构与隧道群同时施工，缩短了工期，提高了施工效率，故综合考虑采用顺序一施工较顺序二施工更合适。

(2) 基坑底板应力分析

通过对比上述两种不同施工顺序下站厅结构底板的应力变化,来反映站台层隧道群施工与站厅结构的相互影响关系。不同施工顺序完成后站厅结构最大主应力云图如图 5-19 所示。

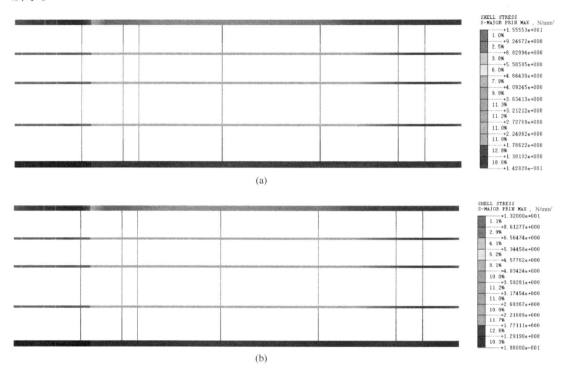

图 5-19 施工完成后基坑结构最大主应力云图
(a) 施工顺序一 最大主应力;(b) 施工顺序二 最大主应力

由图 5-19 可知,通过对比两种顺序对站厅结构最大主应力的影响,可以分析得出,顺序一施工较顺序二施工使站厅结构最大主应力均有不同程度的增加,原因是站台隧道、斜扶梯隧道和竖井的开挖增加了土体的扰动次数。顶板、中板、底板处最大主应力均为正值,说明站厅结构主要承受拉应力,应在施工时对顶板、中板、底板处采取合理的支护手段防止出现张拉破坏,两种施工顺序最大主应力均在允许值内,施工顺序一即明挖站厅结构与隧道群同时施工,缩短了工期,提高了施工效率,故施工顺序一较施工顺序二更合适。

由图 5-20 可知,通过对比两种顺序对站厅结构最小主应力的影响,可以分析得出,施工顺序一较施工顺序二使站厅结构最小主应力均有不同程度的增加,原因是站台隧道、斜扶梯隧道和竖井的开挖增加了土体的扰动次数。顶板、中板、底板处最小主应力均为负值,在施工时对顶板、中板、底板处采取合理的支护手段防止出现压应力集中现象。两种施工顺序最小主应力均在允许值内,施工顺序一即明挖站厅结构与隧道群同时施工,缩短了工期,提高了施工效率,故施工顺序一较施工顺序二更合适。

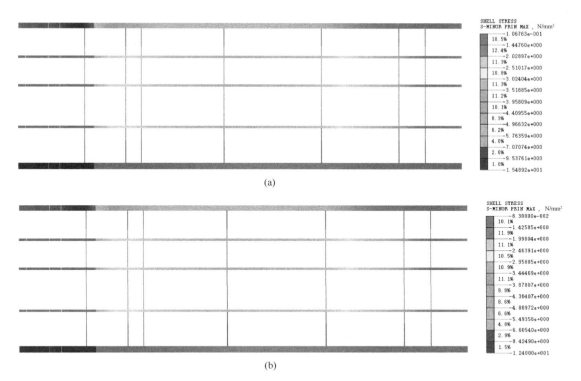

图 5-20 施工完成后基坑结构最小主应力云图
(a) 施工顺序一 最小主应力；(b) 施工顺序二 最小主应力

5.1.4 明暗挖结合车站坑中坑支护设计施工建议

（1）车站坑中坑所处土层土质较差，设计时可在坑中坑内加设钢管或者型钢支撑。这样能够大大增加支护排桩的整体强度和刚度，从而有效地控制桩体的变形。可以利用在外坑基础底板内设置的暗梁作为排桩的压顶梁，这时就可以把外坑基础底板作为内坑支护排桩的水平支撑，无需在内坑中设置内支撑体系，节省造价并且加快施工效率。

（2）坑中坑支护形式采取钻孔灌注桩支护，具有施工工艺简单、施工场地需求小、成本较低、平面布置比较灵活以及可以和主体工程桩同时施工等优点。钻孔灌注排桩一般需要在排桩顶部设置钢筋混凝土顶圈梁使排桩形成一个整体的受力体系，加强排桩整体性，能够有效地减小排桩桩顶位移。

（3）支护结构刚度越大，支护结构的水平位移越小，基坑支护设计时单纯采用增大支护结构刚度的措施，比如提高混凝土强度等级、加大墙体厚度等，但只能在小范围内改善支护结构水平位移，当增大到一定程度时其作用就不再明显。

（4）根据模拟结果，基坑底板与 1 号坑中坑交界处由于角度较小，容易产生应力集中，且在该位置衬砌结构受到较大的拉力，上下部结构受力的不同会产生较大的剪力，对于隧道整体的安全不利，根据计算结果，建议在该位置采取一定的工程措施，如超前大管棚、超前注浆小导管、注浆等辅助措施，来保证整体结构的安全。

（5）2号坑中坑与基坑底板交叉处容易产生较大的位移，原因是2号坑中坑与基坑底板的施工增加了交叉口处围岩的扰动次数，且在该位置产生了较为明显的应力集中现象，所以在开挖过程中应该特别注意上述危险位置的围岩变形，建议在该危险位置设置抗拉钢筋。

（6）地基基床系数的取值对于隧道变形和受力非常重要，地基土质条件对隧道纵向变形的影响很大。因而，在隧道选线时，应尽量选在地基土质条件好（地基基床系数大）的地段，以确保隧道结构安全；在隧道设计过程中，应尽可能运用试验手段获取准确的地基基床系数值。此外，还可以通过对隧道与基坑间的土体采取一定的措施，改变土体的黏聚力和内摩擦角，增大弹性模量，从而增大地基基床系数，以减小隧道变形。

5.2 偏压基坑三维数值模拟

以南宁地铁3号线青秀山站的明挖站厅为研究对象，该基坑为五边形，南侧长度为41.8m，北侧平行短边长度为21.2m，东侧长度为82.4m，西侧平行短边长度为68.0m，最大开挖深度为24.35m。由于基坑南侧进行放坡开挖，邻近青秀山管理站，管理站与基坑边长不平行，为不对称基坑，因此选取整个基坑的全截面尺寸作为计算模型。站厅基坑平面图如图5-21所示。

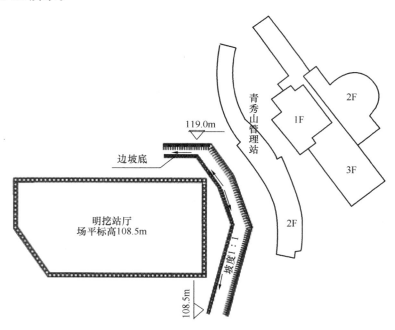

图 5-21　明挖站厅基坑平面图

从图5-21中可以看出基坑南侧进行了放坡开挖，边坡的上部为青秀山管理站，由于压差和重载，将对基坑南侧，尤其是东南角位置产生较大偏压。

明挖站厅基坑设计开挖长度为82.4m，基坑开挖宽度41.8m，标准段基坑底部埋深约

24.35m。支撑体系的选择：基坑南侧和东侧的围护结构体系采用两种钻孔灌注桩，分别为 $\Phi1500@1700mm$ 和 $\Phi1200@1500mm$，钻孔灌注桩桩长均为35m，基坑的北侧和西侧围护结构采用 $\Phi1200@1500mm$ 的钻孔灌注桩，桩长分别为40m和35m，在竖直方向采用了4道支撑体系，均为钢筋混凝土支撑。

基坑开挖的影响范围在3倍的开挖深度以内，所以开挖尺寸选择在3～5倍的开挖深度比较合理。因此，结合工程实际情况，选取282.4m×241.8m×105m区域建立三维计算模型，共产生798743个单元。计算模型如图5-22所示。

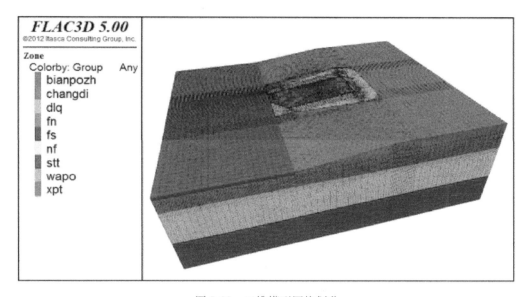

图5-22 三维模型网格划分

将该基坑的三维计算模型外边界的四个垂直面（$x=-182.4m$、$x=100m$、$y=-141.8m$、$y=100m$）的法向位移进行约束，平面内不约束；再将计算模型底部的水平边界（$z=-105m$）进行固定约束；模型顶部为自由边界。基坑东南角位置上，即边坡上大约2m的位置有青秀山管理站等建筑，分别是二层、一层、三层、二层。按照《建筑结构荷载规范》GB 50009—2012确定，周边建筑物引起的地面超载每层按 $12kN/m^2$ 考虑，则管理站的均布荷载分别为 $q_1=24kPa$、$q_2=12kPa$、$q_3=36kPa$、$q_4=24kPa$。

运用空模型，即通过 Model Null 命令模拟基坑开挖部分，此时被挖部分的应力及重力自动清零；由于围护桩及内支撑均为钢筋混凝土材料，其刚度较大，可以近似看成是应力应变呈线性变化、匀质的、各向同性的、连续的介质，采用弹性模型进行模拟；采用莫尔—库仑模型模拟半成岩土体，基本满足其弹塑性性质。

因围护桩及挡土墙与其周围土体的刚度差别很大，使得其在基坑进行开挖施工的过程中发生变形不协调现象。为了模拟结果能准确地反映围护桩及挡土墙与土体的相互作用，在桩、土间使用接触面单元模拟其接触面，在本基坑中由于进行放坡开挖建立了挡土墙，所以在围护桩和挡土墙与土之间都建立了接触面，如图5-23所示。

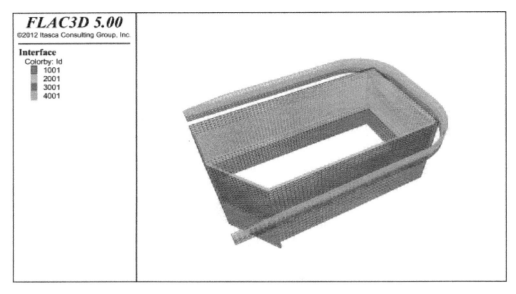

图 5-23　桩、土接触面

5.2.1　偏压基坑模拟结果分析

（1）桩后土体水平变形分析

基坑水平方向位移云图如图 5-24 所示。

通过对图 5-24 分析可知，在工况三和工况四中，基坑最大水平位移发生在基坑下部，且朝向基坑内部方向，而基坑底部两侧向着基坑外的方向移动；工况五至工况七水平位移的最大值发生在围护桩后土体，基坑底部及下部水平位移趋于零；基坑南北两侧土体随着开挖深度增大，呈现"中间大，两头小"的状态；基坑偏压侧（基坑南侧）与非偏压侧（基坑北侧）围护桩后的土体均向基坑内部运动，并随着开挖深度增大，最大水平位移增加，发生位置向基坑底部移动，且偏压侧最大位移值大于非偏压侧。

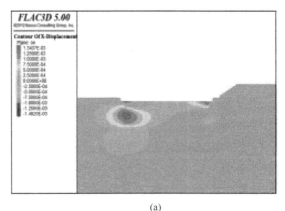

(a)

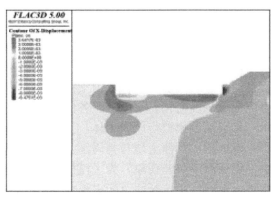

(b)

图 5-24　基坑水平方向位移云图（一）
(a) 工况三；(b) 工况四

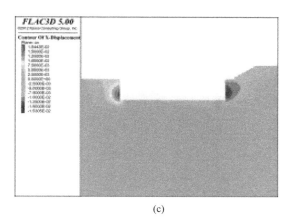
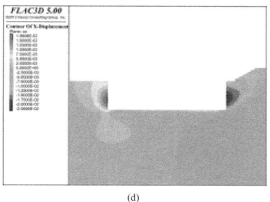
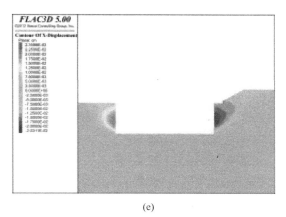

图 5-24　基坑水平方向位移云图（二）
(c) 工况五；(d) 工况六；(e) 工况七

(2) 围护桩体水平位移分析

由于围护桩的位移大小决定着整个基坑支护结构的稳定性，因此，当监测到围护桩变形超过允许值时，应马上采取紧急应对措施，确保基坑支护结构的稳定性。将围护桩 J7 和 J15 所在断面的桩体水平位移云图输出，如图 5-25 所示。

为更明确对比出基坑偏压测和非偏压侧围护桩桩体在各工况下水平位移，将围护桩 J7 和 J15 对应的桩体变形数据输出分析结果可知：

从整体上看，随着工况的不断进行，围护桩体的变形逐渐增大，变形速率也不断增大，在竖向呈现"勺形"变形趋势，即围护桩位移在基坑底部以上呈现先增大、后减小的趋势，在底部以下的围护桩体位移趋于零，且基坑最大变形位置随开挖深度增加向下移动，处于基坑开挖面偏上位置，与对称基坑围护桩体水平位移的规律相似。

对比图 5-26 和图 5-27 可以明显看出，基坑偏压侧和非偏压侧的围护结构的变形趋势相同，但顶端位移，最大位移量及其发生位置不同。在各工况下偏压侧顶端位移均大于非偏压侧，开挖至底部时，偏压侧桩顶向坑内的位移数值为 10.44mm，非偏压侧桩顶向坑内的位移数值为 6.26mm；由于偏压的存在，使得偏压侧桩体的整体水平位移大于非偏压侧，且最大水平位移位置偏下接近基坑底部，偏压侧围护桩最大水平位移为 22.81mm，约位于基坑

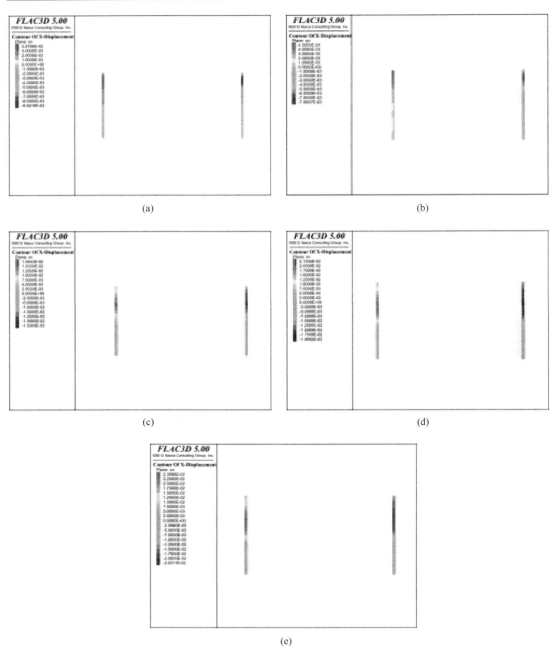

图 5-25 围护桩水平位移云图
(a) 工况三；(b) 工况四；(c) 工况五；(d) 工况六；(e) 工况七

的 3/4 处，而非偏压侧围护桩最大水平位移为 18.01mm，约位于基坑的 2/3 处。不同工况下围护桩的水平位移虽然有明显不同，但均控制在规范要求的范围内，即均小于 30mm。

(3) 深基坑竖向变形分析

从基坑整体上分析土体的竖向位移，各工况下的基坑开挖整体竖向位移云图如图 5-28 所示。

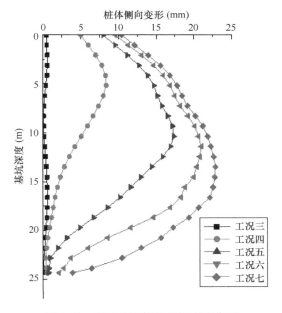

图 5-26　基坑偏压侧围护桩水平位移

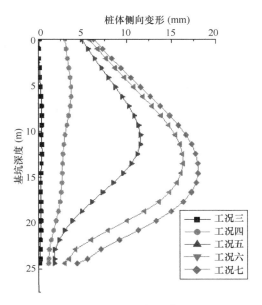

图 5-27　基坑非偏压侧桩体水平位移

随着基坑开挖导致周围土体应力得到释放，改变了基坑整体的位移场，随着内撑及时设置及开挖至底，周围土体逐渐达到新的动态平衡。由于基坑开挖卸除了围护桩内部原有的土压力，使得围护桩体外侧受到主动土压力，坑底发生局部隆起现象，又因基坑施工时先开挖、后支撑，致使开挖过程前期出现一定的变形。从图 5-28 五个工况下的基坑开挖整体竖向位移云图可知：随着基坑内部土体被挖走，基坑底部土体发生隆起，产生向上的竖向位移，且最大隆起量发生位置从邻近偏压侧围护桩体向基坑中间移动，进行第五层土体开挖后，基坑内部土体最大隆起值为 28.58mm，位于距偏压侧基坑边缘 35.1m 的位置上，趋近于中心但又偏于基坑偏压一侧。同时，基坑外部周围土体发生沉降，即产生向下的竖向位移，由于挡土墙距离基坑南侧边缘有一定的距离，使得邻近偏压侧围护桩的土体有轻微隆起，非偏压侧临近围护桩体位置也有轻微隆起。

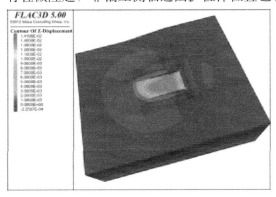

(a)

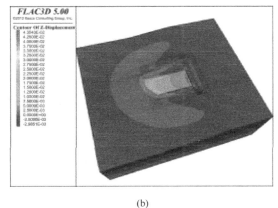

(b)

图 5-28　基坑开挖整体竖向位移云图（一）
(a) 工况三；(b) 工况四

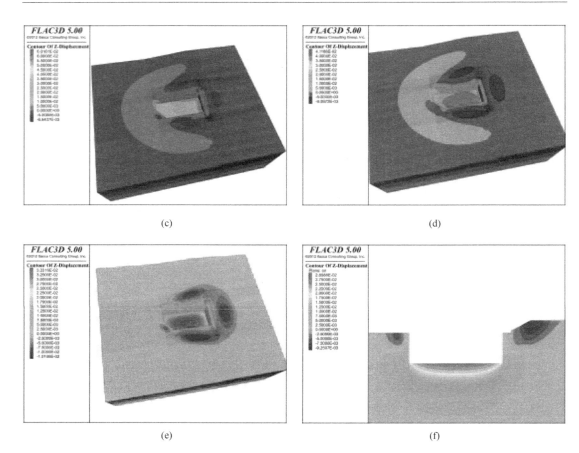

图 5-28 基坑开挖整体竖向位移云图（二）
（c）工况五；（d）工况六；（e）工况七；（f）工况七剖面图

将五个工况下沉降监测点对应断面偏压侧和非偏压侧的模拟数据输出，得出地表沉降曲线如图 5-29、图 5-30 所示。

从图 5-29 和图 5-30 数值模拟数据分析可知：

1）从整体上看，基坑两侧的沉降值随基坑开挖深度的不断增大而增大，每一工况下的开挖完成后，距离基坑较近的沉降值趋于稳定，大致呈现出先增后减的趋势，且开挖深度增大，沉降增大的速率也越大，距离基坑越远的地方受到的影响逐渐减小，沉降趋于零，大致呈"凹"字形沉降曲线。

2）从图 5-29、图 5-30 中可以看出，偏压侧最大沉降值为 8.41mm，发生在距基坑边缘 20.14m 的位置上，随着基坑开挖最大沉降位置有远离基坑方向的趋势，但移动较少；非偏压侧基坑最大沉降值为 6.23mm，位于距离基坑 8.21m 的位置上，在距离坑边 0m 的位置上出现隆起，工况三的隆起量最大，达到 1.87mm，工况四至工况七地层隆起量减少，出现沉降。

3）对比偏压侧和非偏压侧的沉降数据可以看出，各开挖步骤下偏压侧的沉降量大于非偏压侧沉降量。在工况三至工况五中，基坑偏压侧坑外土体由于偏压的影响，邻近基坑 0～6m 附近有轻微隆起，6～45m 范围内发生沉降，且随着基坑开挖深度的增大，最大沉降值不断增大。基坑非偏压侧的坑外土体在工况三中 0~10m 范围内出现隆起,随着开挖深度增大,隆起量减小。工况四至工况七中,在 0~20m 范围内,随着基坑开挖深度增加,最大沉降值不断增加,但均小于偏压侧沉降值。

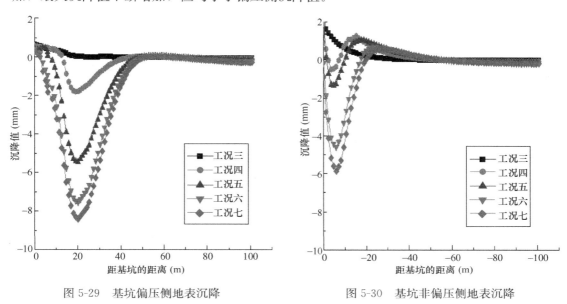

图 5-29　基坑偏压侧地表沉降　　　　　图 5-30　基坑非偏压侧地表沉降

4) 偏压深基坑内撑轴力分析。为研究该偏压基坑围护结构的稳定情况,其内撑轴力的设计值和报警值的设置情况见表 5-2。

支撑轴力设计值和报警值　　　　表 5-2

支撑序号	支撑名称	轴力设计值（kN）	构件设置承载力值（kN）	构件报警值（kN）
第一道支撑	混凝土支撑 800×800	620	5440	3880
	混凝土支撑 800×900	1130	7130	4990
	混凝土支撑 600×800	450	4820	3370
	混凝土支撑 700×800	550	5400	3780
第二道支撑	混凝土支撑 800×900	2185	7500	5250
	混凝土支撑 800×1000	6750	8750	6120
	混凝土支撑 600×900	1610	5830	4080
	混凝土支撑 700×900	1670	6570	4600
第三、四道支撑	混凝土支撑 1000×1200	12070	14360	10050
	混凝土支撑 800×1200	9540	10870	7610
	混凝土支撑 600×1200	6270	8800	6160
	混凝土支撑 700×1200	5564	9500	6650

偏压基坑开挖过程中的偏压侧和非偏压侧内撑轴力的变化情况,将偏压基坑两侧的轴力值随基坑开挖深度的变化情况如表 5-3、表 5-4 所示。

各工况偏压侧支撑轴力（单位：kN） 表 5-3

支撑序号	工况三	工况四	工况五	工况六	工况七
第一道混凝土支撑	1020.27	2556.40	2996.58	3147.01	3250.57
第二道混凝土支撑	—	1938.77	4326.60	4889.41	5102.76
第三道混凝土支撑	—	—	5047.47	7820.23	8548.07
第四道混凝土支撑	—	—	—	3353.35	5243.33

各工况非偏压侧支撑轴力（单位：kN） 表 5-4

支撑序号	工况三	工况四	工况五	工况六	工况七
第一道混凝土支撑	468.39	1634.42	1964.06	2408.05	2126.95
第二道混凝土支撑	—	1401.12	3374.71	4236.88	4404.74
第三道混凝土支撑	—	—	4586.40	7238.24	7890.11
第四道混凝土支撑	—	—	—	3107.35	4870.71

1）基坑在偏压作用下进行开挖时，基坑偏压侧的内撑轴力明显大于基坑非偏压侧的内撑轴力，均在报警值范围内；内撑设置完毕并起到支撑作用后，随着基坑开挖深度的增大，内撑轴力也在逐渐增大，当基坑开挖至底部后，内撑轴力达到最大。

2）工况四完成后，第一道混凝土支撑的轴力增加较多，偏压侧内撑轴力从 1020.27kN 增加到 2256.40kN，非偏压侧内撑轴力从 468.39kN 增加到 1634.42kN，增加得较为迅速，分别增大了 121% 和 249%，这是由于该工况中基坑开挖深度较深，是第一步开挖的两倍多，不考虑边坡顶部距基坑顶部 10.5m 高差的情况下，此时基坑开挖深度达到 8m。

3）偏压侧和非偏压侧最大内撑轴力分别为 8578.07kN、7890.11kN，均为第三道支撑，这是由于基坑偏压侧与非偏压侧围护桩体的最大变形在中下部，距离第三道支撑最近，第三道支撑很好地起到限制围护桩体变形的作用，围护桩体变形又影响坑外地表沉降，所以内撑轴力与围护桩体的变形、坑外地表沉降相互影响。

5.2.2 偏压站厅基坑开挖参数敏感性分析及变形规律对比

从明挖站厅基坑的工程概况可以看出，造成站厅基坑偏压的原因有两个：一个是南北高差，使得基坑南侧一定距离内存在高差为 10.5m 的边坡；另一个是基坑南侧的青秀山管理站。从这两方面出发，分析其对偏压基坑开挖变形的影响。

（1）边坡与基坑边缘的距离对偏压基坑变形影响分析

边坡位于距基坑边缘大约 5m 的位置，现改变边坡位置分析其对偏压基坑变形的影响。

一是将边坡移至基坑边缘，围护桩向上延长 2m 也作挡土墙，即对边坡距基坑边缘 0m 处进行数值模拟；二是将边坡移至距基坑大约 10m 的位置进行数值模拟，并将模拟结果与原有的模拟结果进行对比分析。

1）不同边坡位置对围护桩变形的影响分析

图 5-31 是不同边坡位置时围护桩体水平位移变化曲线图。

由图 5-31 可知，当边坡距离基坑边缘 0m 时，基坑偏压侧和非偏压侧都呈现远离偏

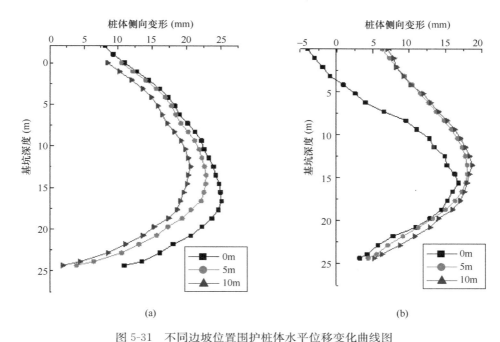

图 5-31 不同边坡位置围护桩体水平位移变化曲线图
(a) 不同边坡位置偏压侧围护桩体位移曲线；(b) 不同边坡位置非偏压侧围护桩体位移曲线

压侧的移动趋势，且偏压侧围护桩体最大水平位移较边坡距基坑边缘为5m时大，最大偏移量为25.1mm，非偏压侧围护桩体最大水平位移较边坡距基坑边缘为5m时小，偏移量为16.7mm。当边坡距离基坑边缘10m时，边坡形成的偏压对基坑变形的影响减小，偏压侧围护桩体的最大位移较边坡距基坑边缘为5m时小，为20.5mm，非偏压侧围护桩体的最大位移较边坡距基坑边缘为5m时大，为18.8mm。由此表明，当边坡距离基坑边缘的距离减小时，偏压侧围护桩的位移增大，而非偏压侧围护桩的位移减小，当边坡与基坑边缘的距离减小到一定值后，基坑整体会产生远离偏压侧的位移；当边坡距离基坑边缘的距离增大时，偏压的影响越来越小，基坑两侧桩体变形位移的差值减小。

2) 不同边坡位置对坑外地表沉降的影响分析

图5-32是改变边坡距基坑边缘距离时坑外地表沉降的变化曲线。

由图5-32可知，当边坡距离基坑边缘0m时，偏压侧坑外地表沉降增大，非偏压侧坑外地表沉降减小，两侧最大沉降差值增大，但两侧沉降最大值发生位置向基坑方向移动；当边坡距离基坑边缘10m时，偏压侧坑外地表沉降减小，而非偏压侧坑外地表沉降增大，两侧最大沉降量差距减小。由此可得，随着边坡距离基坑边缘的距离越小，偏压侧坑外地表最大沉降值增大，而非偏压侧坑外地表最大沉降值减小，两侧沉降最大值发生位置向靠近基坑的方向移动。

(2) 管理站对偏压基坑变形影响分析

模拟时将建筑等效为面力进行模拟，为研究管理站对基坑变形产生的偏压影响，将管理站的面力取0倍、2倍进行模拟分析。

1) 管理站对围护桩变形的影响分析

图5-33是改变管理站等效面力后围护桩体的变化曲线。由图5-33可知，当管理站面

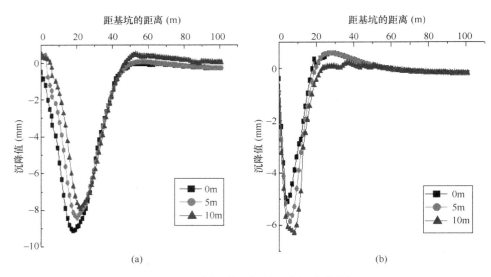

图 5-32 不同边坡下坑外地表沉降曲线图
(a) 不同边坡偏压侧坑外地表沉降曲线；(b) 不同边坡非偏压侧坑外地表沉降曲线

力取 0 倍时，偏压侧围护桩体最大水平位移较管理站面力为 1 倍时减小，最大偏移量为 21.43mm，非偏压侧围护桩体最大水平位移较管理站面力为 1 倍时有增大，偏移量为 18.31mm。当管理站面力为 2 倍为 10m 时，管理站形成的偏压对基坑变形的影响增大，偏压侧围护桩体的最大位移量较管理站面力为 1 倍时增大，为 23.42mm，非偏压侧围护桩体的最大位移量较管理站面力为 1 倍时减小，为 16.81mm。由此可以看出，当管理站等效面力增加时，偏压侧围护桩体水平位移增大，而非偏压侧围护桩体水平位移减小。

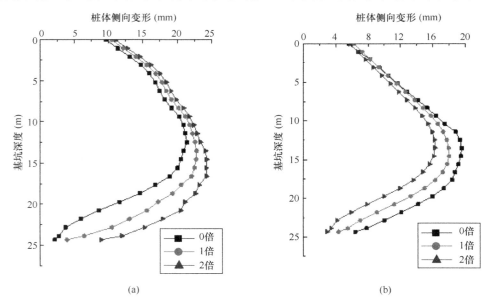

图 5-33 不同管理站等效面力下围护桩体水平位移曲线图
(a) 不同面力下偏压侧围护桩体位移曲线；(b) 不同面力下非偏压侧围护桩体位移曲线

2）管理站对坑外地表沉降的影响分析

图 5-34 是不同管理站等效面力下坑外地表沉降的变化曲线。

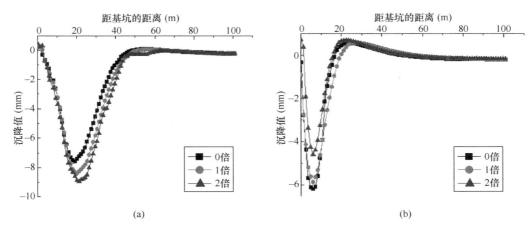

图 5-34　不同管理站等效面力下坑外地表沉降的变化曲线图
(a) 不同面力下偏压侧坑外地表沉降曲线；(b) 不同面力下非偏压侧坑外地表沉降曲线

由图 5-34 可知，当管理站面力为 0 倍时，偏压侧坑外地表沉降减小，非偏压侧略有增大，两侧沉降差值减小；当管理站面力为 2 倍时，偏压侧坑外地表沉降增大，非偏压侧坑外地表沉降减小，两侧沉降差值增大。由此可得，管理站面力的增大，偏压侧坑外地表沉降增大，而非偏压侧沉降减小，两侧沉降差值增大，偏压对基坑的影响增大。

(3) 支护结构设计因素影响分析

1）围护桩桩径对偏压基坑变形影响分析

该站厅基坑监测点 J7 和 J15 监测的钻孔灌注桩为 $\Phi1200@1500$mm，则原设计偏压侧与非偏压侧的桩径均为 1.2m。为研究不同直径的围护桩体对基坑变形的影响，在相同背景下，假设偏压侧与非偏压侧桩径相同，分别对桩径为 1.0m、1.1m、1.3m、1.4m，间距均为 1.5m，直径为 1.5m，间距为 1.7m 的基坑开挖进行模拟计算。比较工况七下，围护桩体水平位移值和地表沉降值的变化情况。

图 5-35 为不同桩径时基坑偏压侧与非偏压侧围护桩体水平位移曲线。

由图 5-35 可以知，桩径为 1.0m、1.1m、1.3m、1.4m、1.5m 时对应的偏压侧围护桩体最大水平位移值分别是 26.81mm、24.02mm、22.12mm、21.64mm、20.32mm；对应的非偏压侧围护桩体最大水平位移值分别是 20.66mm、19.22mm、18.00mm、17.01mm、16.51mm，所有的最大水平位移均在控制标准 30mm 内，通过数据可以看出，偏压侧与非偏压侧围护桩体水平位移的变化规律大致相同，桩径越大其刚度随之增大，而桩体最大水平位移越小，即桩径与桩体水平位移呈反比关系，则可通过增加桩径的方法来减小桩体的水平位移。随着桩径增大，桩顶及基坑底部桩体的位移减小，但相对桩体的位移变化较小。桩径增大，桩体水平位移减小的速率减小，即围护桩体水平位移减小的趋势变缓，因此可以通过桩径来控制桩体的水平位移，又因桩径的增加，使得施工难度及工程造价均增加，则在实际工程运用时需进行反复计算分析。

2）桩径对坑外地表沉降的影响分析

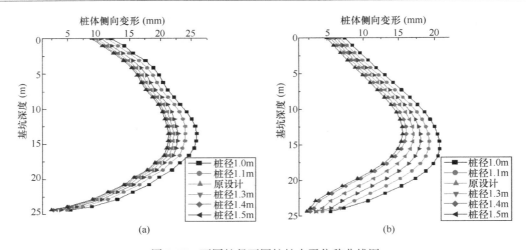

图 5-35 不同桩径下围护桩水平位移曲线图
(a) 不同桩径下偏压侧围护桩体位移曲线；(b) 不同桩径下非偏压侧围护桩体位移曲线

图 5-36 为不同桩径下坑外地表沉降与地表距围护桩体的垂直距离的曲线图。

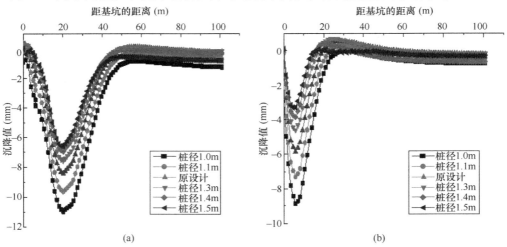

图 5-36 不同桩径下坑外地表沉降曲线图
(a) 不同桩径下偏压侧坑外地表沉降曲线；(b) 不同桩径下非偏压侧坑外地表沉降曲线

分析图 5-36，坑外地表沉降值随着桩径的减小而越大，桩径为 1.0m、1.1m、1.3m、1.4m、1.5m 时，对应的偏压侧地表沉降最大值依次为 10.98mm、9.64mm、7.57mm、6.93mm、6.59mm；对应的非偏压侧地表沉降最大值依次为 8.87mm、7.32mm、5.61mm、4.85mm、3.90mm，所有的地表沉降都在控制标准 30mm 内。偏压侧和非偏压侧坑外地表沉降在不同桩径下的变形大致相同，即桩径越小，在距基坑相同距离的位置受到的影响程度越大。

3) 内撑间距对偏压基坑变形影响分析

为实现内撑的最优化布置，不仅要将基坑变形控制在要求的范围内，并且要满足地下结构特点、经济等方面的要求。在该偏压基坑的原设计中，基坑开挖至底共设置了四道混凝土支撑，现在原有工程背景的基础上，改变混凝土支撑的水平间距，再对基坑开挖过程进行模拟。间距的改变可按两个方案进行：方案一，分别将第二、三、四道支撑的水平间距由9m增加到12m；方案二，将全部支撑间距改变为4.5m和12m。

分析两种方案下基坑围护桩体及坑外地表沉降与原设计的变化。

① 方案一支撑间距对围护桩水平位移的影响分析。

将该偏压基坑的第二、三、四道支撑间距分别改变进行模拟计算，得出其围护桩体水平位移的变化曲线如图5-37所示。

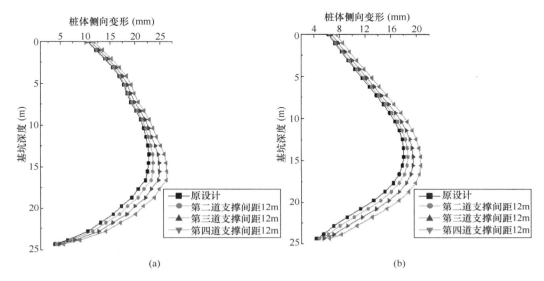

图5-37 增大第二、三、四道支撑间距围护桩体变形曲线图
(a) 增大后三道支撑间距偏压侧围护桩变形曲线；
(b) 增大后三道支撑间距非偏压侧围护桩变形曲线

由图5-37可知，当偏压基坑的第二、三、四道支撑的间距分别增大时，其围护桩体的水平位移均增大。当后三道支撑的间距分别从9m增大到12m时，其对应的偏压侧桩体最大水平位移分别为23.66mm、24.86mm、26.38mm，非偏压侧桩体最大水平位移分别为18.65mm、19.48mm、20.66mm，偏压侧与非偏压侧围护桩变形曲线间的差距逐渐增加，表明偏压侧与非偏压在第四道支撑间距增大时对围护桩变形影响最为明显。

② 方案一支撑间距对坑外地表沉降的影响。

图5-38是分别改变第二、三、四道支撑间距时坑外地表沉降的变形曲线。

由图5-38可知，当该偏压基坑的混凝土支撑间距发生改变时，其坑外地表沉降也随之发生变化。当后三道混凝土支撑的间距分别从9m增大到12m时，对应的偏压侧地表沉降最大值分别为8.84mm、9.60mm、10.82mm，非偏压侧地表沉降最大值分别为6.31mm、7.12mm、8.50mm。从上述沉降值的变化中可以看出，增大最后一道支撑间距时，沉降变化最大，并与图5-37桩体水平位移变化曲线相对应，表明桩体位移与地表沉降相互影响。

③ 方案二支撑间距对围护桩水平位移的影响

当该偏压基坑的所有支撑间距都发生变化时，其围护桩的水平位移变化曲线如图5-39所示。

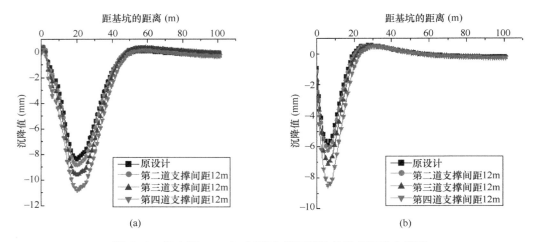

图 5-38 增大第二、三、四道支撑间距坑外地表沉降曲线图
(a) 增大后三道支撑间距偏压侧坑外地表沉降曲线；
(b) 增大三道支撑间距非偏压侧坑外地表沉降曲线

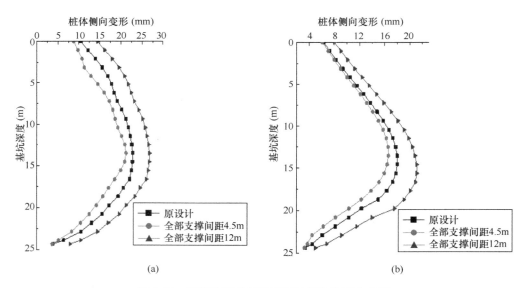

图 5-39 整体改变支撑间距围护桩体变形曲线图
(a) 整体支撑偏压侧围护桩变形曲线；(b) 整体支撑非偏压侧围护桩变形曲线

由图 5-39 可知，当全部钢支撑间距为 4.5m、12m 时，对应的偏压侧桩体最大水平位移为 20.23mm、26.81mm，非偏压侧桩体最大水平位移为 16.61mm、21.16mm，均小于控制标准 30mm。支撑间距减小偏压侧与非偏压侧围护桩体的最大水平位移小于原设计桩体的最大水平位移，支撑间距增大其围护桩体最大水平位移大于原设计桩体最大水平位移，但支撑间距为 4.5m 的位移变形与原设计的差值小于支撑间距为 12m 的位移变形与原设计的差值，表明随着混凝土支撑间距增大其刚度减小，围护桩变形增大，且原设计支撑间距较为经济合理。每道支撑对该偏压基坑围护桩变形的控制程度不同，且产生主要作用

的位置也不同,则可根据每道支撑其产生的作用来改善支护结构的设计方案,在基坑变形得到控制的基础上实现经济最优化。

④ 方案二支撑间距对坑外地表沉降的影响

图 5-40 是整体改变支撑间距时坑外地表沉降的变形曲线图。

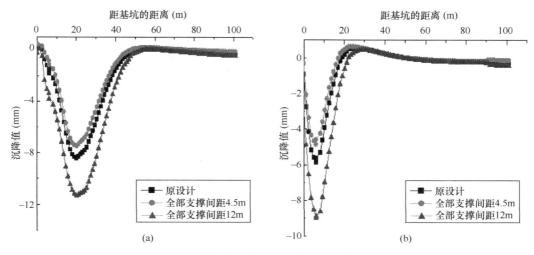

图 5-40 整体改变支撑间坑外地表沉降曲线图
(a) 整体支撑偏压侧坑外地表沉降;(b) 整体支撑非偏压侧坑外地表沉降

由图 5-40 可知,当全部混凝土支撑水平间距变为 4.5m、12m 时,对应的偏压侧地表沉降最大值为 7.47mm、11.24mm,非偏压侧地表沉降最大值为 4.86mm、9.01mm,偏压侧与非偏压侧支撑间距减小,其坑外地表最大沉降值小于原设计坑外地表沉降值,支撑间距增大坑外地表沉降最大值大于原设计坑外地表沉降值,但支撑间距为 4.5m 的坑外地表沉降值与原设计的差值小于支撑间距为 12m 的坑外地表沉降值与原设计的差值。当该偏压基坑的支撑间距发生改变时,偏压侧距基坑 50m 的范围内地表沉降变化较大,大于 50m 时沉降变化较小;非偏压侧距基坑 20m 的范围内地表沉降变化较大,大于 20m 时沉降变化较小。

5.2.3 偏压基坑开挖对周边建筑物影响分析

以南宁地铁 3 号线青秀山站的明挖站厅为研究对象,该基坑为五边形,南侧长度为 41.8m,北侧平行短边长度为 21.2m,东侧长度为 82.4m,西侧平行短边长度为 68.0m,最大开挖深度为 24.35m。由于基坑南侧进行放坡开挖,邻近青秀山管理站,管理站与基坑边长不平行,为不对称基坑,因此选取整个基坑的全截面尺寸作为计算模型。结合工程实际情况,选取 282.4m×241.8m×105m 区域建立三维计算模型,共产生 530254 个单元。计算模型如图 5-41 所示。

将该基坑的三维计算模型外边界的四个垂直面的法向位移进行约束,将基坑开挖的基坑立柱桩沿 Z 方向进行约束;再将计算模型底部的水平边界进行固定约束;模型顶部为自由边界。

本模型利用弹性模型对建筑物进行模拟,利用 2D 板单元对建筑物阀板进行模拟,利

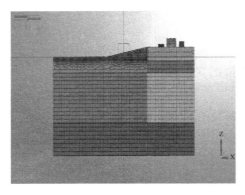

图 5-41　三维模型网格划分

用 2D 板单元地连墙的形式模拟青秀山停车场和英华路—青山路立交支护结构形式，其主要参数如表 5-5 所示。

建筑及维护参数　　　　　　　　　　　　　　表 5-5

名称	类型	弹性模量（GPa）	泊松比
建筑物	3D	31.5	0.2
建筑物阀板	2D	31.5	0.25
立交地连墙	2D	60	0.2
停车场地连墙	2D	60	0.2

模拟基坑开挖、支护前，先进行初始地应力平衡，并通过钝化基坑土体模拟基坑开挖，计算基坑开挖对周围既有建筑物的影响规律，具体计算步骤如表 5-6 所示。

数值模拟主要计算步骤　　　　　　　　　　　表 5-6

工况	开挖深度	完成混凝土支撑情况
工况一	平整场地	—
工况二	0	—
工况三	2.5 m	第一道支撑
工况四	5.5 m	第一、二道支撑
工况五	7.0m	第一、二、三道支撑
工况六	6.0m	第一、二、三、四道支撑
工况七	3.35m	全部完成安装

（1）基坑开挖对青秀山管理站沉降变形分析

偏压基坑的开挖对邻近青秀山管理站既有建筑沉降的影响如图 5-42 所示。

通过对图 5-42 分析可知，随着偏压基坑的开挖导致土体原有的应力状态被打破，从而使边坡上方的青秀山管理站既有的建筑发生沉降变形。基坑偏压侧（基坑南侧）与非偏压侧（基坑北侧）围护桩后的土体均向基坑内部运动，并随着开挖深度增大，最大水平位移增加，发生位置向基坑底部移动，且偏压侧最大位移大于非偏压侧。在工况七中可以看出，在偏压基坑南侧由于挡土墙与建筑物之间存在一定的距离，使靠近挡土墙处的建筑物发生隆起，隆起值为 3.5mm，在远离偏压基坑挡土墙处由于产生新的土体平衡导致既有建筑物发生沉降，最大沉降值为 9.7mm。

（2）基坑开挖对青秀山管理站地表沉降变形分析

基坑开挖导致周围土体应力得到释放，进而改变了基坑整体的位移场，随着支撑及时

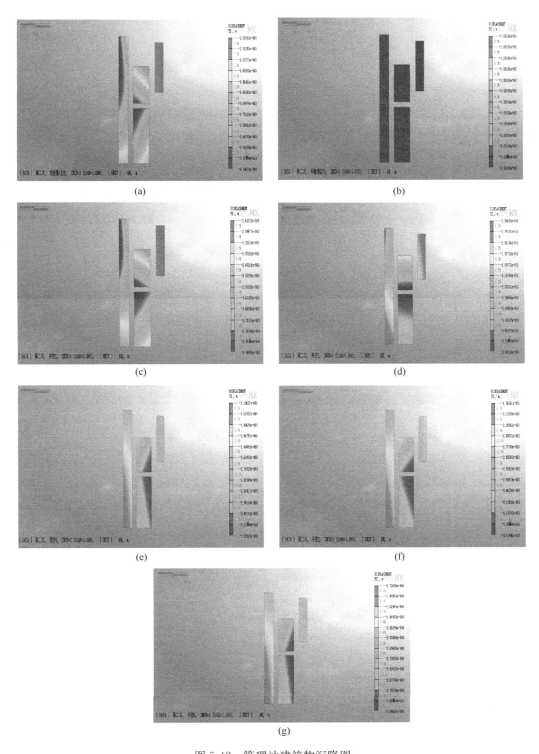

图 5-42 管理站建筑物沉降图
(a) 工况一；(b) 工况二；(c) 工况三；(d) 工况四；(e) 工况五；(f) 工况六；(g) 工况七

设置及开挖至底,周围土体逐渐达到新的动态平衡,基坑开挖对青秀山管理站地表沉降变形影响如图 5-43 所示。

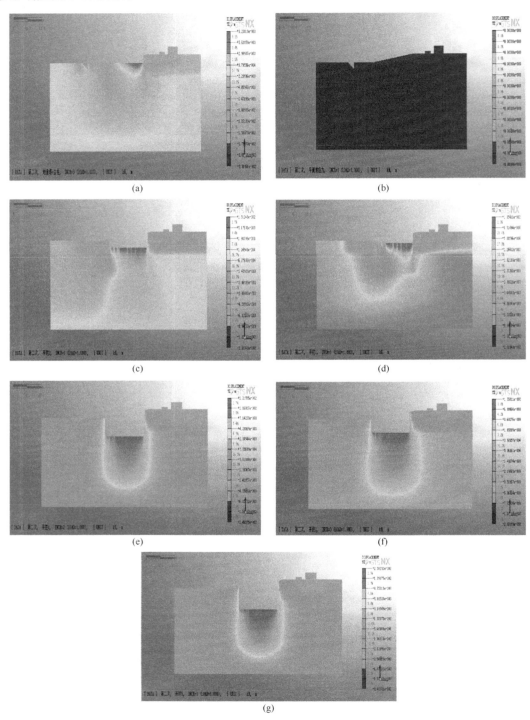

图 5-43 管理站地表沉降图
(a) 工况一；(b) 工况二；(c) 工况三；(d) 工况四；(e) 工况五；(f) 工况六；(g) 工况七

随着基坑开挖导致周围土体应力得到释放,改变了基坑整体的位移场,随着支撑及时设置及开挖至底,周围土体逐渐达到新的动态平衡。由于基坑开挖卸除了围护桩内部原有的土压力,使得围护桩体外侧受到主动土压力,坑底发生局部隆起现象,又因基坑施工时先开挖后支撑,致使开挖过程前期出现一定的变形。从图 5-43 的七个工况下的地表沉降图可知,随着基坑内部土体被挖走,基坑底部土体发生隆起,产生向上的竖向位移,且最大隆起值发生位置从邻近偏压侧围护桩体向基坑中间移动,进行第五层土体开挖后,基坑内部土体最大隆起值为 28.58mm,位于距偏压侧基坑边缘 35.1m 的位置上,趋近于中心但又偏于基坑偏压一侧,由于挡土墙距离基坑南侧边缘有一定的距离,使得邻近偏压侧围护桩的土体有轻微隆起,隆起值为 3mm,在地下停车场位置处的青秀山管理站地表最大沉降值为 10mm,见图 5-44。

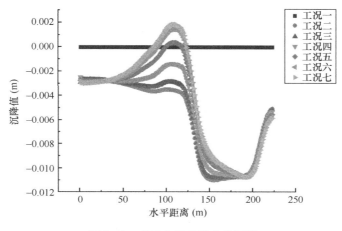

图 5-44 青秀山管理站土体沉降

5.3 超深风亭基坑三维数值模拟

本次模拟范围主要包括超深基坑以及其周边如意坊 A 区、青秀山花园小区部分住宅楼以及凤岭南路。该超深基坑呈长方形,其长度为 27.3m,宽度为 15.6m,深度为 56.7m。由文献可知,基坑开挖的影响范围基本在基坑开挖深度的 3 倍以内,所以模型边界选取基坑开挖深度的 3~5 倍,本模型尺寸为 267.3m×255.6m×120m,共产生 372 901 个单元。上表面(地表)为自由面,其余各面均施加法向位移约束,立柱以及建筑物桩添加 RZ 方向扭转约束。风亭组基坑三维有限元模型如图 5-45 所示。超深基坑的开挖过程模拟工况如表 5-7 所示。

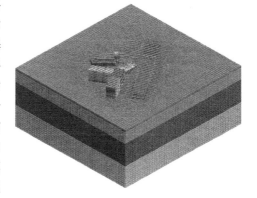

图 5-45 基坑三维有限元模型

超深基坑开挖施工工序表　　　　　　　　　　表 5-7

施工步骤	工况	开挖深度(m)	施工步骤	工况	开挖深度(m)
1	初始地应力平衡	—	8	第六步开挖，加第六道支撑	4.5
2	地下连续墙加立柱施工	—	9	第七步开挖，加第七道支撑	4.5
3	第一步开挖，加第一道支撑	5	10	第八步开挖，加第八道支撑	4.5
4	第二步开挖，加第二道支撑	4.5	11	第九步开挖，加第九道支撑	3.8
5	第三步开挖，加第三道支撑	5.5	12	第十步开挖，加第十道支撑	5.45
6	第四步开挖，加第四道支撑	4.5	13	第十一步开挖，加第十一道支撑	6
7	第五步开挖，加第五道支撑	4.5	14	第十二步开挖，加第十二道支撑，激活底板	3.95

5.3.1 超深风亭基坑数值模拟结果分析

（1）围护结构变形结果分析

在超深基坑开挖过程中，围护结构的变形可以直观地反映出基坑的安全性。通过 MIDAS/GTS 进行三维数值模拟。

如图 5-46～图 5-48 所示，在模拟过程中，第一步开挖与架设支撑是同时进行的，所以

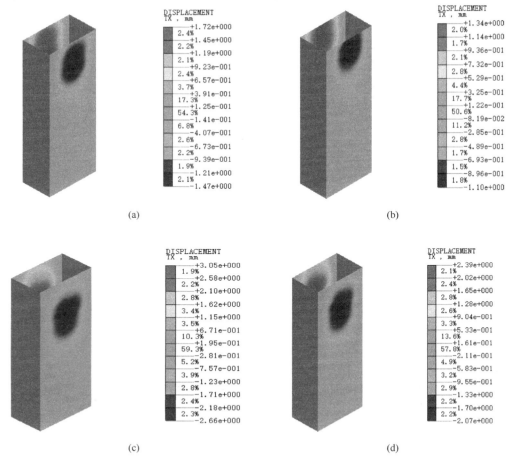

图 5-46　各工况围护结构 X 方向水平位移云图（一）
(a) 开挖 1；(b) 开挖 2；(c) 开挖 3；(d) 开挖 4

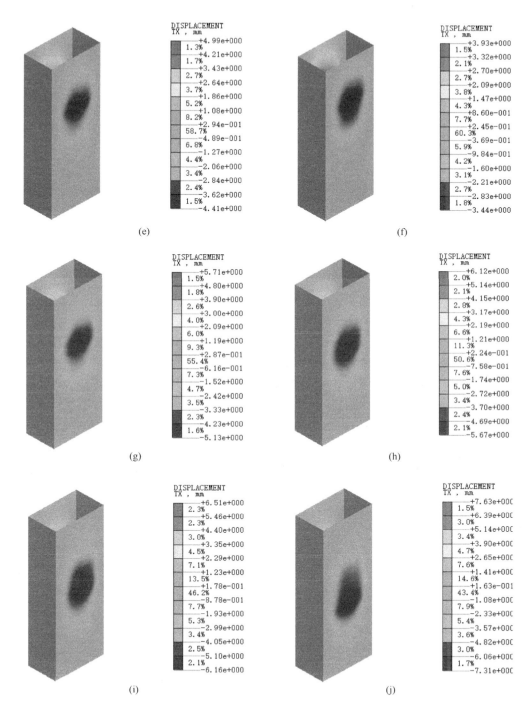

图 5-46 各工况围护结构 X 方向水平位移云图（二）
(e) 开挖 5；(f) 开挖 6；(g) 开挖 7；(h) 开挖 8；(i) 开挖 9；(j) 开挖 10

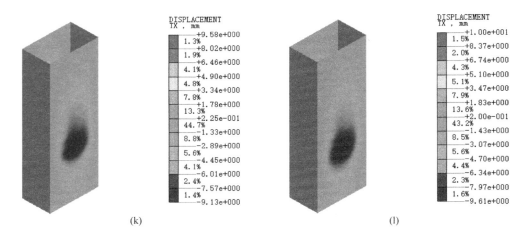

图 5-46　各工况围护结构 X 方向水平位移云图（三）
(k) 开挖 11；(l) 开挖 12；

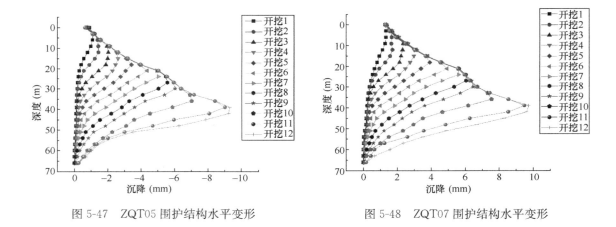

图 5-47　ZQT05 围护结构水平变形　　　　图 5-48　ZQT07 围护结构水平变形

支撑起到了一定的作用，第一步最大变形处不是发生在基坑顶端，而是发生在基坑顶端的下方。随着基坑的开挖，围护结构水平变形越来越大，且其最大水平变形处一直发生在基坑长边的中间位置，随着开挖逐渐下移，当开挖至坑底达到最大值，围护结构的变形趋势与监测值相符，同样呈现两端小，中间大的"鼓肚形"，最大变形处约在基坑开挖的 $0.68H$ 处。ZQT05 位置点处各开挖阶段最大变形分别为 1.34mm、1.67mm、2.35mm、2.99mm、3.92mm、4.93mm、5.61mm、6.05mm、6.46mm、7.56mm、9.49mm、9.73mm，最大变形位置随着开挖深度的增加逐渐下移，当第 12 步开挖完成后，最大变形位置在开挖深度的 39m 处。ZQT07 位置点处各开挖变形最大值分别为 1.1mm、1.45mm、2.04mm、2.62mm、3.42mm、4.37mm、5.05mm、5.58mm、6.04mm、7.03mm、9.03mm、9.31mm，最大变形同样发生在第 12 步开挖完成后，位置在开挖深度的 39m 处，两处最大变形均小于预警值。对比两处模拟结果可知，围护结构长边两侧变形基本一致，且最大变形均发生在长边中部，这是由于基坑长边中部土体卸荷最大且暴露时间最长的原因，但 ZQT05 侧围护结构水平变形略大于 ZQT07 侧，这是因为 ZQT05 侧紧邻如意坊，而 ZQT07 侧紧邻道路，如意坊建筑物对周边土体产生一定的压力，使该侧围护结构受力较大导致其变形较大。

如图 5-49～图 5-51 所示，基坑短边的围护结构变形趋势与基坑长边变形趋势基本相

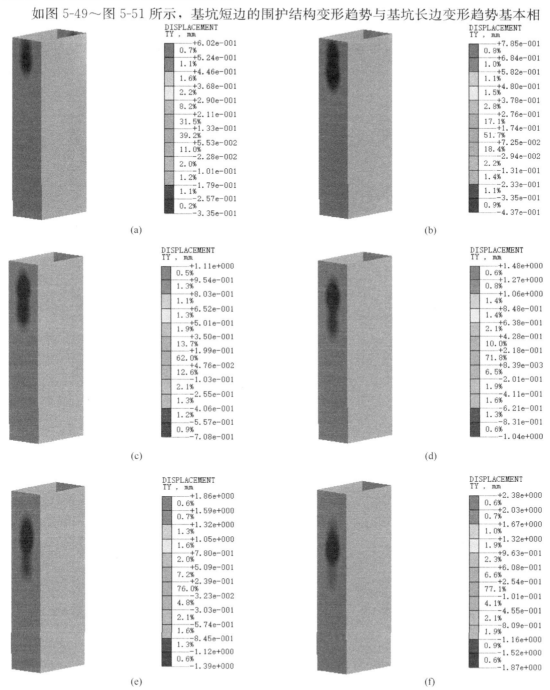

图 5-49 各工况围护结构 Y 方向水平位移云图（一）
(a) 开挖 1；(b) 开挖 2；(c) 开挖 3；(d) 开挖 4；(e) 开挖 5；(f) 开挖 6

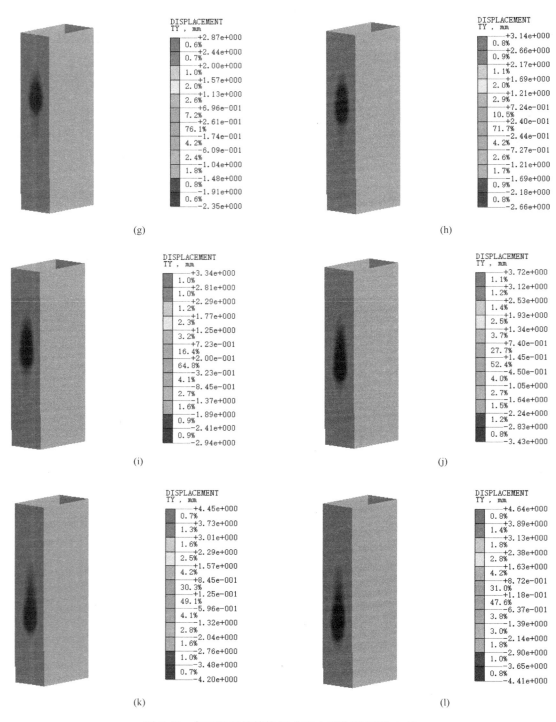

图 5-49 各工况围护结构 Y 方向水平位移云图（二）
(g) 开挖 7；(h) 开挖 8；(i) 开挖 9；(j) 开挖 10；(k) 开挖 11；(l) 开挖 12

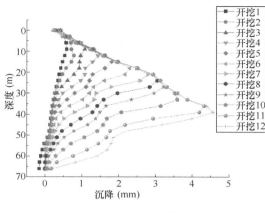

图 5-50　ZQT06 围护结构水平变形

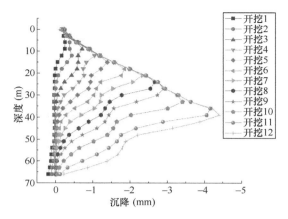

图 5-51　ZQT08 围护结构水平位移模拟图

同，均呈现两端小、中间大的"鼓肚形"。最大水平变形发生在围护结构短边中部，随着开挖地进行逐渐下移，当开挖完成后，最大水平位移处下移到 $0.68H$ 处。ZQT06 位置点各开挖阶段最大变形分别为 0.25mm、0.43mm、0.71mm、1.04mm、1.39mm、1.85mm、2.33mm、2.66mm、2.89mm、3.42mm、4.16mm、4.41mm，最大水平变形位置发生在第 12 步开挖完成后，深度大约在 39m 处。ZQT08 位置点各开挖阶段最大变形分别为 0.59mm、0.78mm、1.08mm、1.43mm、1.81mm、2.31mm、2.79mm、3.05mm、3.22mm、3.60mm、4.33mm、4.57mm，最大变形位置同样在第 12 步开挖完成后，深度大约在 39m 处。两侧地连墙最大变形值均小于预警值。ZQT06 侧围护结构水平变形与 ZQT08 侧围护结构水平变形基本一致，但 ZQT08 侧的变形略大于 ZQT06 侧，经分析是因为 ZQT08 侧存在秀山小区建筑物，该建筑物对基坑周围土体有一定压力，对 ZQT08 侧围护结构主动土压力较大，导致 ZQT08 侧围护结构变形较大。围护结构短边的水平变形量小于围护结构长边的水平变形量，经分析是由于基坑长边土体开挖量大，且暴露时间长，侧向的主动土压力对围护结构长边的作用力更大，致使其变形较大，这充分体现了基坑开挖的空间效应。

（2）周边土体沉降结果分析

基坑开挖是一个不断卸荷、应力应变重分布的过程，进而引起周边地表沉降。深基坑开挖地表沉降云图如 5-52 所示，地表沉降位移变化曲线如图 5-53 所示。

由图 5-52、图 5-53 分析可知，随着开挖的进行，地表变形出现了阶段性的增长。各阶段最大沉降值分别为 2.7mm、2.8mm、3.05mm、3.36mm、4.17mm、4.88mm、5.72mm、6.60mm、7.41mm、8.72mm、11.31mm、11.72mm。当开挖 1 进行时，支撑并未对周边地表达到很好的控制变形效果，所以地表沉降最大值发生在坑边，大致呈现"三角形"趋势。随着开挖深度的增加，支撑架设逐渐增加。由于支撑起到了良好的作用，致使坑外土体变形最大值逐渐向外移动，由当初的"三角形"逐渐变为"凹槽形"，开挖至坑底时，距基坑 18m 处出现最大值，最大值为 11.72mm，变形数值在变形预警值范围内。在 18m 范围外，基坑周边地表变形逐渐减小，但是由于开挖深度较深，地表沉降影响范围较大，本次模拟在 2 倍开挖深度处仍有变形，所以在实际开挖中应加强对周边地表沉降的监测。

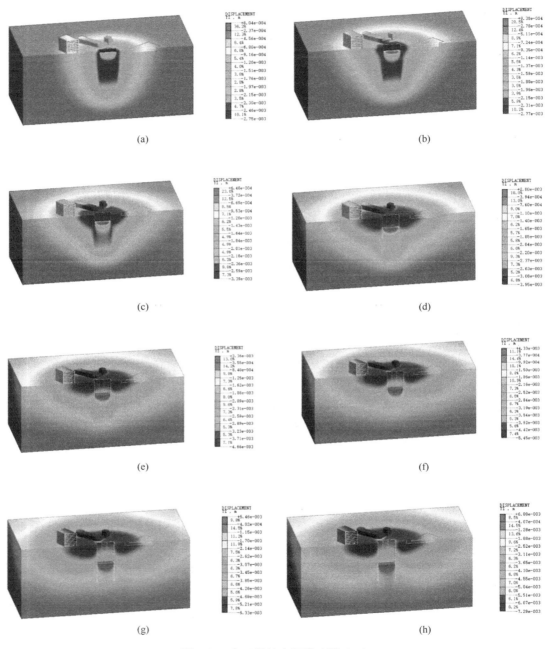

图 5-52 各工况地表沉降云图（一）
(a) 开挖 1；(b) 开挖 2；(c) 开挖 3；(d) 开挖 4；(e) 开挖 5；(f) 开挖 6；
(g) 开挖 7；(h) 开挖 8

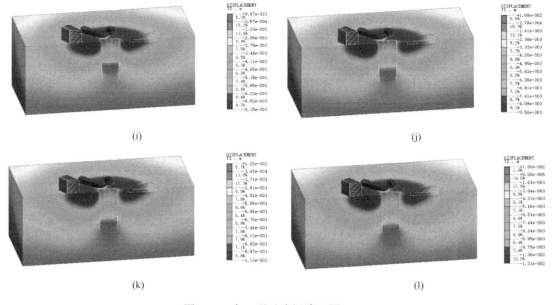

图 5-52 各工况地表沉降云图（二）

(i) 开挖 9；(j) 开挖 10；(k) 开挖 11；(l) 开挖 12

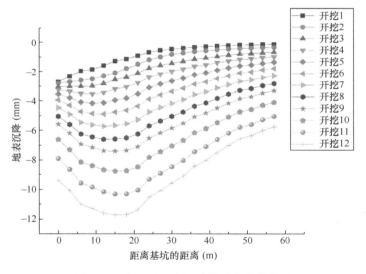

图 5-53 各工况地表沉降位移变化曲线图

5.3.2 超深风亭基坑开挖参数敏感性分析及变形规律对比

引起超深基坑开挖变形的影响因素有很多，其中支护结构选取是否合理，直接决定了基坑开挖的安全性。围护结构变形，基坑周边土体变形以及周边建筑物变形都能直观地反映出其参数选取是否合理，从围护结构长度与围护结构宽度两个方面对其参数敏感性展开分析。此外，还对该超深基坑与其他基坑变形规律进行了对比分析。

(1) 围护结构长度参数敏感性分析

当围护结构长度较小时，不能很好地控制基坑开挖整体变形，而深度较大时则会引起不必要的浪费。下面分别以围护结构长度为63m、66m、69m、72m，对超深基坑开挖变形进行分析。

1) 不同围护结构长度对围护结构变形的影响分析

选取位置点ZQT05处变形进行分析，结果如图5-54所示。

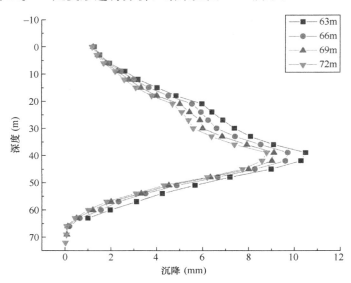

图5-54 不同围护结构长度下围护结构水平变形位移曲线

由图5-54所示，随着围护结构长度的增加，围护结构水平位移逐渐减小，但是减小幅度较小，说明增加围护结构长度对围护结构水平变形有一定的抑制作用，但是效果较小，经分析是由于该从地层为半成岩地层，土体较为坚硬，对围护结构的变形抑制效果较好。当围护结构分别为63m、66m、69m、72m时，其最大水平变形分别为10.5mm、9.7mm、9.1mm、8.8mm，且最大位移均发生在39m位置处。由图5-54可知改变围护结构长度，对围护结构上部和底部影响较小，对围护结构中部约15～50m范围内影响较大。当围护结构长度为63m时，虽然其水平变形很小，但是其底部收敛效果不及其他，有一定的安全隐患，所以建议选取的围护结构长度为66m。通过对上海地区基坑现场监测值进行分析，得出插入比对基坑变形几乎无影响的结论；基于北京地区深基坑开挖现场监测值分析也得出此结论。虽然围护结构长度对围护结构变形影响较小，但其仍具有一定的挡土与隔水效果，若选取桩的长度过小，可能会出现"踢脚"现象或基底隆起过大等安全隐患，若长度过大则会引起不必要的浪费，所以选取合适的围护结构长度，在实际施工过程中很有必要。

2) 不同围护结构嵌入长度对基坑周边土体变形的影响分析

选取基坑北侧土体变形进行分析，结果如图5-55所示。

由图5-55分析可知，随着围护结构长度的增加，地表变形逐渐减小，且其变化幅度逐渐降低，说明围护结构长度的增加对地表变形的控制作用越来越小。当围护结构长度分别为63m、66m、69m、72m时，最大地表沉降均发生在距基坑18m位置处，分别为12.4mm、11.7mm、11.2mm、10.8mm。由图5-55可知通过改变围护结构长度，对距基

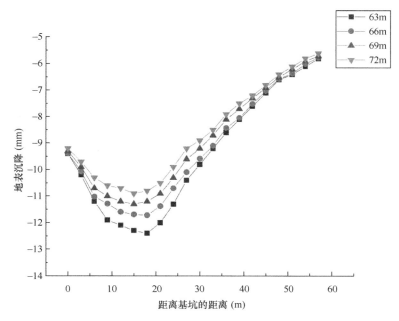

图 5-55　不同围护结构长度下地表沉降变形位移曲线

坑 8~40m 处土体地表沉降影响较大，对其他范围内的土体影响较小。总体来看，围护结构长度的增加，对周围地表沉降影响较小。

(2) 围护结构宽度参数敏感性分析

增加围护结构宽度，即模拟过程中的地连墙宽度，相当于提高了围护结构的刚度，可以有效地减小围护结构的变形，间接地减小了基坑开挖时周边地表沉降以及周边建筑物沉降。下面选取围护结构分别为 0.8m、1m、1.2m、1.4m 进行详细分析。

选取位置点 ZQT05 处变形进行分析，结果如图 5-56 所示。

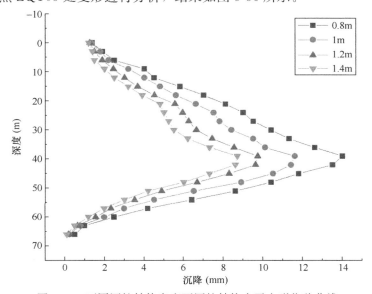

图 5-56　不同围护结构宽度下围护结构水平变形位移曲线

由图 5-56 可知，随着围护结构宽度的增加，围护结构水平变形越来越小，其变化幅度大于改变围护结构长度时的变化幅度，说明围护结构宽度对围护结构水平变形的控制作用较明显。当围护结构宽度分别为 0.8m、1m、1.2m、1.4m 时，围护结构水平变形最大处均在 39m，分别为 14mm、11.6mm、9.7mm、8.7mm。当围护结构宽度增加时对围护结构顶部及底部变形控制作用不明显，对 10~55m 深度范围内的围护结构变形影响较大，其影响范围大于改变围护结构长度时的围护结构变形影响范围。虽然增加围护结构宽度对围护结构水平变形的控制作用较明显，但是一味地增加围护结构的宽度，会大大增加工程支护成本，由图 5-56 可知，当围护结构为 1.2m 时，变形效果已经较小，所以建议选取围护结构宽度为 1.2m。

选取基坑北侧土体变形进行分析，如图 5-57 所示。

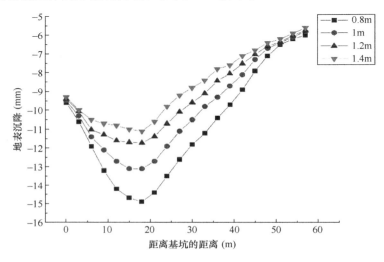

图 5-57 不同围护结构宽度下地表沉降变形位移曲线

由图 5-57 可知，随着围护结构宽度的增加，基坑周边地表变形逐渐减小且减小幅度较大，说明围护结构宽度对基坑周边地表沉降的控制作用较明显。当围护结构宽度分别为 0.8m、1m、1.2m、1.4m 时，周边土体地表沉降变形最大处在 18m，分别为 14.9mm、13.1mm、11.7mm、11.1mm。与围护结构水平变形趋势相同，地表变形两端变化较小，距基坑 6~50m 范围内沉降变化较大。围护结构宽度对地表变形的影响大于围护结构长度对地表变形的影响。

5.3.3 超深风亭基坑开挖对周边建筑物影响性分析

地表沉降会引起建筑物的不均匀沉降。周边建筑物沉降变形模拟云图如图 5-59 所示，位移变化曲线图如图 5-59、图 5-60 所示。

由图 5-58~图 5-61 分析可知，随着超深基坑的开挖，周边建筑物沉降越来越大，且距离基坑越近，建筑物沉降越大，这充分体现了建筑物变形的空间效应。如意坊最大沉降值发生在距基坑开挖面最近的 J7-1 处，为 12.29mm。花园小区最大沉降值发生在 J8-1 处，为 11.07mm。凤岭南路最大沉降值发生在 D4-10 处，为 11.15mm。由云图可看出，如意坊沉降大于花园小区沉降，经分析原因可能有三个：一是如意坊距离基坑较近，距基

第 5 章 偏压、超深基坑设计与施工关键技术

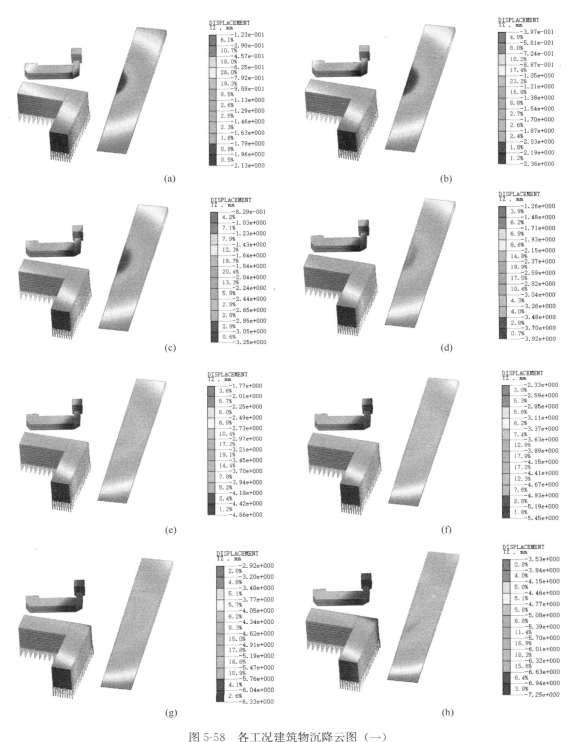

图 5-58 各工况建筑物沉降云图（一）
(a) 开挖 1；(b) 开挖 2；(c) 开挖 3；(d) 开挖 4；(e) 开挖 5；(f) 开挖 6；
(g) 开挖 7；(h) 开挖 8

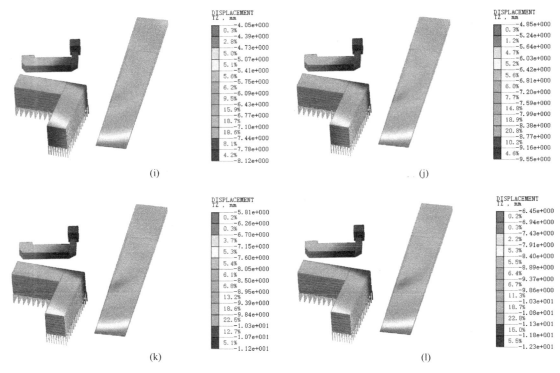

图 5-58 各工况建筑物沉降云图（二）
(i) 开挖 9；(j) 开挖 10；(k) 开挖 11；(l) 开挖 12

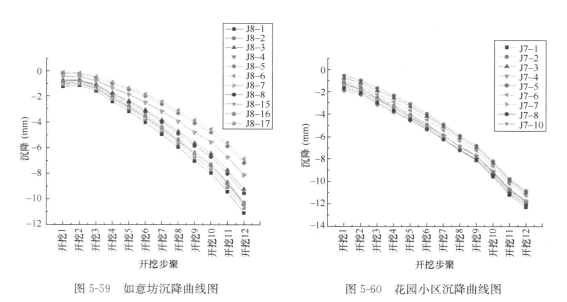

图 5-59 如意坊沉降曲线图　　图 5-60 花园小区沉降曲线图

坑越近，受其开挖扰动更大，所以沉降较大；二是如意坊在基坑长边一侧，花园小区在基坑短边一侧，由于空间效应，基坑围护结构长边侧变形大于短边侧变形从而使长边侧地表沉降较大，间接地导致长边侧建筑物沉降较大；三是两个建筑物的基础不同，花园小区为桩基础结构，可以更好地抵抗变形，从而使花园小区变形较小。而凤岭南路虽离基坑开挖面最近，但是其变形小于如意坊，经分析可能是由于如意坊为独立基础框架结构，受基坑土体开挖影响较大，而凤岭南路为路基基础，受基坑土体开挖影响较小，所以凤岭南路虽离基坑开挖面较近，但其沉降小于如意坊。

如意坊差异沉降最大值发生在 J7-1 与 J7-7 之间，为 1.45mm，其最大倾斜率为 0.000032。花园小区差异沉降最大值发生在 J8-1 与 J8-6 之间，为 4.23mm，其最大倾斜率为 0.000073。凤岭南路差异沉降最大值发生在 D4-10 与 D3-11 之间，为 1.04mm，其最大倾斜率为 0.00004。三个建筑物最大倾斜率均远小于 0.002，符合

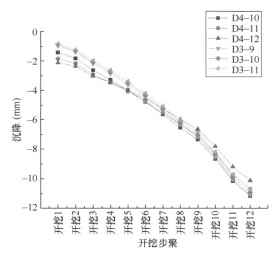

图 5-61　凤岭南路沉降曲线图

规范要求。

5.3.4　超深风亭基坑设计及施工建议

（1）不同围护结构长度

随着围护结构长度的增加，围护结构水平位移逐渐减小，但是减小幅度较小，说明增加围护结构长度对围护结构水平变形有一定的抑制作用，但是效果有限，经分析是由于该地层为半成岩地层，土体较为坚硬，对围护结构的变形抑制效果较好。当围护结构长度分别为 63m、66m、69m、72m 时，其最大水平变形量分别为 10.5mm、9.7mm、9.1mm、8.8mm，且最大位移均发生在 39m 位置处。研究表明，改变围护结构长度，对围护结构上部和底部影响较小，对围护结构中部 15～50m 范围影响较大。当围护结构长度为 63m 时，虽其水平变形并不是很大，但是其底部收敛效果不及其他，有一定的安全隐患，所以建议最终选取的围护结构长度为 66m。

（2）不同围护结构嵌入长度

随着围护结构长度的增加，地表变形逐渐减小，且其变化幅度逐渐降低，说明随着围护结构长度的增加对地表变形的控制作用越来越小。当围护结构长度分别为 63m、66m、69m、72m 时，其最大地表沉降均发生在距基坑 18m 位置处，最大地表沉降值分别为 12.4mm、11.7mm、11.2mm、10.8mm。改变围护结构长度，对距基坑 8～40m 处土体地表沉降影响较大，对其他范围内的土体影响较小。总体来看，围护结构长度的增加，对周围地表沉降影响较小。

（3）不同围护结构宽度

随着围护结构宽度的增加，围护结构水平变形越来越小，其变化幅度大于改变围护结构长度时的变化幅度，说明围护结构宽度对围护结构水平变形的控制作用较明显。当围护结构宽度分别为 0.8m、1m、1.2m、1.4m 时，围护结构水平变形最大处在 39m，围护结构水平变形量分别为 14mm、11.6mm、9.7mm、8.7mm。当围护结构宽度增加时，对围护结构顶部及底部变形控制作用不明显，对 10～55m 深度范围内的围护结构变形影响较

大,其影响范围大于改变围护结构长度时的围护结构变形影响范围。虽然增加围护结构宽度对围护结构水平变形的控制作用较明显,但是一味地增加围护结构的宽度,会大大增加工程支护成本,由有限元模拟结果可知当围护结构为1.2m时,变形效果较小,所以建议选取围护结构宽度为1.2m。

5.4 偏压、超深基坑分析设计应用及优化

5.4.1 超宽偏压深基坑影响分析设计应用及优化

青秀山站南侧明挖超宽基坑,其周边地形南高北低,基坑围护结构承受一定偏压作用。前述小节分析了基坑偏压成因影响因素,论述了基坑南侧边坡与基坑距离以及周边建筑物(青秀山管理站),对基坑围护变形的影响。对此,设计方案进行深化设计后应用如下:

南侧超宽基坑采用桩锚+放坡进行支护,进行场地平整的同时,对其南侧削坡,一定程度上减轻了基坑南侧的偏压作用。另外,边坡底部与基坑边缘保持一定距离,作为施工便道的同时,亦降低边坡对基坑偏压的影响,见图5-62。

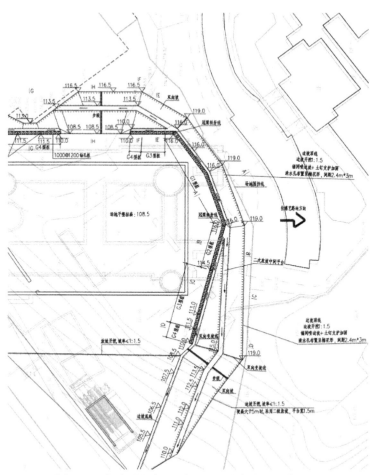

图5-62 超宽基坑场地平整及边坡支护平面布置图

在基坑围护结构设计计算中，考虑将建筑物青秀山管理站作为地面超载，施加进计算模型里面，用以考虑其对基坑的影响，见图 5-63。

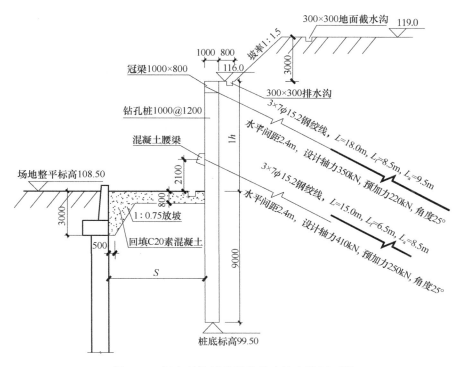

图 5-63 超宽基坑场地平整及边坡支护剖面图

对青秀山站超宽基坑支护结构设计，根据工程特性、环境条件和设计原则及标准，明挖站厅主体结构采用明挖顺作法施工，明挖站厅基坑支护结构采用钻孔灌注桩加内支撑的支护形式。前述小节论述了围护桩桩径、内支撑间距对基坑的影响。对此，设计方案进行深化设计后应用如下：

围护桩桩径对控制基坑水平变形起重要作用，但桩径过大将导致施工困难及成本的提高。设计方案中，围护结构钻孔桩考虑采用 $D1200@1500mm$ 和 $D1500@1700mm$ 两种桩径，其中邻近南侧边坡一侧方向由于边坡及建筑物的影响偏压作用较大，考虑采用 $D1500@1700mm$ 控制水平变形，基坑其余方向采用 $D1200@1500mm$ 钻孔桩，以减轻施工困难并节省成本，见图 5-64。

明挖站厅基坑竖向设四道内支撑，均采用钢筋混凝土支撑，支撑水平间距结合经济性以及对基坑变形的控制要求设置。

南侧超宽基坑，其南侧青秀山管理站等建筑物。基坑开挖引起的地层变形，不可避免将对周边建筑物产生影响。以上论述了超宽基坑开挖对青秀山管理站建筑物及地表沉降的影响，基坑开挖引起的建筑物最大沉降值不超过 10mm，影响较小，处于建筑物地基变形允许范围内。对此，设计方案进行深化设计后应用如下：

基于基坑开挖对建筑物影响相对较小，优化对青秀山管理站建筑物的保护方案，由旋喷桩加固优化为预埋袖阀管，进行跟踪注浆保护。超宽站厅基坑开挖期间，对建筑物加强监测，根据建筑物沉降、监测结果，达到预警值后方可进行跟踪注浆加固，见图 5-65。

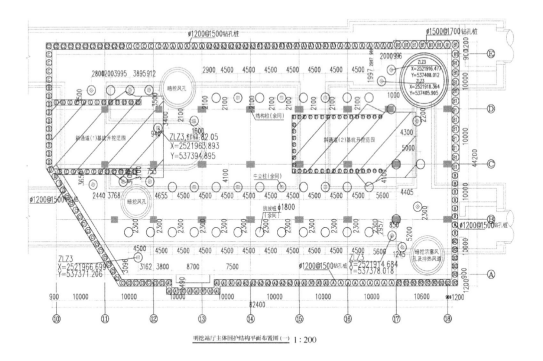

图 5-64 超宽基坑围护结构平面布置图

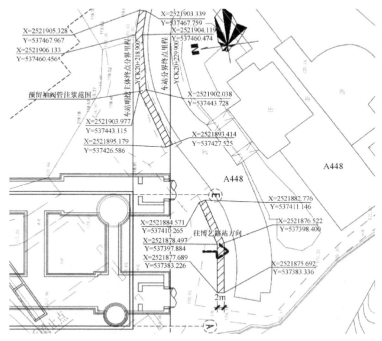

图 5-65 超宽基坑南侧青秀山管理站建筑物加固保护平面图

5.4.2 超深风亭基坑影响分析设计应用及优化

青秀山站超深风亭基坑，基坑深度达58.4m，根据工程特性、环境条件和设计原则及标准，1号风亭组竖井基坑施工方法建议采用逆作＋顺作结合进行。前述小节中分析了不同围护结构的宽度（直径）、不同围护结构嵌入长度对基坑变形及围护结构变形的影响，并建立三维模型分析了各工序对围护结构变形的影响。对此，设计方案进行深化设计后应用如下：

根据前述小节分析结果，围护结构厚度为1.2m（模型中折算为地连墙墙厚）时，围护结构的水平位移小于10mm，已经达到所预想的控制效果，继续增大围护结构厚度，建设成本将大幅提高并收益有限，故超深基坑围护结构考虑采用$\phi1500@1900$的钻孔桩，其等效刚度换算后的围护结构宽度约为1.2m，与前文分析匹配。

根据前述小节的分析，围护桩长度达66m、嵌固深度为9m时，其水平位移已得到控制，以此作为围护结构尺寸初步参数。设计阶段采用理正深基坑支护计算软件进行计算，经验算，该围护结构参数满足设计要求，见图5-66。

根据前述小节三维模型的分析，反映出北端超深基坑（超深、断面小有一定的空间效果）的土压力分析结果及基坑结构变形结果，三维空间效果下土压力并未随深度加深而线性增大。因此，起内支撑作用的环框梁尺寸无需随着基坑深度的增加而不断增加。采用理正深基坑软件，建立三维模型，用于复核环框梁及支撑在三维作用下内力情况，并进行深化设计，见图5-67。

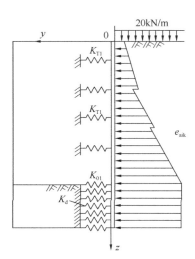

图5-66 理正深基坑软件围护结构计算原理简图

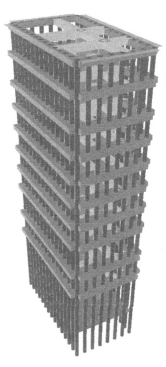

图5-67 理正深基坑软件三维模型图

风亭超深基坑，其一侧邻近金汇如意坊及秀山花园小区楼房等建筑物。基坑开挖引起的地层变形，不可避免将对周边建筑物产生影响。前述小节论述了超深基坑开挖，对金汇如意坊及秀山花园小区楼房沉降及其差异沉降的影响。以上建筑物差异沉降较小，最大倾斜率均远小于 0.002，符合规范要求。对此，设计方案进行深化设计后应用如下：

（1）基于基坑开挖对建筑物影响相对较小，优化对金汇如意坊的保护方案，由旋喷桩加固优化为预埋袖阀管，进行跟踪注浆保护。

（2）超深基坑开挖期间，对建筑物加强监测，根据建筑物沉降、监测结果，达到预警值后方进行跟踪注浆加固，见图 5-68。

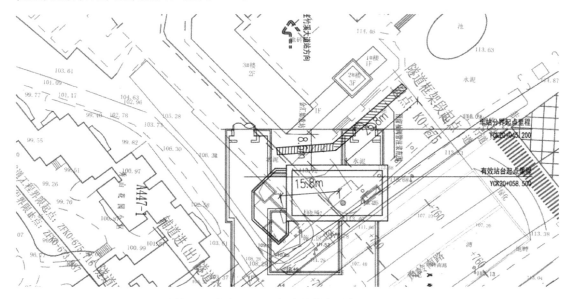

图 5-68 超深基坑开挖建筑物保护加固平面图

5.4.3 超深大直径钢管柱施工技术

（1）工艺流程

钢管立柱桩施工工艺流程见图 5-69。

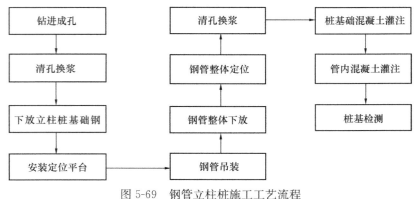

图 5-69 钢管立柱桩施工工艺流程

(2) 操作过程

1) 钻进成孔

根据钻孔桩成孔大小的钻进需要，选择两种型号的旋挖钻机，分别是南车 TR280D 和 TR460C 旋挖钻机，依次按照 1.5m、2m、2.8m 的直径逐次扩孔，见图 5-70。

先用南车 TR280D 旋挖钻机配 1.5m 直径钻头，一次钻进到底；

南车 TR280D 旋挖钻机更换为 2m 直径钻头，进行第一次扩孔，每钻进 20m，进行超声波检测垂直度，及时发现偏差并进行纠偏；

更换为 TR460C 旋挖钻机配 2.8m 直径钻头，进行第二次扩孔，每钻进 20m，进行超声波检测垂直度，及时发现偏差并进行纠偏。

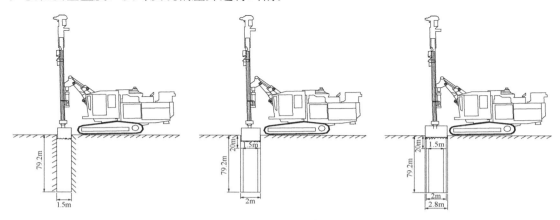

图 5-70 钻进成孔示意图

2) 立柱桩钢筋笼下放

采用 70t 汽车吊进行立柱桩钢筋笼的吊放，起吊钢筋笼前，检查钢筋笼焊接质量、吊装设备、吊点设置，见图 5-71、图 5-72。

图 5-71 钢管柱桩基础钢筋笼

图 5-72 钢筋笼起重吊装图

3) 安装定位平台

严格将东、南、西、北四个方向在原地面放样出来，然后将就位平台吊装至固定位置。根据第一个牛腿顶面标高、牛腿顶面到吊耳底部的距离，计算吊耳底标高；结合地面标高、定位平台高度、U 形垫块高度，计算支腿调节高度，然后进行粗略调平，最后用测量仪器测量后，再精确调整平台高度，见图 5-73、图 5-74。

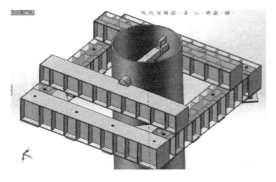
图 5-73 定位平台三维效果图

图 5-74 定位平台实物图

4）钢管吊装

钢管起重吊装前的准备工作有管内声测管安装、油管安装连接、传输线路安装连接等，起吊后两节钢管连接对焊应按照一级焊缝要求进行焊接。

第一节钢管柱吊装至孔口时，人工调节钢牛腿方向，使钢管柱东、西、南、北四个方向基本对正定位平台的四个方向，随后缓慢下管，第一节管固定至横梁上后，再起吊第二节钢管柱。

5）钢管定位

a. 定位板及摄像头位置确定

考虑两节钢管拼接焊接过程中，定位板不受焊接过程的影响，故将定位板安装位置固定至焊缝以上的位置，所以定位板安装高度为水位高度往上 2m 位置，即管底以上 20m 处安装定位刻度板。

摄像头在调试阶段时，距离刻度板 1.8m 为最佳成像距离，所以将摄像头安装至定位刻度板以上 1.8m 处，见图 5-75。

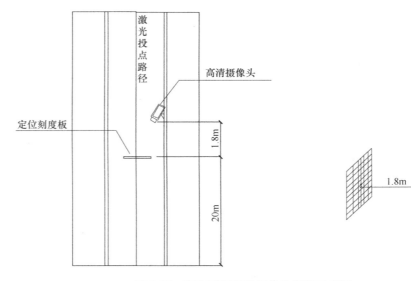

图 5-75 定位刻度板及摄像头安装示意图

b. 液压油缸位置确定

液压油缸安装至管底处更容易保证钢管的整体定位精度，由于钢管管底至 8.5m 位置内环板较多，且此部分管外密布锚钉和加劲肋板，不利于安装液压千斤顶，因此从管底往上 8.6m 处为液压千斤顶安装位置，见图 5-76、图 5-77。

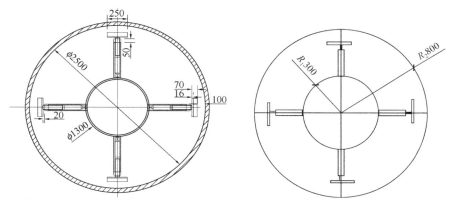

图 5-76　千斤顶及液压油缸加工尺寸　　　图 5-77　液压千斤顶示意图

c. 定位

定位过程主要是利用可视化液压定位系统对钢管进行整体定位，通过电脑显示屏可清晰看到钢管的偏移情况，利用液压油缸调整钢管方向，完成钢管竖直度定位见图 5-78、图 5-79。

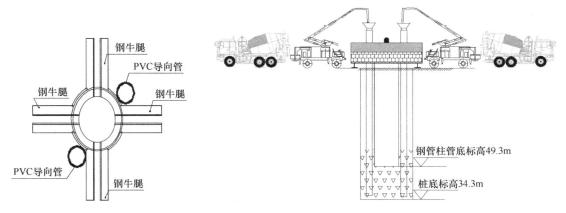

图 5-78　导管安装示意图　　　图 5-79　双导管混凝土浇筑示意图

6）清孔换浆

钢筋笼下放到位后，桩基进行一次清孔较为容易，钢管下放过程中起吊、两次焊接、管线连接、定位等工作持续时间长，立柱桩底出现较厚的沉渣、泥、石块等，且下放清渣工具的空间较小，采用旋喷桩机结合气举反循环的方法进行二次清孔作业。

7）立柱桩基础混凝土灌注

a. 采取双导管同时灌注方案；

b. 采用坍落度大的细石混凝土；

c. 采用钢管柱外侧外挂直径 400mm 的 PVC 管,确保浇筑用直径 250mm 的导管上下提升顺畅,防止提升受阻。

d. 钢管内、外混凝土浇筑应按照水下混凝土灌注方法进行浇筑,确保导管伸入混凝土中 2m 以上,且混凝土浇筑应连续,灌注过程中导管应小幅度进行上下提动。

e. 首次混凝土浇筑量应按照一次浇筑淹没导管 2m 计算首次混凝土浇筑量,防止首次混凝土量不足造成导管不能被淹没的情况出现。

5.5 偏压超深基坑监测结果分析

5.5.1 偏压基坑模拟结果与监测结果对比分析

(1) 桩体水平位移模拟结果与监测结果对比分析

将监测桩体 J7 和 J15 与计算模型对应桩体在各工况下的偏移结果进行对比,得出的偏压侧与非偏压侧围护桩体位移对比曲线图如图 5-80、图 5-81 所示。

由图 5-81 和图 5-82 各工况下偏压侧与非偏压侧围护桩体水平位移对比曲线图可知:

1) 模型的分析结果与现场实测值基本相符,满足变形规律,说明前期分期基本正确,现场设计满足物理力学变化规律,施工措施得当,最终偏压侧和非偏压侧的围护桩体水平位移的数值模拟得出的曲线与监测数据得出的曲线变化趋势基本相似,均表现为开挖初期呈"三角形",为悬臂式位移,即围护桩的最大水平位移在桩顶位置,工况四之后,呈现"勺形"位移,表现为"中间大,两端小",并且围护桩体的最大水平位移发生在基坑开挖面附近,且随着基坑开挖深度的增大,逐渐向下移动,类似于对称基坑开挖围护桩体的变形曲线规律。

2) 对比模拟数据与监测数据可以看出,两者的变形曲线存在一定差异,模拟数据的曲线更具规律性,这是由于影响施工的因素较多,而模拟中未能全部考虑,但监测数据和模拟数据规律相同且偏差较小,通过模拟数据和监测数据可以看出偏压侧围护桩体的最大水平位移分别为 22.81mm、25.74mm,距基坑顶部 17m、17.5m,非偏侧围护桩体的最大水平位移分别为 17.28m、18.01mm,均位于距基坑顶部 15.5m 的位置,施工时应注意加强监测,位移均在控制标准 30mm 内,相差较小,位置大致相同,表明模拟数据较为可靠。

3) 对比偏压侧和非偏压侧围护桩体的水平位移量可以看出,偏压侧围护桩体顶部偏移量和最大位移量均大于非偏压侧,这是由于基坑存在偏压,但由于边坡距基坑有一定的距离,使得基坑在一定程度上受偏压的影响减小,所以偏压侧位移大于非偏压侧,但并未使基坑整体发生向远离偏压一侧移动。

(2) 坑外地表沉降模拟结果与监测结果对比分析

将各工况下计算结果与监测结果中测点 D7-(1~5) 和 D15-(1~5) 对应的数据进行对比,得出的偏压侧与非偏压侧沉降对比曲线图如图 5-82、图 5-83 所示。

由图 5-83 可知,基坑开挖至底时,偏压侧坑外地表最大沉降的监测值为 8.80mm,模拟值为 8.12mm,均小于控制值 30mm,并处于在 15~25m 的范围内。由于基坑南侧边坡距离基坑有一定距离,使得偏压产生影响减小,但邻近基坑的位置有轻微隆起。随着基坑开挖的进行,发生最大沉降值的位置逐渐远离基坑,沉降曲线变为"凹槽形"分布。

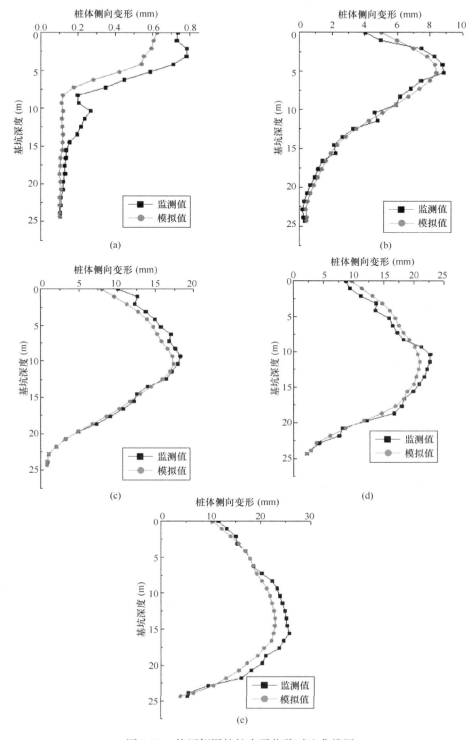

图 5-80 偏压侧围护桩水平位移对比曲线图
(a) 工况三偏压侧桩体水平位移对比曲线；(b) 工况四偏压侧桩体水平位移对比曲线；
(c) 工况五偏压侧桩体水平位移对比曲线；(d) 工况六偏压侧桩体水平位移对比曲线；
(e) 工况七偏压侧桩体水平位移对比曲线

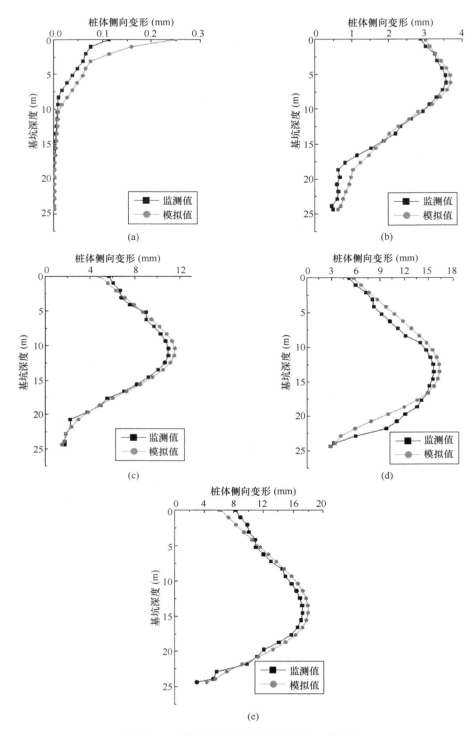

图 5-81 非偏压侧围护桩水平位移对比曲线图
(a) 工况三非偏压侧桩体水平位移对比曲线；(b) 工况四非偏压侧桩体水平位移对比曲线；
(c) 工况五非偏压侧桩体水平位移对比曲线；(d) 工况六非偏压侧桩体水平位移对比曲线；
(e) 工况七非偏压侧桩体水平位移对比曲线

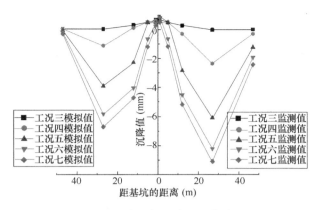
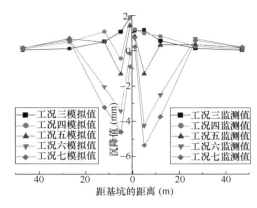

图 5-82 偏压侧沉降对比曲线图　　　　图 5-83 非偏压侧沉降对比曲线图

由图 5-83 可知，工况七施工完成后，非偏压侧坑外地表最大沉降的监测值为 5.79mm，模拟值为 5.62mm，均小于控制值 30mm，处于 5~10m 的范围内。

综合图 5-83 和图 5-84 来看，地表最大沉降值的模拟值和监测值都随着基坑深度的不断增大而增大。因模拟计算时的假设条件与现场实际情况很难完全一致，所以各工况下地表沉降的计算值与监测值存在一定的差别，但两者沉降曲线的变化趋势基本一致，表明数值模拟计算的结果在坑外土体的沉降变化上接近实际情况。

5.5.2 超深基坑模拟结果与监测结果对比分析

(1) 围护桩水平位移模拟值与监测值对比分析

选取 ZQT07 处，第 12 步开挖的围护结构水平变形进行分析，如图 5-84 所示。

由图 5-85 分析可知，围护桩水平位移模拟值与监测值的变形趋势基本相同，拟合度较好，说明本次模拟选取的模型及参数均较为合理。但是监测值在总体范围上都略大于模拟值，在基坑开挖初期差异值最大，模拟值为 0.71mm，监测值为 3.56mm，最大误差为 80%，误差值较大，随着基坑的开挖差异值逐渐减小，开挖至坑底时水平变形均接近于 0mm。监测值最大变形为 9.98mm，发生在 42m 深度处，模拟值最大变形为 9.31mm，发生在 39m 深度处。监测值最大水平变形位置深度略大于模拟值，且误差较小。经分析，造成以上变形结果的原因大概有三个：

1) 在实际施工第一步开挖过程中并未架设支撑，而在模拟过程中第一步土体开挖与支撑是同时架设，支撑起到了一定的作用，所以在围护结构顶部监测值与模拟值变形差异最大。

2) 实际基坑的开挖过程，是一个复杂的动态变化过程，会受到多种因素的影响，如基坑降水、连续降雨、地表临时荷载、机械振动等因素都会造成围护结构变形增大。

3) 在数值模拟过程中，开挖与支撑都是瞬时完成的，并未考虑时间效应，在实际开挖过程中，开挖与支撑的架设都需要一定的时间，而在这过程中围护结构也会发生缓慢的变形，这也是导致模拟结果较小的原因。

(2) 地表沉降模拟值与监测值对比分析

选取基坑北侧地表变形第十二步地表沉降变形进行分析，如图 5-85 所示。

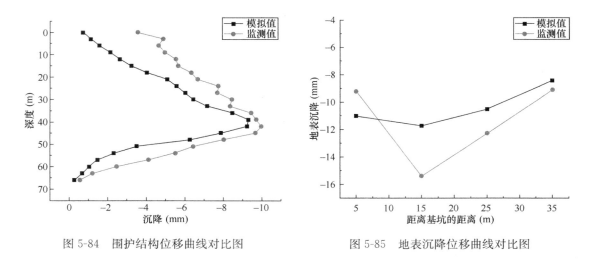

图 5-84 围护结构位移曲线对比图　　　　图 5-85 地表沉降位移曲线对比图

由图 5-86 可知，模拟值与监测值地表沉降趋势大致相同，都呈现先增大、后减小的趋势，模拟值在 15m 处沉降为 11.72mm，监测值在 15m 处沉降为 15.4mm，最大误差为 23.9%。模拟值总体小于实测值，且模拟值变化幅度较小，监测值变化幅度较大。经分析，原因可能有以下两点：

1）在模拟过程中，并未考虑坑外降水对坑外地表沉降的影响，而在实际施工过程中坑外降水也会在一定程度上引起坑外地表沉降，从而导致实测值大于模拟值。

2）在超深基坑实际开挖过程中，地表会受到机械振动，临时荷载等因素的影响，而在模拟过程中未能考虑这些影响，使得实测值较大。

（3）支撑轴力模拟值与监测值对比分析

选取 ZL1-1 处轴力模拟值与监测值进行分析，如图 5-86 所示。

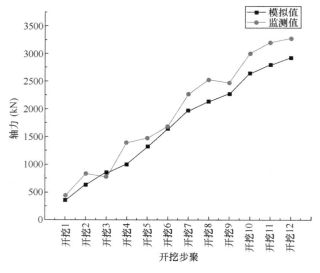

图 5-86 轴力曲线对比图

由图 5-87 分析可知，模拟值与监测值大致趋势基本一致，都是随着基坑的开挖轴力值逐渐增大，开挖至坑底时轴力达到最大值，模拟值最大轴力为 2932kN，监测值最大轴力为 3278kN，最大误差为 10.5%，两曲线拟合效果较好，轴力监测值略大于模拟值。经分析，是由于围护桩朝向坑内的水平变形监测值大于围护桩模拟值，围护结构变形较大从而对支撑的压力较大，最后导致其轴力监测值大于模拟值。此外，支撑轴力也会受温度的影响而发生改变，而在模拟过程中并未考虑温度因素，这也是轴力差异的原因之一。

第6章 车站绿色建造技术研究

6.1 地铁车站绿色建造概述

6.1.1 地铁车站绿色建造研究背景

随着环境问题逐渐成为全球关注的焦点,"效率高、污染小、乘坐舒适"的城市轨道交通被认为是城市交通中最重要的绿色环保型公共交通方式。2000~2018年,中国拥有轨道交通的城市由3个扩展至35个,运营线路数由17条提高至185条,运营总里程由150km增加至5761.4km。其中,2018年新增运营线路长度728.7km。进入"十三五"的三年来,累计新增运营线路长度2143.4km,年均新增运营线路长度714.5km。

中国城市轨道交通通车里程数近年来以25%的年均复合增速急剧上升,其中尤其以"运量大、速度快、耗能低、节约用地"等特点的城市地铁建设最为显著。然而,在地铁工程建设迅速发展的同时,工程施工活动产生的环境负面效应和资源消耗问题也尤为突出。地铁建设过程的不确定因素众多,极易对周边环境及建筑物造成不可恢复的破坏。在"十三五"规划中,绿色发展理念是五大发展理念的核心内容之一,绿色建造也因此成为绿色发展理念在工程建设中的重要实践。想要真正实现"绿色地铁",离不开地铁工程的绿色建造。施工阶段是地铁全生命周期建设中必不可少的重要组成部分,推行地铁的绿色建造,避免不必要的材料浪费,尽量减小施工阶段对环境、资源的影响,也是可持续发展战略在工程建设中的具体体现。因此,地铁绿色建造的过程及评价势必会越来越受到人们的关注。

结合国内外工程建设情况研究发现,近年来为了推广绿色建造,许多国家建立了具有自身特色的绿色建造准则和评价体系。但是综合分析来看,虽然绿色建造在我国从概念的提出到全面推进,已有了诸多成果,但现阶段的绿色建造主要是针对住宅及房建工程,我国城市轨道交通建设时间不长,经验不足,地铁又大多为地下结构物,相比一般建筑工程施工难度更大,因此地铁工程的绿色建造推进得较为缓慢。

深入贯彻和落实创新、协调、绿色、开放、共享的发展理念,助推地铁工程绿色建造,已成为施工发展的必然趋势。因此开展地铁工程的绿色建造研究是亟待解决的问题。

6.1.2 绿色建造的概念和内涵

绿色建造是着眼于建筑全生命周期,在保证质量和安全前提下,践行可持续发展理念,通过科学管理和技术进步,最大限度地节约资源和保护环境、实现绿色施工要求、生产绿色建筑产品的工程活动。

绿色建造包含绿色策划、绿色设计、绿色施工三个阶段,是工程产品的制造全过程,如图6-1所示。绿色建造着眼于建筑全生命周期,强调环境保护、资源节约和以人为本的

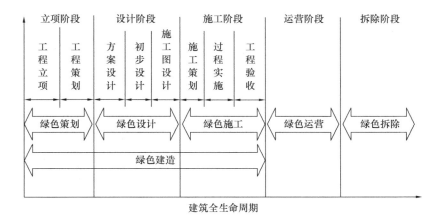

图 6-1 绿色建造

理念,追求工程建造经济、社会与环境等综合效益的最大化,特别关注建造过程的绿色化和建筑最终产品的绿色化。绿色建造的实现一方面依赖于科学管理,通过实行一体化的管理方式达到资源配置效率最优;另一方面依赖于技术的持续进步,以提升建造的整体水平。

(1) 绿色策划

对绿色施工在整体上给予策划,才能保证在施工过程中每个节点达到绿色施工的要求,因此整体策划对于绿色施工具有十分重要的意义。绿色施工总体框架由三个方面组成,涵盖了绿色施工的基本管理要点,包括管理体系、施工过程不同阶段、四节一环保(节能、节材、节水、节地和环境保护)。绿色施工整体策划主要对本工程拟进行的绿色施工内容进行规划,主要包括策划目标的确定、策划体系的建立、"四节一环保"的主要措施和新技术、新材料、新设备、新工艺等应用。

(2) 绿色设计

绿色设计也称生态设计、环境设计、环境意识设计。在整个建筑生命周期内,着重考虑建筑环境属性并将其作为设计目标,在满足环境目标要求的同时,保证建筑应有的功能、使用寿命、经济性、质量等要求。将绿色设计理念应用到实际工程任务中,要秉承着科学合理的设计思维体系,结合绿色建筑评价标准中相关专业技术指标要求,充分将技术与功能相结合,做到既要满足使用需求,还要达到建筑设计由内而外的绿色化。同时要加强绿色建材的使用,使技术手法和施工紧密结合,减少污染作业。在建筑施工、后期运维等过程中做到科学有效地实施,减少建筑施工和使用过程中造成的环境污染,为使用者提供一个绿色的生态环境。

(3) 绿色施工

绿色施工是指在保证质量、安全等基本要求的前提下,通过科学管理和技术进步,最大限度地节约资源,减少对环境的负面影响,实现节能、节材、节水、节地和环境保护("四节一环保")的建筑工程施工活动。与传统施工管理相比,绿色施工除了要注重工程的质量、进度、成本、安全等之外,更要强调减少施工活动对环境的负面影响,即施工过程中尽量节约资源,做到环境保护。工程施工活动的目的不单单是完成工程建设,更应注重经济发展与环境保护的和谐、人与自然的和谐,充分体现可持续发展的基本理念。因此,在施工活动中,参与各方应始终以"四节一环保"作为施工活动中的主线,从材料的选用、机械设备选取、施工工艺、施工现场管理等方面入手,在成本、工期等合理的浮动范围内,尽量采用更为节约、更为环保的施工方案。

6.1.3 绿色建造策划目标

绿色建造由施工管理、节能与能源利用、节材与材料资源利用、节水与水资源利用、节地与施工用地保护、环境保护六个方面组成。各部分主要内容如下:

(1) 施工管理。包括组织管理、规划管理、实施管理、评价管理、人员安全与健康管理;

(2) 节能与能源利用。包括节能措施、机械设备与机具、生产生活及办公临时设施、施工用电及照明;

(3) 节材与材料资源利用。包括装饰装修材料、周转材料、围护材料、结构材料、节材措施;

(4) 节水与水资源利用。包括提高用水效率、非传统水源利用、用水安全;

(5) 节地与施工用地保护。包括临时用地指标、临时用地保护、施工总平面布置;

(6) 环境保护。包括噪声振动控制、光污染控制、扬尘控制、水污染控制、土壤保护、建筑垃圾控制、地下设施文物保护和资源保护。

6.2 地铁车站绿色施工组织与管理

6.2.1 绿色施工组织与管理基本理论

施工组织一般通过工程施工组织设计进行体现,施工管理则是解决和协调施工组织设计和现场关系的一种管理。施工组织设计是施工管理的核心内容、是施工管理的重要组成部分。施工组织设计是用来指导施工项目全过程各项活动的技术、经济和组织的综合性文件,是施工技术与施工项目管理有机结合的产物,它能保证工程开工后施工活动有序、高效、科学、合理地进行。因施工组织设计的复杂程度根据工程具体的情况差异可以不同,考虑的主要因素包括工程规模、工程结构特点、工程技术复杂程度、工程所处环境差异、工程施工技术特点、工程施工工艺要求和其他特殊问题等。一般情况下,施工组织设计的内容主要包括施工组织机构的建立、施工方案、施工平面图的现场布置、施工进度计划和保障工期措施、施工所需劳动力及材料物资供应计划、施工所需机具设备的确定和计划等,对于复杂的工程项目或有特殊要求及专业要求的工程项目,施工组织设计一般应详细制定;由于小型的普通工程项目可参考借鉴的工程施工组织管理经验较多,因此施工组织设计可以简略一些。施工组织设计可根据工程规模和对象不同分为施工组织总设计和单位工程施工组织设计:施工组织总设计要解决工程项目施工的全局性问题,编写时应尽量简明扼要、突出重点,组织好主体结构工程、辅助工程和配套工程等之间的衔接和协调问题;单位工程施工组织设计主要针对单体建筑工程编写,其目的是指导工程施工过程,明确施工方案各工序工种之间的协同,根据工程项目建设的质量、工期和成本控制等要求,合理组织和安排施工作业,提高施工效率。

6.2.2 绿色施工组织与管理的内涵

(1) 绿色施工管理参与各方的职责

绿色施工管理的参与方主要包括建设单位、设计单位、监理单位和施工单位，由于各参与单位角色不同，在绿色施工管理过程中的职责各异，具体如下：

1) 建设单位

编写工程概算和招标文件时，应明确绿色施工的要求，并提供包括场地、环境、工期、资金等方面的条件保障；向施工单位提供建设工程绿色施工的设计文件、产品要求等相关资料，保证真实性和完整性；建立工程项目绿色施工协调机制。

2) 设计单位

按国家现行有关标准和建设单位的要求进行工程绿色设计；协助、支持、配合施工单位做好建筑工程绿色施工的有关设计工作。

3) 监理单位

对建筑工程绿色施工承担监理责任；审查绿色施工组织设计、绿色施工方案或绿色施工专项方案，并在实施过程中做好监督检查工作。

4) 施工单位

施工单位是绿色施工实施的主体，应组织绿色施工的全面实施；实行总承包管理的建设工程，总承包单位应对绿色施工负总责；总承包单位应对专业承包单位的绿色施工实施管理，专业承包单位应对工程承包范围的绿色施工负责；施工单位应建立以项目负责人为第一责任人的绿色施工管理体系，并制定绿色施工管理制度，保障负责绿色施工的组织实施，及时进行绿色施工教育培训，定期开展自检、联检和评价工作。

(2) 绿色施工管理主要内容

绿色施工管理主要包括组织管理、规划管理、实施管理、评价管理、人员安全与健康管理五个方面。

1) 组织管理

a. 建立绿色施工管理体系，明确组织机构及职责。

b. 项目负责人为绿色施工第一责任人，负责绿色施工的组织实施及目标实现，并指定绿色施工管理人员和监督人员。

2) 规划管理

规划管理主要是指绿色施工方案的编写。绿色施工方案是绿色施工的指导性文件，在绿色施工方案中应对绿色施工所要求的"四节一环保"内容提出控制目标和具体控制措施。

全面规划，合理布局，预防为主，综合治理，强化管理。把环境保护的好坏作为工程是否创优的重要标准，严格贯彻执行"谁污染谁治理，谁破坏谁恢复"的环保原则。环境污染控制有效，土地资源节约利用，水保措施落实到位，工程绿化完善美观，努力建成一流的资源节约型、环境友好型的高质量城市轨道交通。坚持做到"少破坏、多保护，少扰动、多防护，少污染、多防治"，保证严格按照环评档案及其批复执行环保工作。

3) 实施管理

a. 绿色施工应对整个施工过程实施动态管理，加强对施工策划、施工准备、材料采购、现场施工、工程验收等各阶段的管理和监督。

b. 结合工程项目的特点，有针对性地对绿色施工做相应的宣传，通过宣传营造绿色施工的氛围。

c. 定期对企业人员进行绿色施工知识培训，增强其绿色施工意识。

4）评价管理

a. 针对绿色施工评价的环境保护、节材与材料资源利用、节水与水资源利用、节能与能源利用、节地与土地资源保护五个要素，系统地提出绿色施工要求。

b. 对照《绿色施工导则》的指标体系，结合工程特点，对绿色施工的效果及采用的新技术、新设备、新材料与新工艺，进行自评估。

c. 成立专家评估小组，对绿色施工方案、实施过程至项目竣工，进行综合评估。

5）人员安全与健康管理

人员安全与健康管理是绿色施工管理的重要组成部分，主要包括工程技术人员的安全、健康、饮食、卫生等方面，旨在为相关人员提供良好的工作和生活环境。

从绿色施工管理的以上五个方面来看：组织管理是绿色施工实施的机制保证；规划管理和实施管理是绿色施工管理的核心内容，关系到绿色施工的成败；评价管理是绿色施工不断持续改进的措施和手段；人员安全与健康管理则是绿色施工的基础和前提。

6.3 地铁车站绿色建造技术在设计中应用

地铁车站建设过程中，从设计的角度，引入绿色建造技术，对提升工程建设行业绿色建造水平，起到重要的作用，从而达到促进工程建设行业绿色低碳循环发展，贯彻生态文明和绿色发展理念的目的。

6.3.1 线站位设计绿色建造应用

（1）站位设置

轨道交通3号线的站位选择过程，亦是与沿线规划紧密结合、实时互动的过程。青秀山是南宁市著名的5A级风景区，该站周边建（构）筑物密集、控制因素多，地势变化复杂，同时区间需下穿邕江，该站的选址是全线的重难点，见图6-2。

选线设计过程中将青秀山站及相邻区间作为整体统一研究，进行多方案整体比较，最终确定将站位设置于青秀山西门附近。

青秀山站站位设置于景区的西侧，对青秀山风景区的自然环境、景观效果的影响小，体现了车站与自然环境的融合与和谐。该站位周边亦邻近居民小区、餐饮商业区，客流吸引效果好。

另外出青秀山站后，东侧即为青秀山风景区西大门，对于前往青秀山风景区的游客及市民极为便利，对大众选择公共交通、绿色出行起到了积极的引导和鼓励作用，降低了私家车前往风景区的使用率。

（2）线路优化

在线路设计过程中，结合地形地势、地质条件，选择合适的车站轨面标高，遵循"高站位、低区间"的设计原则，优先采用节能坡设计。通过将青秀山站站位标高进行优化设

图 6-2 青秀山站站址环境

计,将青秀山站设置在高处,低处位于市博物馆—青秀山站区间中间,形成了"V"形坡。线路在进出车站区段采用了节能坡设计,列车自市博物馆站向青秀山站行进,离开市博物馆站后的下坡阶段,借助下坡的势能,可有效实现节约牵引耗电量、节能减耗的目的。进入青秀山站前的上坡阶段,借助上坡的坡度阻力,将动能转化为列车的势能储存起来,以缩短制动时间,减少制动发热,节约环控能量消耗。同时,节能坡的设置亦延长地铁车辆加减速系统的使用寿命,节约了日常车辆维修费用等运营资源,实现了地铁的绿色可持续发展。

6.3.2 车站建筑设计绿色建造应用

(1) 车站建筑方案设计

青秀山风景区地势较高,但线路自青秀山引出后,即需下穿邕江,该情况决定了车站轨面埋深接近60m。

常规地铁车站,站厅、站台均考虑明挖修建,如青秀山站采用这种方式,明挖深埋车站的土方开挖量、工程材料及资源投入将极高。针对该情况,青秀山站采用明暗挖结合的形式,采用明挖地下三层站厅层、暗挖分离岛式站台的方案。

该方案设计的特点在于:采用地下三层的明挖站厅,减少了站厅层埋深,提高了乘客的服务水平;站台层采用暗挖,从根源上控制了车站的规模,最大限度减少全明挖车站的规模,大大降低了土方开挖量,节省了大量工程材料及资源。

对于车站建筑内部方案的设计,亦从绿色建造角度,进行合理的设计优化。将车站暗挖施工所需的临时竖井,设置为永久结构,作为车站通风所需风井,进行综合利用设计。与通风空调专业深入协调配合,通过合理布置排风道及设备用房,减小通风系统的管路长度以达到节能效果。通过对车站活塞风井的合理设计,并结合线路及车站条件,避免了设置青秀山站—市博物馆站区间中间风井,节省了在邕江边建造一个区间中间风井近4000万元的投资。通过对火灾场景及疏散场景的性能化模拟研究,论证了车站设计可以保证车站内人员能够在烟气浓度达到人体耐受极限条件之前疏散至安全区域,可以达到消防安全设计目标。青秀山站埋深较大,如采用常规的多次提升的扶梯方案,每段扶梯均需要设置上下水平段,且上下扶梯中间还需要5m左右的缓冲平台,现考虑采用一次提升的方案,站台至站厅共设置5台提升高度约26.3m的公共交通重载型自动扶梯,仅有一台扶梯的上下水平段,扶梯段水平投影长度缩短16m以上,从而减少了土建规模,节省了造价。

青秀山站车站地势高差大,车站附属建筑位于山坡一侧,同时车站亦位于青秀山风景区范围。设计考虑车站附属建筑依山势而建,通过优化设计,将车站附属功能结构有机地融入周边环境,从而使得车站功能与周边环境达到和谐平衡的状态。

青秀山站首次采用了山体侧出风亭的方案,将风亭出风口融入边坡绿化中去,并设置绿化平台,使得平台与山坡一侧立体停车场风格协调匹配。于边坡侧设置出入口,出入口隐入边坡绿化中,见图6-3、图6-4。

图6-3 青秀山站附属建筑与山坡协调方案效果图

图6-4 青秀山站附属风亭现状图

对于出地面的垂直电梯及 1 号紧急疏散口，采用半埋式设计，减少露出地面的建筑体量，从而减少对周边环境的影响，见图 6-5。

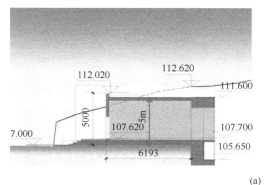

(a)

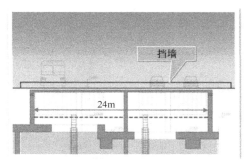

(b)

图 6-5　青秀山站附属风亭现状图
(a) 1 号紧急疏散口半埋式设计 1 号紧急疏散口；(b) 风亭剖面图风亭立面图

对于高风亭，设计有民族风情的挂壁，使得附属建筑高风亭更好地融入周边环境，见图 6-6。

（2）装配式技术的应用

装配式轻质隔墙首次应用在南宁轨道交通建设中，体现节能、节土、轻质、保护环境的特点。装配式轻质隔墙可减少湿作业施工，提高了车站内部结构施工效率，该隔墙具有防火、轻质、环保、防潮、施工便利等多个优点，同时亦能实现二次使用，见图 6-7。

图 6-6　高风亭挂壁设计　　　　　　图 6-7　装配式轻质隔墙

车站出入口为钢结构骨架加铝板及玻璃幕墙的装修风格，采用构件分块由工厂进行标准件焊接制作、现场拼装的装配式工艺，3天即可完成标准出入口钢结构安装，而常规出入口钢结构安装方式，工期长达一个半月。车站出入口装配化设计，既保证了工程质量，又大大提高了安装效率，节约了人力物力，同时减少了出入口施工时对周边环境的影响，见图6-8。

青秀山站车站内部装修，采用模块化的装修材料进行装修，施工便捷、标准化，同时亦有美观、耐用、易维护的特点。模块化安装，减少了工人现场拼接的环节，减少了吊杆的使用，同时，模块化安装亦减少了常规装修施工过程的粉尘、噪声的产生，为施工工人提供较为友好的施工作业环境，见图6-9。

图6-8　出入口装配式钢结构　　　　　图6-9　车站内部模块化装修

（3）车站绿化设计

在车站建筑设计过程中，提出了站内绿化设计的理念。在车站公共区域装修设计时，通过在站内公共区域布置各种景观绿植，自动净化站内公共区域空气，可减少空气中的浮尘度和各种有毒有害物质，同时增加空气湿度。站内绿化设计，提高了站内空气质量，亦对车站内部环境进行一定美化，有利于消除乘客视觉疲劳，提高乘客舒适度和满意度，将绿色环保与服务乘客有机结合。对于车站附属建筑外侧绿化，提出了垂直绿化的理念，并考虑青秀山风景区的环境特点，将站外绿化与周边环境结合。通过在附属建筑外墙设置绿植，对车站外部结构进行一定美化，将附属建筑融入山坡绿化景观，见图6-10。

图6-10　车站外垂直绿化

(4) 人性化设计

为了提升车站对乘客的服务水平，使乘客拥有健康、舒适、高效的乘车空间，青秀山站采用了多方面的人性化设计。针对大埋深车站，站台至站厅采用一次提升方案，共设置5台提升高度约26.3m的公共交通重载型自动扶梯，给乘客更好的乘车体验，见图6-11。南宁市电动自行车出行占所有出行方式的首位，约为36%。针对这一特殊情况，专门进行了交通接驳的专题研究，在车站外设置了放置电动车的专门区域，方便电动自行车及共享单车的停放。同时，调整了公交站点分布，设置了出租车泊位，实现全公共出行方式与轨道交通的接驳，使地铁与南宁市民出行最后一公里无缝衔接。车站于道路两侧均设置出入口，方便道路两侧的乘客进站，最大范围地服务周边群众。

图 6-11 青秀山站自动扶梯

(5) BIM技术的应用

车站建筑设计采用了BIM技术，通过运用BIM技术，对各个建设阶段的设计方案进行性能的模拟、对比、分析，确定具有最佳性能的建筑方案。通过BIM技术，还可以节省各专业协调配合的资源，通过可视化设计、协同设计等，利用BIM模型在空间上协调建筑物的各类设备系统（建筑、结构、空调、管线等），确保施工图与建筑物之间没有错漏碰缺现象，消除施工障碍，避免了冲突碰撞导致的返工，减少了资源浪费，实现绿色智能建造。同时，BIM集成的建筑信息数据库，有助于车站建筑后期运营维护管理，能够为保修服务的快速响应、降低运营维护成本提供数据支撑，见图6-12。

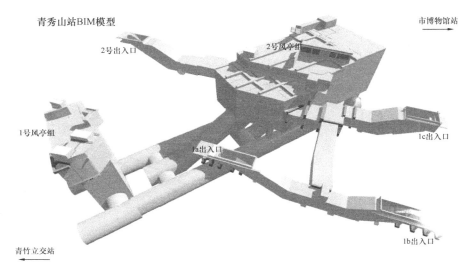

图 6-12 青秀山站BIM模型

(6) 消防设计

受限于周边环境及线路条件，青秀山站轨面埋深达53m，对此深埋车站，消防安全疏散设计是工程的重点和难点。

为满足消防疏散的要求，车站土建配合多种方案进行设计对比。设计之初，就提出采用浅埋站厅两端大竖井电梯群方案。该方案车站地下一层为站厅层，地下 7 层为站台层；站台至站厅高度为 40.95m；站台至站厅采用宽体高速组合消防电梯群（共 18 台）提升。车站土建明挖层数达 7 层，土建规模庞大，见图 6-13。

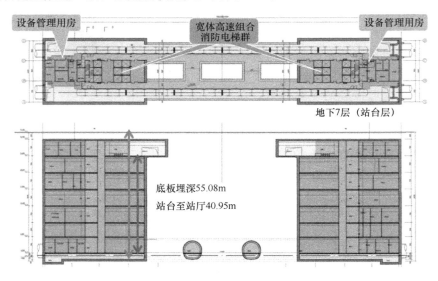

图 6-13　宽体高速组合消防电梯群消防疏散方案

通过对消防疏散方案的分析优化，提出明暗挖结合的车站方案，亦能满足消防疏散的要求。该方案站厅层位于地下四层，站台层暗挖，站台至站厅设置了提升高度达 26.3m 的公共交通重载型自动扶梯一次提升，同时设置直通地面的疏散楼梯，满足消防疏散功能的同时，车站仅需明挖 4 层，土建规模减小，节省了资源，见图 6-14。

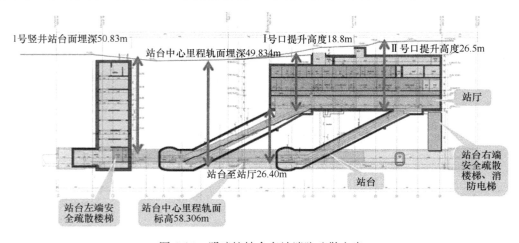

图 6-14　明暗挖结合车站消防疏散方案

控制车站内的可燃物数量，降低车站的火灾危险性，是保证车站消防安全性的根本。本工程在设计时，应考虑对可燃物进行控制：

1）布置在车站站厅和站台公共区的电气线路均要求使用低烟无卤阻燃型电缆并设置电气火灾监控系统。

2）在装修方面，顶棚、墙面、地面的装饰应采用 A 级材料，车站公共区内的广告灯箱、休息椅、电话亭、售（检）票机等固定服务设施的材料应采用低烟、无卤的阻燃材料。

3）地下车站的站台、站厅疏散区和通道内不得设置任何商业设施。

青秀山站为超深埋车站，其消防设计存在部分设施无法完全按照现行规范设计的问题。车站埋深较深时，一旦发生火灾，烟雾排出阻力相对常规埋深车站大，烟气气流组织较为复杂。针对人员的疏散和相应的烟控策略，对设计方案引入消防性能评估，从保守、不利的角度出发，设置了多个火灾和疏散场景，采用火灾专用模拟软件 FDS 进行量化模拟，分析烟气流动蔓延情况；采用疏散模拟软件 STEPS 对南宁市轨道交通 3 号线青秀山站进行整体疏散模拟，最终达到设定的消防安全设计目标。

（7）装修材料绿色环保

青秀山站车站装修设计基于安全、适用、经济、美观的原则，车站装修的建筑技术、建筑构造、建筑材料、设备应尽可能采用成熟的新技术成果，并达到绿色环保的要求。装修材料的选用，充分考虑材料的耐久、防火（不燃）、防潮、防腐等性能，同时要求无毒、无异味、防滑、防静电吸尘，且放射性应符合国际标准，从而保证乘客在车站环境内的舒适体验及身体健康。同时装修材料的采用应考虑其易清理打扫的性能，便于施工及后期运营维护，节省后期运维的资源，见图 6-15。

图 6-15 青秀山站站厅装修

6.3.3 车站结构设计绿色建造应用

（1）车站周边建筑物环境保护

青秀山站位于凤岭南路与青山路交叉口东侧约 180m，车站周边主要建筑物有英华青山立交工程、秀山花园小区、青秀山风景区西门区停车场和景区管委会、金汇如意坊及八角楼，场地周边亦存在大量地下管线，见图 6-16。

青秀山站基坑周边地层上部主要是人工填土、素填土，下部是粉砂质泥岩和泥质粉砂岩。粉砂质泥岩具有遇水软化的特性，属于中等膨胀土。

车站施工需进行深基坑开挖，同时需对地层进行大规模降水作业，以上施工作业均会对车站周边建筑物及管线产生一定影响。

基于保护环境以及减少对周边居民生活的影响为出发点，车站结构设计应考虑对建筑物及环境的保护措施：

1）监测项目针对性设计及施工监测要求。根据基坑特点考虑监测范围，以从基坑边缘向外 1~3 倍开挖深度范围内的建（构）筑物、地下管线等作为监测对象；要求施工前应对周边的建筑物进行第三方鉴定，获知既有建构筑物结构状态；观测点的布置应能满足

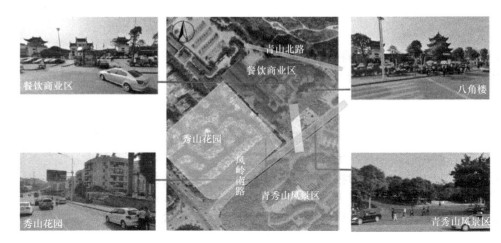

图 6-16 青秀山站站位周边环境

监测要求，对监测初始值严格要求，将各监测项目在基坑施工影响前连续观察三次的稳定值算得的平均值作为监测项目初始值；规定了特殊情况（例如变形超过控制值、场地条件变化较大、出现危险事故征兆）下的监测要求；要求施工监测及时反馈数据，与设计密切配合，实现信息化施工，做到随时预报，及时处理，防患于未然。

2) 通过三维建模进行数值分析，模拟降水作业对地层变形及周边建（构）筑物沉降的影响，确保降水施工对周边环境的影响可控。同时，车站降水作业要求采用自动水位监测技术，使用自动启停泵，精密控制水量。

3) 车站采用明暗挖结合的形式，大大减少了车站明挖规模，避免了大规模迁改车站周边管线，节省了管线迁改的费用。

4) 结合车站主体基坑地质和周边建构筑物情况，对距基坑较近的建筑物采用保护及加固措施：

a. 金汇如意坊等低层餐饮商业建筑为地上 1～3 层结构，车站距离金汇如意坊 7.0m，采用加强监测、跟踪注浆的方案；英华青山立交工程，采用钻孔灌注桩支护，车站施工时应对其重点监测；

b. 青秀山管委会，为框架 1～3 层结构，独立基础，距离车站 9m，场地平整时采用桩锚结构进行边坡支护，同时对建筑进行地面跟踪注浆加固；

c. 青秀山风景区西门区停车场改建工程，框架 3 层，独立基础，距离车站 11m，施工时应对其重点监测。

对建筑物的注浆加固保护措施，应以跟踪注浆为主，根据监测数据的变化实时判断，精确调整是否需进行注浆加固。

5) 通过精心计算及设计，青秀山站明挖地下结构及暗挖结构可抵挡深埋车站的高水压，车站防水考虑全外包防水。全外包防水的设计，避免了地下结构的排水设计对地下水的影响，避免了地下水的抽排对水资源的浪费。

(2) 结构材料优化选择

青秀山车站结构体量规模较大，在设计之初，建筑材料的选用就考虑了绿色环保以及可持续性。

1) 车站结构设计时,大规模采用高强度钢筋代替低强度钢筋。结构中应用高强度钢筋,可减少钢材总使用量,从而减少钢材生产加工过程中产生的各种污染及二氧化碳的排放,真正起到绿色环保的作用。

2) 车站永久结构均要求采用高性能混凝土。高性能混凝土优先以耐久性作为设计的主要指标,针对不同用途要求,对耐久性、工作性、适用性、强度、体积稳定性和经济性等性能进行重点保证。采用高性能混凝土,提高车站结构混凝土耐久性能,延长结构使用寿命,减少对结构后期维护的资源。

3) 优先选用绿色建材,车站防水材料、混凝土添加剂等均要求无毒、无污染,以减少对周边地层地下水的污染。

（3）车站新增竖井及横通道设计优化

青秀山站为地下 3 层（局部 4 层）明暗挖结合的分离岛式站台车站,车站横跨凤岭南路,在凤岭南路北侧的金汇如意坊广场设置明挖活塞风井,南侧青秀山公园内设置地下 3 层（局部 4 层）明挖站厅,明挖站厅通过从底板设置斜向下扶梯斜通道与站台层横通道中部相通,两条扶梯斜通道夹在平行站台层隧道中间,站台层隧道、横通道及斜扶梯通道均采用矿山法施工。

在原车站设计方案的工程筹划中,采用车站北端 1 号风亭组及明挖站厅中 4 个竖井方案作为本车站暗挖站台隧道的主要作业通道,见图 6-17。

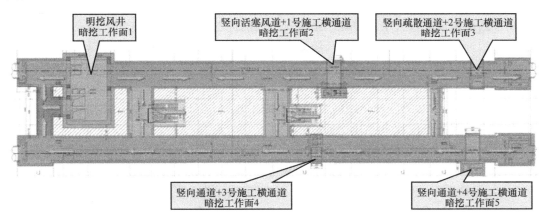

图 6-17 原设计方案车站暗挖隧道施工步骤图

由于受到消防设计评审、征地拆迁等因素影响,本车站无法按照原计划时间节点开工建设,工期将滞后 10 个月之久,这将导致青秀山站盾构接收、南宁 3 号线区间全线洞通、青秀山车站土建完工等节点均无法满足工期要求,甚至影响 3 号线如期开通。该问题将产生较大的社会影响,并造成人力及资金资源的损失。

对此,设计从经济、工期、技术、安全等方面进行多方案的充分论证,在车站东侧、凤岭南路南侧新增一座竖井及临时横通道,作为车站暗挖站台隧道的主要施工通道。

青秀山站暗挖站台隧道长 184.7m,新增竖井处于暗挖站台隧道中部,与暗挖隧道通过横通道相连接,可为隧道施工提供 4 个工作面,横通道距离车站大里程端约为 105m,距离活塞风井端头墙约 55m,按初步设计每月进度指标,则 9 个月每个工作面可开挖隧道约为 90m,考虑 4 个工作面的交叉干扰,可利用北端 1 号风亭组的隧道施工工作面进行接应。新增竖井及横通道设计优化后，相比原设计方案节约工期10个月，完全能满足工期节点的要求，避免了工期延误造成的影响以及人力、资金资源的损失，见图6-18。

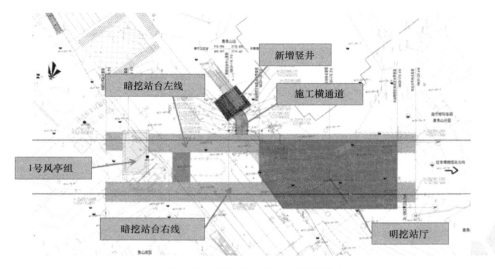

图6-18 新增竖井及施工横通道方案

（4）车站工法设计优化

在车站结构设计过程中，在确保结构安全的前提下，对于工法选用，应充分考虑最大限度地节约资源、减少浪费、保护环境减少污染的设计理念。主要体现在以下方面：

1）1号风亭超深竖井常规情况需设置多道混凝土内支撑，设计考虑将主体结构板环梁兼作内支撑，减少了混凝土支撑的混凝土弃方废料。

2）针对青秀山站的深埋车站站台层，考虑采用暗挖工法，节省采用明挖法施工时产生的大量临时围护工程和土方开挖量。

3）1号风井设计考虑为半逆作法施工，有效地减少了环梁等临时混凝土废弃量；立柱采用了钢管混凝土柱，减少常规大截面钢筋混凝土立柱的混凝土用量。

4）常规情况下的暗挖隧道施工，多采用全断面注浆的地层加固工艺。青秀山站暗挖工程所处地层为泥质粉砂岩，该地层在有水情况下易松散不稳定，在无水条件下稳定性好。针对该特点，对地层采用以降水为主、注浆加固为辅的加固方案，减少了全断面注浆对周边地下水的污染，降低了施工风险，节省了造价。

6.3.4 车站机电系统设计绿色建造应用

在地铁车站运营过程中，节能降耗具有重要的经济意义及环保意义。青秀山站车站机电各专业设计，从源头上对各系统进行优化设计，以达到节能降耗的最终目的。

（1）通风空调绿色节能设计

1）通过与建筑配合，将车站中各区域使用功能、环境控制参数要求、运行时段要求及消防要求相同或相近的设备及管理用房集中布置，并按此分类设置通风或空调系统以简化控制、实现节能运行；对于地下车站通风与空调系统的设备用房按照就近服务和邻近进、排风道的原则灵活布置，以尽量减小通风系统的管路长度和尺寸、减少运行费用。

建筑在设计车站出入口时设置拐弯，避免同一端的两侧出入口处于正对位置。增加室外空气进入车站的阻力，从而减少由于站台门打开时车站内的负压造成的室外空气直接进入车站的风量。

2）隧道通风系统在车站左端采用双活塞风井的方案，可节省列车空调及牵引能耗，减少站台门泄漏冷负荷，通过该优化措施，经测算每年可节省耗能约 11.43 万 kWh。

3）车站隧道排风机采用变频控制，在保证隧道内温度的前提下，减少系统运行能耗，同时可降低车站隧道内负压，减少站台冷风通过站台门漏入隧道，节约能源，通过该优化措施，经测算每年可节省耗能约 1.12 万 kWh。

4）大系统组合空调器、回排风机、冷水泵采用变频控制，在保证车站卫生要求的前提下，设计有效的运行模式，分析计算能耗，实现综合节能。

5）在大系统全新风及通风工况下，关闭回排风机，大系统送风量通过车站出入口及车站隧道进行无组织排风，在满足环境要求条件下进一步节约运行能耗。

6）适当加大送风温差，并在满足国家节能标准和噪声标准的前提下适当提高送风速度。通过优化风管设计，保证其在经济流速范围内。

7）采用不低于一级能效的冷水机组和多联空调机组，节省能耗。风机、水泵、冷却塔采用高能效设备。

8）对管路进行严格的水力计算，确保风机及水泵的压头选取合理，设备运行在高效区。

(2) 车站给排水绿色建造设计

1) 供水压力优化

青秀山站车站给水排水设施充分利用了市政给水排水系统和市政自来水供水压力。青秀山属于深埋车站（埋深 60 多米），站厅层及站台层用水点供水压力过高，在满足最不利用水点所需水压的情况下，加装了减压阀。生活、生产给水系统最低点处配水点供水压力按不大于 0.20MPa 控制，节约用水并降低噪声。

2) 给水排水设备优化

车站合理配置了给水排水设备，水泵选型选用节能效果显著的优质节能水泵。同时，选择了优质的管材、阀门及其他给水配件，关断阀门采用关闭比较严实的截止阀、闸阀，尽量减少给水的泄漏。

车站卫生间采用非接触式和节水型卫生器具。蹲式大便器冲洗阀采用干电池感应式大便冲洗阀；坐便器采用冲洗水箱；小便器采用干电池供电的感应冲洗阀；洗脸盆采用干电池供电的感应水龙头。采用节水型卫生洁具，所选择的产品均应符合现行行业标准《节水型生活用水器具》CJ/T 164 的要求。给水配件采用红外感应冲洗阀或给水水嘴。

3) 雨污水处置

车站室外雨水充分利用地形高差，采用重力流直接排放，避免了提升排放。同时，利用室外绿化层截留初期的雨水量，节省使用自来水水源浇灌绿化带的用量。

对于车站的污水，亦考虑了绿色环保的处理技术。车站污水经半真空污水提升装置提升至室外消能后，排至污水化粪池处理后，再经埋地一体化污水处理装置处理达标后，排至市政雨水管网或混流管内。

(3) 动力照明绿色节能设计

车站动力照明主要从绿色照明、能耗管理以及能量回收三个方面进行考虑：

1) 绿色照明

车站公共区、出入口通道、设备区走道、车控室、站长室、会议室等场所采用选用高效、节能、使用寿命长的 LED 灯具，要求 LED 的使用寿命不低于 5 万 h。灯具色温在 4000±300K 范围内，显色指数 $Ra \geqslant 80$，公共区 LED 灯具自带 DC0-10V 调光器。车站各区域照明功率密度值达到或低于国家相关标准规定的目标值。

车站设置智能照明控制系统，照明配电及控制室设置智能照明主机，站厅、站台、出入口、票亭等部位设置智能传感器，可以根据地铁的运营情况实现对照明系统的多种模式控制，具有正常模式、节电模式、火灾模式、停运模式、调光模式、进站模式、出站模式、节日模式等，大幅度减少电能损耗，达到了良好的节能效果。

2) 车站设置能耗管理系统

车站变电所开关柜、环控电控柜每个馈出回路配置多功能电力仪表，自动完成信息采集、测量、控制、保护、计量、监测等功能，可对分类、分项、分户、供电回路一段时间内的任意时段计量数据进行统计分析，并将整合后的数据通过 PSCADA 上传至综合监控系统。有利于合理安排生产计划，优化负荷分配，节约了电力成本以及检修成本。

3) 能量回收

在供电系统中设计考虑采用再生制动能量回收装置，该装置可将机车制动时的车辆动能以电能的形式回馈至供电系统，从而达到节能减排的目的。

青秀山站设置了一套中压逆变型再生能量利用装置用于再生能量利用，通过模拟计算，分析线路初、近、远期，全天各时段全线回馈电能，全线有 8 个站点采用再生能量利用技术。根据仿真分析并按平均计算，青秀山站初期每天反馈的电能约为 1668kWh，近期每天反馈的电能约为 2148kWh，远期每天反馈的电能 1802kWh。考虑到车辆进站速度较低时，采用空气制动，消耗的一部分制动能量，以及设备本身的损耗，反馈电能按 20% 损耗，即吸收的总电能约为：

初期：$1668 \times 80\% = 1350.4$ kWh

近期：$2148 \times 80\% = 1817.4$ kWh

远期：$1802 \times 80\% = 1441.6$ kWh

电费按 0.7 元/kWh 进行考虑，则在地铁运行初期（3～10 年），每年青秀山站设置再生装置节约电能而节省的电费总费用为：

$$1350.4 \times 365 \times 0.7 = 34.5 \text{ 万元/年}$$

青秀山站采用的再生能量利用技术，有效地回收电能，达到了节能减排、节约资源的目的。

(4) 综合监控、AFC 绿色节能设计

1) 综合监控系统

综合监控系统是高度集成化的先进计算机系统，集成和互联了多个自动化系统后，大量减少了计算机产品的使用，对环境影响降低了很多。另一方面，综合监控系统实现了统一的系统平台，各专业资源充分共享，综合监控系统通过软件功能，如时间表控制、系统协调运作，达到节能减排的目的，间接实现了环境效益。

2) AFC

青秀山站车站自动售检票系统开通二维码进出站功能，乘客可直接打开"爱南宁"或

"支付宝"APP点击乘车码即可实现扫码进出站功能。

二维码支付技术将互联网技术引入传统自动售检票系统中,与传统票务相比,具有以下特点:

a. 非现场购票,购票方式方便快捷,无需现场排队等待;
b. 支付方式灵活多样,不需要使用现金支付,只需电子乘车凭证,携带和使用方便;
c. 减少地铁现金流,降低现场现金处理压力,降低运营成本;
d. 减少设备运行荷载,减少设备故障率,延长设备使用寿命,降低现场设备维护成本。

6.4 绿色建造技术在地铁车站施工中的应用

6.4.1 地铁车站降水施工

青秀山站场地标高108.5~112.3m,车站位于古近系半成岩地层中,从上至下为:表层为可塑~硬塑状素填土①$_2$;中部为泥岩、粉砂质泥岩⑦$_{1-3}$;下部为粉砂岩、泥质粉砂岩⑦$_{2-3}$、⑦$_{3-3}$。地下水主要为上层滞水、第四系松散岩类孔隙水、碎屑岩类孔隙裂隙水,地下水静止水位高,静止水位平均高程75~80m,水头压力大。

古近系半成岩的泥岩、粉砂质泥岩属于膨胀性土,风干开裂,遇水易崩解,强度迅速降低,软化后完全呈泥化状态,岩土的工程性质较差,工程难度大;古近系粉砂岩、泥质粉砂岩属于中等透水地层,在施工的扰动下,地下水位产生变化诱发渗漏力,严重影响地层的稳定性,不利于进行车站暗挖隧道的开挖支护。

施工时采用绿色降水工艺,过程中进行严格的抽水试验、模拟反演地层参数、监测预测,并对降水方案中70口降水井的施工、生产验证及运行管理进行全过程控制,成功实现了复杂地质环境条件下超深(>75m)管井降水施工,并取得较好的降水效果,水位降深40m,水位均降低至隧道底板以下3~5m,实现了暗挖隧道无水作业,并且无需进行全断面超前注浆,大量节约成本,同时减少注浆对环境的污染。

抽出的地下水可用于工地进出车辆冲洗、水下灌注桩的泥浆调配等,加大了水资源的二次利用,有效地实现了绿色建造中的"节水"环节,见图6-19。

图6-19 地下水的利用

通过加强运行管理，节约成本费用约 138 万元；通过利用自制洗井器进行二次洗井，改善了洗井效果，提高了施工效率，加快了洗井进度，节约工期约 45 天，自制轻型洗井器较传统空气压缩法洗井在能耗上节约用电 2.1 万元，机具租赁费用节约 38 万元。水资源的二次循环利用节约 40 万元，共计节约费用达到 218 余万元。

6.4.2 地铁车站废弃支撑梁混凝土再生利用

大型地下工程需要用到大量的混凝土支撑＋环框梁支撑体系，施工主体结构时，需要将混凝土支撑体系切割、破碎，并作为工程垃圾遗弃，浪费了大量的人力、物力，同时污染环境，不利于施工环保。青秀山站通过绿色建造研究，利用拆除的废弃混凝土支撑破碎结构，加工成绿色建材再生石子。通过直接将混凝土块作为片石块用于淤泥段道路的路基回填，将废弃混凝土破碎后用于建筑物基础垫层或带路基层，将废弃混凝土破碎、筛分、分选、洁净处理后代替天然骨料使用，充分提升废弃混凝土的价值，使其实现资源再利用，打造废弃混凝土的"重生之路"。

（1）现场初级破碎

对切割下来的支撑梁进行机械破碎，形成 20～30cm 粒径的块状混凝土及部分小石块。少部分直接用于项目施工建设的施工便道地基换填，减少固体建筑垃圾外弃。

（2）现场进行粗分破碎

经机械初级破碎混凝土块后，采用挖机在场地内进行归堆，利用移动式碎石机现场进行粗分破碎，生产出石粉与各种粒径的粗骨料混合而成的级配碎石，见图 6-20。粒径最大尺寸不超过 5cm，以 0～30mm 粒径尺寸为主。对检测通过的骨料、石粉组成的级配碎石料用作排水管道垫层及回填、路基施工填筑、人行道施工等。如需进一步用作新建道路的级配碎石层原材料或者混凝土骨料使用，则采用车辆运输到场站进一步筛分后，对破碎、筛分料的压碎值、含泥量、针片状等指标进行检测，检测合格的骨料、石粉可用作原材料。

图 6-20　碎石机进行现场破碎

施工绿色环保，破碎施工直接在现场进行，废旧材料再生利用，避免废旧材料大量外弃；减少固体建筑垃圾外弃，不污染环境；间接减少资源开采，积极响应国家"绿水青山"政策，保护了周边自然环境；实现了绿色建造中的"节材"环节。按时保质完成工程建设，因项目所需石材体量较大、较集中，废旧材料的再生利用，缓解了石材供不应求的局面，同时保障工期要求。不外弃，现场破碎后利用，每 1m³ 碎石可节约成本 105－23＋

30＝112元，总节约成本为4000m³×112元/m³－950元/每台班×5台班（小挖机配合需5个台班费用）＝438500元。

6.4.3 地铁车站暗挖隧道绿色建造应用

（1）暗挖隧道施工工法优化

站台层暗挖隧道包括连接新增竖井与正线隧道的施工横通道、站台层隧道、横通道、连接站厅基坑与站台层隧道的竖向通道及扶梯斜通道。站台层暗挖隧道整体位于⑦$_{2-3}$泥质粉砂岩中，隧道的围岩等级为Ⅵ级。车站隧道采用马蹄形复合式衬砌结构。

初步设计采用CRD法施工，由于青秀山站施工降水取得了显著的效果，隧道围岩干燥、稳定性良好，围岩的天然强度提高到1.0～2.9MPa，围岩等级调整到Ⅴ级，为青秀山站暗挖隧道洞群施工创造了有利的安全条件。结合施工工期、场地空间条件、暗挖隧道水平与垂直运输条件及工程地质条件，初期由CRD法调整为CD法施工。

由于站台层隧道的使用要求，暗挖站台层隧道断面变化频繁（正线共5种断面，分别为A、B、C、D、E断面），如小断面变大断面、大断面变小断面、十字交叉节点、立体交叉节点，施工安全风险高。按照CD法施工，空间小，设备使用空间不足5m，施工时间不可控，各部工序的持续时间长，导致作业不连续，工期效益低下。

在车站降水施工效果良好，暗挖隧道整体处于无水施工条件下，根据车站绿色建造研究主题，暗挖隧道施工引进了成熟的短台阶三台阶快速成环施工工法，结合青秀山站降水效果良好、使用先进高效的新型高频震动破碎锤、铣挖机联合开挖机械的现场工程实际，形成了符合青秀山站工况的短台阶三台阶快速成环施工工法。

施工采用三台阶法开挖，成功解决开挖隧道直径小、施工工期紧、隧道内水平运输能力有限的问题，有效控制了隧道开挖超欠挖，降低材料消耗与缩短施工循环时间，提高了施工效率，见图6-21。施工过程中，开挖支护的监控量测数据均稳定，未出现异样情况，拱顶沉降累积最大变形量为－12.3mm，净空收敛累积最大变形量为－2.5mm，开挖过程无任何坍塌、涌挤现象出现。

通过开挖工法优化，有效降低了成本，节约直接投资近340万元；工期效益显著提高，节省工期78天，取得了较好的经济效益和社会效益。

图6-21 CD法及三台阶法施工照片

（2）暗挖隧道非爆开挖绿色工艺

青秀山站暗挖隧道穿越如意坊仿古建筑群、秀山花园小区、凤岭南路下穿隧道、青秀山风景区西门地下停车场及管委会办公大楼等建（构）筑物，施工环境风险较高。因爆破震动对地面环境影响大，对软弱岩层的扰动大，故须采取对环境影响小、对岩层扰动小、安全可控的绿色施工方法进行开挖，以降低施工风险、减少环保风险，故现场采取了非爆破施工技术修建暗挖段隧道。

根据"绿色建造、环保施工"的指导原则，研究了新工艺"泥质粉砂岩富水地层暗挖隧道高频破碎锤、铣挖头联合机械开挖法"。采用高效新型高频震动破碎锤、铣挖机联合开挖工法代替传统的"啄木鸟"低效开挖工法及传统的爆破开挖工法，因而对围岩及周边建（构）筑物扰动小，影响弱，噪声低，且可进行多作业面平行施工、作业效率高。采用机械掘进的方式，适用于复杂周边环境下、多种断面形式暗挖隧道的软弱围岩开挖，且开挖支护工序操作便捷，可快速封闭成环。

高效新型高频震动破碎锤、铣挖机联合开挖工法减少了对围岩的扰动，降低了隧道施工安全隐患，设计预留沉降量为150mm，采用本工法进行开挖施工，在施工过程中从未发生变形预警，经监控量测数据反馈，大大降低了施工成本及施工安全隐患。全隧开挖施工开始至完成，从未发生安全事故。

采用高效新型高频震动破碎锤、铣挖机联合开挖工法，机械设备联合作业技术先进，有效控制了隧道开挖超欠挖，降低材料消耗，缩短施工循环时间，较传统单一机械设备作业施工效率高，见图6-22。经与传统设备施工效率的对比，在作业效率上提高了39%，节约工期4个月。施工期内，每月可增加产值200余万元，施工期累计增加利润434万元，取得了较好的经济效益、技术效益和社会效益。

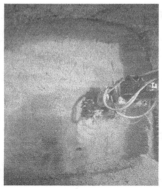

图6-22 高频震动破碎锤、铣挖机联合开挖作业

（3）暗挖隧道绿色通风降温工艺

青秀山站暗挖部分是由2纵2斜4竖5横共计13个隧道组成的立体交叉洞室群，交叉节点多，巷道复杂，是一个超深隧道的封闭空间。

封闭空间内通风效果较差，热量容易积累，形成高温，高温下会影响人体内酶的活性，进而对人的新陈代谢造成影响。温度过高，酶的活性降低，不利于新陈代谢，对人的生活工作带来不便，甚至影响人们的身体健康，极易诱发人体内分泌失衡、中暑性疾病。

隧道环境的高温造成大部分设备的温度升高，在电气设备正常运行中，金属材料强度降低、绝缘材料软化、电子元件高温击穿等问题出现率高，施工存在较大安全隐患，特别是电气设备在运行中,如果温度超过允许极限值则极易产生电气设备故障。

建设初期,传统通风降温方式受青秀山站结构复杂、巷道节点多的影响,实际通风效果较差,不适合青秀山站复杂的作业环境。

为了提高作业工人、现场管理人员及机械设备的工作环境质量,从而使隧道工作人员健康地工作、机械正常地运转,提高生产效率,有必要研究一套适合青秀山站暗挖隧道封闭空间高温环境的降温方法。

单管冷气压抽式混合通风降温法通过采用喷淋混合式降温法,使隧道内平均气温降低至适合人员和机械设备正常作业的温度。为实现隧道有效降温,隧道井口设置两组大型通风机和一套喷淋系统,隧道下面设置两组小抽风机、一台雾炮机和一台竖直移动可达 8m 的升降平台。采用彩色钢板作为制冷箱主材、涂胶布通风管作为主要通风管道。暗挖主通道竖井口利用喷淋设施对井下环境降温、降尘,全方位对竖井口进行喷淋。根据雾炮机原理,将喷淋系统和通风机结合在一起,在通风管开孔,然后把喷淋头放入通风管内,在管内造雾,形成一个超大型的"雾炮机",利用压入的冷风,将水雾带入隧道,在隧道内形成冷湿气,从而产生降尘与降温作用。充分利用废弃的降水井管当作抽风机通往地面的管道,大大降低了成本,加快了空气流动速度,充分起到了排高温污气的作用。同时抽风井井口加设地面洒水喷淋措施,对排出地面的空气起到了有效的"净化"作用,见图 6-23。

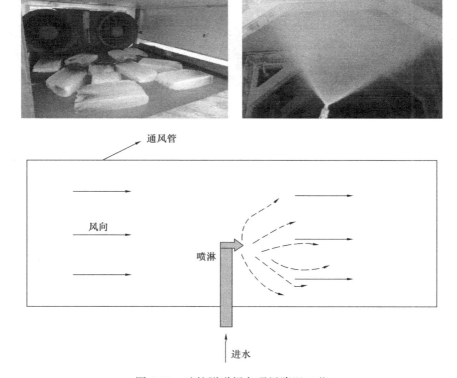

图 6-23 暗挖隧道绿色通风降温工艺

此次隧道降温系统对隧道内温度有较大的改善,隧道内温度明显下降了 5~6℃,有效降低了隧道作业产生的粉尘污染,作业环境得到较好改善,提高了隧道作业人员的安全系数，有效降低了机械设备的损坏率，为保证施工进度提供了有利的条件。

6.4.4 地铁车站环保应用措施

(1) 土方运输

现场设置运输车轮冲洗设备，防止车辆运输对环境造成污染，见图6-24。运输工程土方时，对运输车辆车厢进行覆盖，防止渣土掉落，污染道路，运输车辆应随车携带相关证件，接受政府相关管理部门的检查。运输车辆按交通管理部门规定的运输路线进行运输。承运单位将工程土方卸在指定的弃渣场地。各类运输车辆进入建筑垃圾、工程渣土储运场地，应服从场地管理人员的指挥，按要求倾卸。施工产生的泥浆必须经沉淀池沉淀干涸后方能外运。

图6-24 车辆自动冲洗平台图

(2) 污水及垃圾处理

四周设置砖砌排水沟，工地废水排入市政下水前设置沉淀池和栅栏，并采取必要的净化措施，防止污染道路，堵塞下水道，见图6-25。施工现场设固定的垃圾桶或垃圾池盛放垃圾，垃圾定期收集，分类标识存放，运至指定的垃圾处理场或废品回收利用，不得乱扔、乱倒垃圾。施工场地的遗弃物集中进行预处理后，采用专用车辆运输至指定的处理厂或存放点。

(3) 施工粉尘及废气控制

用来运输可能产生粉尘材料的车辆配备挡板，用防水布遮盖。工地出入口设标准洗车槽，运输车辆驶出工地前，必须冲洗干净；对散体物料，用防水布覆盖，防止车辆在道路行驶过程中出现物料沿途撒落现象。施工场地内道路必须硬化处理，运输道路定时洒水降尘，并及时清扫。易飞扬细颗粒散体物料应尽量安排库内存放，堆土场、散装物料露天堆放场要压实、覆盖。设置围挡喷雾系统，同时配合大型雾炮机及塔吊喷雾设备，利用水雾降尘，降低环境污染，见图6-26。

(4) 施工噪声与振动控制

合理分布动力机械设备的工作场所，避免一个地方进行较多的动力机械设备作业。对空压机、发电机等噪声超标的机械设备，采用装消声器、隔声材料、隔声内衬、隔声罩等

第 6 章 车站绿色建造技术研究

图 6-25 现场排水管布置

图 6-26 水雾喷淋降尘

措施，降低噪声，并尽量选用轻型施工机械、低噪声的机械设备。对于行驶的机动车辆，装备排气消声壁，现场只允许按低音喇叭，场外行驶严禁鸣笛，见图 6-27。优化作业方

图 6-27 扬尘及噪声监控系统

案和运输方案，施工安排和场地布局，节约施工用地，尽量减少施工对周围居民生活的影响，居民休息时间，不安排爆破等高噪声工序作业，见图6-28。路基填筑碾压设备施工时必须符合相关标准，在周边建筑结构不能达到振动环境标准时，采取静压来满足压实度的要求。

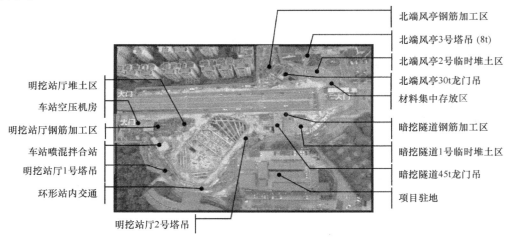

图 6-28　场地布置图

6.4.5　地铁车站风险管控措施

风险分析与辨识是整个风险管理的基础，风险评估和风险对策制定是在风险辨识的基础上，对风险发生的概率和程度进行分析，并进一步确定最佳的处理方案，然后在执行过程中，对其实施情况进行监控和反馈，从而不断调整并完善风险处理对策，最后对实施效果及差异进行评估。

（1）地铁车站隧道施工方案的风险分析与辨识

风险管理是指对地铁的潜在风险进行界定、辨识、评估、控制和管理的全过程。风险管理的第一步是风险识别，正确识别工程项目中存在的风险，并对识别出的风险采取相应措施。由于地铁工程所处环境复杂，这就决定了风险的多样性，风险可能来自工程内部、周边环境、技术条件、设备材料等，并且风险发生没有具体的发生条件。因此，就需要对这些风险进行识别判断，通过识别分析可能导致风险事故的诱发因素。

风险影响因素的分析与辨识是建立指标体系的前提条件，在构建体系时需要从全局的视角找到影响地铁车站施工方案的主要影响因素，建立科学有效的评价体系。然而，地铁建设是一项涉及多部门、多单位以及人民群众等多方利益的工程，由于其施工环境复杂、施工工序繁多，涉及的影响因素众多，在确定施工方案的风险影响因素时应主要选取具有关键性、代表性的影响指标。根据地铁车站施工方案风险管理的目标分析，在建立指标体系时，从安全可行、经济合理、施工便捷、保护环境四个方面入手，选取施工技术、经济影响和环境影响作为施工方案的影响因素输入指标，选取效果准则作为结果输出指标，构建初始指标体系。

1）初步建立风险影响因素指标体系

在进行施工方案风险研究时，工程管理者不可以只追求单个指标的最优化（比如围岩变形程度最低或者对交通和管线的影响最小等），应从施工技术准则、经济影响准则、环境影响准则和效果准则四个方面综合考虑，以期达到均衡综合的优化效果，从而选出风险相对较低且整体比较满意的方案。基于对风险指标的辨识以及分类处理，确定对地铁车站隧道工程施工方案风险研究的主要影响因素，建立初始的指标体系如表 6-1 所示。

施工方案风险研究初始指标体系　　　　　表 6-1

目标层	一级指标	二级指标
输出指标	效果准则	质量保证程度
		安全保证程度
		风险损失程度
施工方案风险影响因素	施工技术准则	技术先进性与可行性 C_1
		施工难易程度 C_2
		施工机械化程度 C_3
		围岩变形程度 C_4
		地面沉降控制程度 C_5
		结构型式及埋深 C_6
		作业空间与作业环境 C_7
		施工安全 C_8
		工程与水文地质条件 C_9
		施工监测程度 C_{10}
	经济影响准则	工程造价 C_{11}
		施工工期 C_{12}
		工程质量 C_{13}
	环境影响准则	对交通和管线的影响 C_{14}
		对周边环境的影响 C_{15}

2）基于 BP-DEMATEL-SW 的风险影响因素指标体系的修正

决策试验与评价实验室法（Decision Making Trial and Evaluation Laboratory，DEMATEL）是以图论理论为基础，以构造图的矩阵演算为中心，对影响因素间的逻辑关系进行分析并列出直接影响矩阵，通过中心度和原因度两个核心指标的计算，对系统因素的相对重要性进行排序，揭示因素之间的因果关系，为降低问题的复杂性、抓住事物的主要矛盾以及表达内在的因果关系提供了一种新的思路。由于传统的 DEMATEL 算法需要专家对每个影响因素间的相互影响关系进行打分，这种直接关联矩阵的获得主观性较强。此外，在用中心度和原因度确定关键影响因素时存在一定的局限性，使得关键因素的确定存在一定的偏差，为了降低误差和避免传统 DEMATEL 受主观因素影响较大的缺点，构建了 BP-DEMATEL-SW 方法。BP-DEMATEL-SW 方法是通过将 BP 神经网络引入传统 DEMATEL 中，利用 BP 神经网络自学习功能，通过目标输出值和输入值求取权值矩阵，并用其衡量各个指标对目标输出的影响程度，从而得到关联矩阵。因此，只需要评估各个影响因素对于整体的影响，而无需主观判断各个影响因素之间的关系。将 SW 引入 DEMATEL 中，利用 SW 对原因度和中心度赋权，可使选择定量化，并将所有的关键因素排序，使关键因素的确定更加科学合理。新方法提升了传统 DEMATEL 方法与拟解决复杂系统问题之间的契合程度，提高了计算精度，使结果更加科学，BP-DEMATEL-SW 方法的具体流程如图 6-29 所示。

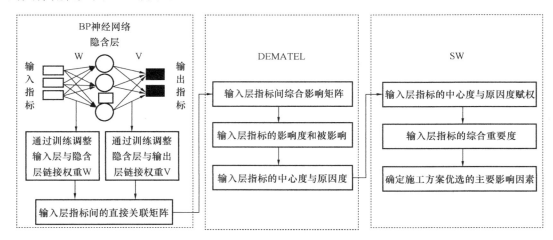

图 6-29　BP-DEMATEL-SW 模型结构示意图

施工方案的风险影响因素复杂多变，因素越多，复杂性越高，可操作性越差。采用基于 BP-DEMATEL-SW 的方法对地铁隧道施工方案的主要风险影响因素进行研究，求出影响因素的中心度、原因度以及综合重要度 ρ，如表 6-2 所示。对初步构建的指标体系进行重要度排序与筛选，找到影响施工方案的主要风险影响因素。

其中，中心度代表指标的重要性程度，中心度越大表明该指标在指标体系中的重要程度越大，起的作用越大；原因度代表指标与其他指标间的关系，当原因度大于零时，表明此指标对其他指标的影响较大，当原因度小于零时，表明此指标受其他指标的影响大。依据表 6-2 的计算结果，绘制地铁隧道施工方案各风险影响因素的因果关系图和综合重要度图，如图 6-30、图 6-31 所示。

施工方案风险影响因素的中心度、原因度和综合重要度 ρ　　表 6-2

指标	中心度	原因度	综合重要度 ρ	指标	中心度	原因度	综合重要度 ρ
C_1	0.423	−0.646	0.545	C_9	0.485	0.631	0.542
C_2	0.701	0.382	0.575	C_{10}	0.371	0.298	0.342
C_3	0.574	0.307	0.227	C_{11}	0.538	−0.617	0.578
C_4	0.526	−0.507	0.518	C_{12}	0.328	0.306	0.319
C_5	0.526	0.564	0.541	C_{13}	0.402	−0.351	0.382
C_6	0.402	−0.386	0.396	C_{14}	0.502	−0.784	0.643
C_7	0.505	0.418	0.141	C_{15}	0.842	−0.401	0.668
C_8	0.512	0.419	0.475	—	—	—	—

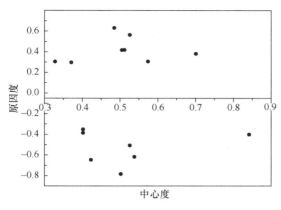

图 6-30 风险影响因素因果关系图

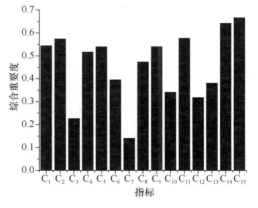

图 6-31 风险影响因素综合重要度图

在初步建立施工方案风险影响指标的基础上,参考表 6-2 的计算结果,对重要度进行排序,当综合重要度值小于 0.5 时,认为重要程度较弱,可以剔除相关指标完成指标筛选,找到影响地铁车站隧道工程施工方案的主要风险影响因素,构建最终的指标体系,完成风险影响因素的辨识,详见表 6-3。设 I_1 为效益型指标的集合,I_2 为成本型指标的集合。

指标体系   表 6-3

目标层	一级指标	二级指标	指标类型
施工方案风险影响因素	施工技术准则	技术先进性与可行性 C_1	I_1
		施工难度 C_2	I_2
		围岩变形程度 C_3	I_2
		地面沉降控制程度 C_4	I_1
		工程与水文地质条件 C_5	I_1
	经济影响准则	工程造价 C_6	I_2
	环境影响准则	对交通和管线的影响 C_7	I_2
		对周边环境的影响 C_8	I_2

(2) 地铁车站隧道施工方案的风险评估

对风险识别之后进行风险估计,风险估计就是根据所识别出的结果,利用数理统计或者概率论对识别结果的可能性及大小进行分析,并确定各个因素的权重大小。在对风险进行估计的同时,改进并优化施工方案,从众多方案中选择风险最小的方案。

由于客观事物的复杂性以及人类思维上的模糊性,使得人们在对一般事物进行客观评价时喜欢直接使用良好、一般和较差等词语来表达。所以,对基于语言变量的多属性决策问题展开研究具有一定的实用价值和理论意义。地铁隧道施工方案的选择是一项复杂的多属性决策问题,施工方案的优选决策涉及很多方面,是一个包含多因素、多层次、多目标的复杂系统决策问题。各影响因素间相互关联,且都带有一定的模糊性和不确定性。如何针对地铁隧道施工方案特点,采用科学的决策方法,从众多可行的施工方案中选择最优的施工方案,具有重要的理论意义和实用意义。考虑到施工方案多因素指标的层次性、模糊性和不确定性，以及属性权重未知，基于多属性决策 VIKOR 方法与语言变量理论建立了地铁车站站台隧道施工方案的风险评估模型。

1）语言变量集

所谓的语言变量是指将人类自然语言中使用到的字、词以及短语看作变量，并建立模糊集合，借助隶属函数来展示每个变量的隶属程度大小。比如可以用语言变量集（差，一般，好）中的某一个词来对某项准则或偏好展开评价。采用语言变量更加符合人们的决策习惯，特别是对定性的决策问题，人们更加容易给出评价值。设语言评价集为 $S_k = (S_1, S_2, \cdots, S_T)$，其中 T 为奇数，一般取 3、5、7、9 等。如 $T = 7$ 时，表示为 $S_{[1,7]} = (S_1, S_2, S_3, S_4, S_5, S_6, S_7) = $（很差，差，中下，中，中上，好，很好）。对于语言集 S，均满足下列条件：

若 $i > j$，则 $S_i > S_j$（即：S_i 优于 S_j）。

存在逆算子 $Neg(S_i) = S_j$，使得 $j = T + 1 - i$；

最大算子：若 $S_i \geqslant S_j$（即：S_i 不劣于 S_j），$\max(S_i, S_j) = S_i$；

最小算子：若 $S_i \leqslant S_j$（即：S_i 不优于 S_j），$\min(S_i, S_j) = S_i$。

对于任意语言集 $S_k = (S_1, S_2, \cdots, S_T)$，元素 S_i 与下标 i 之间存在着严格的单调递增关系，所以定义了函数 $f: S_i = f(i)$，可以看出函数 $f(i)$ 是属于下标 i 的严格单调递增函数。为了尽可能地降低语言评价信息在运算过程中的丢失，把离散语言集 $S_k = (S_1, S_2, \cdots, S_T)$ 拓展成了连续性语言集 $\tilde{S} = \{S_\alpha | \alpha \in R\}$，其中 R 为实数，并将离散语言集 S 称为原始语言评价集。可以看出，拓展后的连续语言评价集仍满足严格单调递增关系，主要用于语言变量的运算与比较中。

2）语言变量的运算法则

设 S_i、$S_j \in \tilde{S}$，λ、λ_1 为正实数。语言变量具有如下的运算规则：

$\lambda S_i = S_{\lambda \times i}$

$S_i \oplus S_j = S_{i+j}$

$S_i \oplus S_j = S_j \oplus S_i$

$\lambda(S_i \oplus S_j) = \lambda S_i \oplus \lambda S_j$

$(\lambda + \lambda_1)\tilde{S}_i = \lambda S_i \oplus \lambda_1 S_i$

3）语言变量之间的距离

设 S_α、S_β 是两个语言变量，则 S_α、S_β 之间的归一化距离为：

$$d(S_\alpha, S_\beta) = \frac{|\alpha - \beta|}{T - 1} \tag{6-1}$$

式中 T——语言变量的个数，也称为粒度。

4）不确定语言变量

在实际的多属性决策问题中，由于决策环境的复杂性和不确定性，决策者可能会用由两个语言术语构成的区间值来表示评价信息。假设 $\tilde{S} = [S_a, S_b]$，其中 $S_a, S_b \in S$，且 $a \leqslant b$，S_a 和 S_b 分别为 $\tilde{S}$ 的下限和上限，则称区间值 $\tilde{S}$ 为不确定语言变量。

5）不确定语言变量的运算法则

假设 $\tilde{S}$ 是所有不确定语言变量的集合，$\tilde{S}_1=[S_{a1},S_{b1}]$ 和 $\tilde{S}_2=[S_{a2},S_{b2}]$ 为任意两个不确定语言变量，即 $\tilde{S}_1,\tilde{S}_2 \in \tilde{S}$，设 $\lambda,\lambda_1 \in [0,1]$，则两个不确定语言变量的运算规则如下：

$\tilde{S}_1 \oplus \tilde{S}_2 = [S_{a1},S_{b1}] \oplus [S_{a2},S_{b2}] = [s_{a1} \oplus S_{a2}, S_{b1} \oplus S_{b2}] = [S_{a1+a2}, S_{b1+b2}]$；

$\lambda \tilde{S} = \lambda [S_a, S_b] = [\lambda S_a, \lambda S_b] = [S_{\lambda a}, S_{\lambda b}]$

$\tilde{S}_1 \oplus \tilde{S}_2 = \tilde{S}_2 \oplus \tilde{S}_1$

$\lambda(\tilde{S}_1 \oplus \tilde{S}_2) = \lambda \tilde{S}_1 \oplus \lambda \tilde{S}_2$

$(\lambda + \lambda_1)\tilde{S}_1 = \lambda \tilde{S}_1 \oplus \lambda_1 \tilde{S}_1$

设 $\tilde{S}_1=[S_{a1},S_{b1}]$，$\tilde{S}_2=[S_{a2},S_{b2}]$ 为两个不确定语言变量，则不确定语言变量 $\tilde{S}_1$ 与 $\tilde{S}_2$ 之间的归一化距离求解公式为：

$$d(\tilde{S}_1,\tilde{S}_2) = \frac{|b_1-b_2|+|a_1-a_2|}{2(T-1)} \tag{6-2}$$

当需要对不同的不确定语言变量进行比较时，常用的计算方法就是可能度公式。假设 $\tilde{S}_1=[S_{a1},S_{b1}]$ 和 $\tilde{S}_2=[S_{a2},S_{b2}]$ 为任意两个不确定语言变量，$len(\tilde{S}_1)=I(S_{b1})-I(S_{a1})=b_1-a_1$ 和 $len(\tilde{S}_2)=I(S_{b2})-I(S_{a2})=b_2-a_2$ 分别为两个不确定语言变量的长度，那么 $\tilde{S}_1 \geqslant \tilde{S}_2$ 的可能度计算公式为：

$$p(\tilde{S}_1 \geqslant \tilde{S}_2) = \min\left[\max\left(\frac{b_1-a_2}{len(\tilde{S}_1)+len(\tilde{S}_2)},0\right),1\right] \tag{6-3}$$

特别地，当两个语言变量 $\tilde{S}_1$ 和 $\tilde{S}_2$ 均为精确值，即 $len(\tilde{S}_1)+len(\tilde{S}_2)=0$ 时，则 $\tilde{S}_1 \geqslant \tilde{S}_2$ 的可能度计算公式为：

$$p(\tilde{S}_1 \geqslant \tilde{S}_2) = \begin{cases} 1 & (当\ \tilde{S}_1 > \tilde{S}_2\ 时) \\ 1/2 & (当\ \tilde{S}_1 = \tilde{S}_2\ 时) \\ 0 & (当\ \tilde{S}_1 < \tilde{S}_2\ 时) \end{cases} \tag{6-4}$$

可能度 $p(\tilde{S}_1 \geqslant \tilde{S}_2)$ 满足以下性质：

$0 \leqslant p(\tilde{S}_1 \geqslant \tilde{S}_2) \leqslant 1, 0 \leqslant p(\tilde{S}_2 \geqslant \tilde{S}_1) \leqslant 1$；

$p(\tilde{S}_1 \geqslant \tilde{S}_2) + p(\tilde{S}_2 \geqslant \tilde{S}_1) = 1$。特别地，$p(\tilde{S}_1 \geqslant \tilde{S}_1) = p(\tilde{S}_2 \geqslant \tilde{S}_2) = 1/2$。

在上述可能度的计算公式的基础上，给出了不确定语言变量 $\tilde{S}_i(i=1,2,\cdots,n)$ 的排序步骤与过程，如下：

首先，借助式（6-3）将每个 $\tilde{S}_i$ 与所有的 $\tilde{S}_i(i=1,2,\cdots,n)$ 进行比较，可得到如下的互补矩阵 $\boldsymbol{p}=(p_{ij})_{n \times n}$：

$$\boldsymbol{p} = \begin{bmatrix} p_{11} & p_{12} & \cdots & p_{1n} \\ p_{21} & p_{22} & \cdots & p_{2n} \\ & & \vdots & \\ p_{n1} & p_{n2} & \cdots & p_{nn} \end{bmatrix} \tag{6-5}$$

其中，$p_{ij} \geqslant 0$，$p_{ij} + p_{ji} = 1$，$p_{ii} = 1/2$，$i,j = 1,2,\cdots,n$。将矩阵 $\boldsymbol{p}$ 中每一行的所有元素相加，可得 $p_i = \sum\limits_{j=1}^{n} p_{ij}$，$(i = 1,2,\cdots,n)$。然后，根据 $p_i(i = 1,2,\cdots,n)$ 的取值大小对 $\tilde{S}_i(i = 1,2,\cdots,n)$ 进行降序排列，即可得到最终的排序结果。

通过对施工方案风险影响因素的研究发现，影响地铁车站隧道工程施工方案指标体系的主要因素是定性指标，对定性指标进行评价时很难对指标进行量化和给出一个确定的评价值。人们通常用词语（很好、差或很差）来对定性的信息进行描述，语言描述是评价者凭借自己的知识经验和相应的准则给出自己的一种客观看法。所以，对定性问题进行评价时会对决策者的要求相对较高一些，知识经验越丰富得出结论的可信度也就越高。由于影响地铁车站隧道工程施工方案的因素主要是定性指标，因此，可以采用语言变量来描述这些定性的信息。

决策时不同的决策者会根据自己的偏好选择不同的语言评价集，比如采用 5 级语言评价集或者采用 7 级语言评价集等，这里所说的等级即为语言集的粒度。我们可以用 $S^T = \{S_i^T | i \in (0,1,\cdots,T-1)\}$ 来表示 T 粒度语言评价集，S_i^T 表示采用 T 粒度语言集下的语言评价词。在进行语言评价时，语言评价集中存在着语言词个数的选择问题，即粒度的选择。当采用低粒度的语言评价集进行描述，由于粒度小分辨率低，可能会出现无法区分的情况，但是如果粒度太大，由于思维的局限性，相邻语言词之间的区别可能难以分清。因此，在选取粒度时一般建议采用 5、7 或者 9 粒度，如 7 粒度的语言评价集为 $S_{[0,6]}^7 = (S_0^7, S_1^7, S_2^7, S_3^7, S_4^7, S_5^7, S_6^7) = $（非常大，大，较大，一般，较小，小，非常小），9 粒度的语言评价集为 $S_{[0,8]}^9 = (S_0^9, S_1^9, S_2^9, S_3^9, S_4^9, S_5^9, S_6^9, S_7^9, S_8^9) = $（极大，非常大，大，较大，一般，较小，小，非常小，极小），专家可以采用多粒度不确定语言变量给出施工方案风险影响因素指标的评价值。不同的专家对指标属性的认识不一样，在对指标体系进行评价时，会采用不同的粒度。具体选择什么样的粒度，由决策问题组织者或评价者根据相关情况确定。

在实际决策环境中，由于事物的模糊性和复杂性，或者决策者对信息判断和处理能力的有限性，可能出现指标属性权重不确定，甚至出现属性权重完全未知的极端情况。确定决策属性的权重一般有两种方法，一是客观赋权，另一个是主观赋权法。由于客观赋权法不能体现评判者的主观偏好和重视程度，有时确定的权重与实际重要度相差较大。主观赋权法是基于决策者的经验来进行判断的，但是评价过程中缺乏一些真实客观实际。针对此情况，本节就具有模糊不确定语言信息的多属性决策问题，研究指标权重的主客观权重的确定方法，同时，为了寻求不同的赋权方法取得权重值的妥协或一致，构建了组合权重的确定方法，并在此基础上，进一步提出了指标权重不确定下的模糊不确定语言 VIKOR 决策方法。

1）基于不确定语言变量的评价指标主观权重的确定方法

针对在实际应用中层次分析法判断矩阵不一致和计算量大等问题，郭亚军提出了 G1

法。该方法与层次分析法相比，具有以下几个明显的优点：①计算量明显的降低；②不用构造判断矩阵和一致性检验；③方法直观，有助于理解与应用；④保序性：随着指标个数的增加，G1 法的优势将更加明显。针对语言信息为不确定语言变量的情况，对传统 G1 法进行改进，将 G1 法的应用拓展到不确定语言变量，建立基于不确定语言变量的 G1 法指标主观权重的确定方法。基本步骤如下：

a. 确定指标的序关系。专家对指标集 $C = (C_1, C_2, \cdots, C_n)$ 进行重要性排序，选出 n 个指标中最重要的一个指标，并记为 C_1^*，从剩余的 $n-1$ 个指标中选出最重要的一个，并记为 C_2^*，同理，直到选出最后的指标，并记为 C_n^*。经过上述重要性排序后就确定了各指标之间的序关系，并记为：

$$C_1^* > C_2^* > \cdots > C_{k-1}^* > C_k^* > C_{k+1}^* > \cdots > C_n^* \tagged{6-6}$$

其中，">"表示"优于"。

b. 相邻指标相对重要性比值的确定。专家依据表 6-4 的评价准则来确定相邻指标 C_{k-1} 和 C_k 之间的重要程度之比为：

$$\lambda_{k-1}/\lambda_k = [\underline{r}_k, \overline{r}_k], k = n, n-1, \cdots, 3, 2 \tagged{6-7}$$

式中 λ_{k-1}, λ_k ——评价指标 C_{k-1} 与 C_k 的权重系数；

$[\underline{r}_k, \overline{r}_k]$ ——赋值标准如表 6-4 所示。

赋值参考表　　　　　　　　　　　　　　　　　　　　　　表 6-4

$[\underline{r}_k, \overline{r}_k]$	定义
1.0	表示指标 C_{k-1} 与 C_k 同等重要
[1.0～1.2]	表示指标 C_{k-1} 与 C_k 稍微重要
[1.2～1.4]	表示指标 C_{k-1} 与 C_k 明显重要
[1.4～1.6]	表示指标 C_{k-1} 与 C_k 强烈重要
[1.6～1.8]	表示指标 C_{k-1} 与 C_k 极端重要

c. 权重系数 λ_k 的计算。根据 $[\underline{r}_k, \overline{r}_k]$ 的定义进行求积，即：

$$\prod_{j=k}^{n} (\underline{r}_j, \overline{r}_j) = \frac{\lambda_{k-1}}{\lambda_n} \tagged{6-8}$$

对 $\prod_{j=k}^{n}(\underline{r}_j, \overline{r}_j)$ 从 2 到 n 求和得：$\sum_{k=2}^{n}\left(\prod_{j=k}^{n}(\underline{r}_j, \overline{r}_j)\right) = \sum_{k=2}^{n}\frac{\lambda_{k-1}}{\lambda_n} = \frac{1}{\lambda_n}\left(\sum_{k=1}^{n}\lambda_k - \lambda_n\right)$，因为 $\sum_{k=1}^{n}\lambda_k = 1$，所以 $\sum_{k=2}^{n}\left(\prod_{j=k}^{n}(\underline{r}_j, \overline{r}_j)\right) = \frac{1}{\lambda_n}(1-\lambda_n) = \frac{1}{\lambda_n} - 1$

d. 计算第 n 个评价指标的权重 λ_n：

$$\lambda_n = \left[1 + \sum_{k=2}^{n}\left(\prod_{j=k}^{n}(\underline{r}_j, \overline{r}_j)\right)\right]^{-1} \tagged{6-9}$$

e. 依据权重 λ_n 的值，计算第 $n-1, n-2, \cdots, 3, 2$ 个指标的权重值为：

$$\lambda_{k-1} = \lambda_k r_k, k = n, n-1, \cdots, 3, 2 \tagged{6-10}$$

根据式（6-6）中各个评价指标的序关系可求得评价指标 $C = \{C_1, C_2, \cdots, C_n\}$ 的权重向量 $\lambda = (\lambda_1, \lambda_2, \cdots, \lambda_n)$。

2) 基于不确定语言变量的评价指标客观权重的确定方法

熵权法作为一种客观的赋权方法已经被广泛应用到各个领域的权重计算当中，在多属性决策问题中，熵权法可以依据指标的变异程度计算出熵权，继而通过熵权对指标权重进行加权处理，最终得到较为客观的权重信息。熵值的大小直接反映出指标的重要程度大小，熵值越大，该指标越重要，在实际多属性决策中对于方案排序发挥的作用也就越大，反之，熵值越小，指标越不重要，对排序结果的影响越小。所以，应用熵权法来求解各指标属性的权重是可行的，则基于熵权的客观权重的计算方法如下所示：

a. 对于指标 C_j，定义方案 A_i 与其他所有方案的偏差为 D_{ij}：

$$D_{ij} = \sum_{k=1}^{m} d(b_{ij}, b_{kj}), \ i = 1, 2, \cdots, m; j = 1, 2, \cdots, n \tag{6-11}$$

式中　$d(b_{ij}, b_{kj})$——不确定语言变量 b_{ij} 与 b_{kj} 之间的距离。

对于指标 C_j，定义所有方案与其他方案的偏差为 D_j：

$$D_j = \sum_{i=1}^{m} D_{ij} = \sum_{i=1}^{m} \sum_{k=1}^{m} d(b_{ij}, b_{kj}) \tag{6-12}$$

b. 各个指标的决策信息可用其熵值 E_j 来表示：

$$E_j = -K \sum_{i=1}^{m} \frac{D_{ij}}{D_j} \cdot \ln \frac{D_{ij}}{D_j} \tag{6-13}$$

式中　K——$K = 1/\ln m$，$0\ln 0 \equiv 0$。

c. 计算指标 G_j 的差异度：

$$G_j = 1 - E_j \tag{6-14}$$

d. 计算熵权 ω_j：

$$\omega_j = G_j \Big/ \sum_{j=1}^{n} G_j \tag{6-15}$$

即可得到指标属性的客观权重向量 $\omega = (\omega_1, \omega_2, \cdots, \omega_n)$。

3) 组合权重的确定方法

熵权法作为一种客观权重的求解方法，可以体现出各指标值的相对差异大小，但是在进行多属性决策时，还要考虑指标属性的实际情况和决策者的偏好。指标权重计算结果的准确性将会对决策的合理性产生直接影响，因此，为了使多属性决策更加准确和科学，在减少权重主观随意性和考虑决策者主观偏好的基础上，还要充分考虑指标的客观信息。本节通过引入欧氏距离函数，对传统的线性加权组合法进行了改进，构建了综合权重的计算方法，公式如下：

$$\begin{cases} W_j = \delta \omega_j + \zeta \lambda_j \\ \delta + \zeta = 1 \end{cases} \tag{6-16}$$

$$d(\omega_j, \lambda_j) = \sqrt{\sum_{i}^{m} (\omega_j - \lambda_j)^2} \tag{6-17}$$

$$d(\omega_j, \lambda_j)^2 = (\delta - \zeta)^2 \tag{6-18}$$

其中，主观权向量为 $\lambda = (\lambda_1, \lambda_2, \cdots, \lambda_n)$，客观权向量为 $\omega = (\omega_1, \omega_2, \cdots, \omega_n)$。指标属性的综合权重为 $W = (W_1, W_2, \cdots, W_n)$，依据上述公式可求得组合系数 δ 和 ζ，进而得到综合权重 W。

VIKOR 作为一种常用的多属性决策方法，主要是通过计算群体效益值和个体遗憾值来确定各方案产生的利益比率进而对备选方案的风险大小进行折中排序的过程。针对地铁车站站台隧道施工方案的指标属性采用不确定语言变量描述的情况，对传统 VIKOR 法进行了扩展，建立了基于不确定语言变量与 VIKOR 的地铁隧道施工方案风险评估模型，使其可以处理多粒度不确定语言变量的多属性决策问题。

1) 问题描述

设有 m 个决策方案 $A=(A_1,A_2,\cdots,A_m)$，$(1\leqslant i\leqslant m)$，$n$ 个评价指标 $C=(C_1,C_2,\cdots,C_n)$，$(1\leqslant j\leqslant n)$，$P$ 个评价专家 $E=(E_1,E_2,\cdots,E_p)$，$(1\leqslant h\leqslant p)$。专家 E_h 对各评价对象在 n 个指标下的评价值组成评价矩阵为 $X^h=[x_{ij}^h]_{m\times n}$，其中 x_{ij}^h 的含义是专家 E_h 对第 i 个评价对象的第 j 个指标给出的语言评价值。假设专家 E_h 采用粒度为 T 的语言评价集，由于语言变量是不确定语言变量的特例，因此，本文的评价信息将采用不确定语言变量来表示，即 $x_{ij}^h=[\underline{x}_{ij}^h,\overline{x}_{ij}^h]$，其中 $\underline{x}_{ij}^h$ 和 $\overline{x}_{ij}^h$ 是粒度为 T 语言集 $S_k^T=S_{[0,T-1]}^T=(S_0^T,S_1^T,\cdots,S_{T-1}^T)$ 的语言评价值。为了尽可能地减少信息的损失，将语言集 S_k^T 扩展到了连续性语言变量集 $\overline{S}_k^T$。$W=(W_1,W_2,\cdots,W_n)$ 为评价指标的综合权重，$\beta=(\beta_1,\beta_2,\cdots,\beta_p)$ 为专家权重。

2) 风险评估模型的具体步骤

a. 数据的规范化

将成本型指标转换成效益型指标，规范化后的矩阵记为 $r_{ij}^h=[\underline{r}_{ij}^h,\overline{r}_{ij}^h]$，则具体的规范化公式如下：

$$\begin{cases} r_{ij}^h=[\underline{r}_{ij}^h,\overline{r}_{ij}^h]=[\underline{x}_{ij}^h,\overline{x}_{ij}^h] & ,j\in I_1 \\ r_{ij}^h=[\underline{r}_{ij}^h,\overline{r}_{ij}^h]=[Neg(\overline{x}_{ij}^h),Neg(\underline{x}_{ij}^h)] & ,j\in I_2 \end{cases} \quad (6\text{-}19)$$

式中　Neg——语言变量的逆算子；

　　　I_1——效益型指标的集合；

　　　I_2——成本型指标的集合；

　　　$h=1,2,\cdots,p$。

b. 多粒度不确定语言变量的转化

由于决策者对信息的掌握不同，擅长的领域不同，决策偏好也不尽相同，当对同一个方案进行评价时也可能选取不同粒度的语言评价集。要想将不同决策者的偏好信息进行集结，首先要将不同粒度的不确定语言变量转化为统一粒度，根据不确定语言变量的特点，提出了多粒度一致化方法。

假设 $S_k^T\in S_{[0,T-1]}^T$ 是一个连续性语言评价集中的语言短语，借助函数 $I_T:S_{[0,T-1]}^T\to[0,T-1]$ 可以得到语言短语 S_k^T 对应的下标值 k，即 $I_T(S_k^T)=k$。通过逆函数 $I_T^{-1}:[0,T-1]\to S_{[0,T-1]}^T$ 可以得到下标值为 k 时所对应的语言短语 S_k^T，即 $I_T^{-1}(k)=S_k^T$。

设 $S_k^T=[\underline{S}_{k_1}^T,\overline{S}_{k_2}^T]$ 和 $S_k^G=[\underline{S}_{k_3}^G,\overline{S}_{k_4}^G]$ 为两个不同粒度的不确定语言变量，函数 F_G^T 表示的是将 T 粒度的不确定语言变量转换为 G 粒度，称为多粒度不确定语言变量的转换函数，将转化后的决策者评价矩阵记为：$b_{ij}^h=F_G^T=[\underline{b}_{ij}^h,\overline{b}_{ij}^h]$，转换函数 F_G^T 的具体形式为：

$$F_G^T=[\underline{S}_{k_3}^G,\overline{S}_{k_4}^G]=\left[I_G^{-1}\left(\frac{I_T(\underline{S}_{k_1}^T)(G-1)}{T-1}\right),I_G^{-1}\left(\frac{I_T(\overline{S}_{k_2}^T)(G-1)}{T-1}\right)\right] \quad (6\text{-}20)$$

式中：当 $k_1 = k_2 = T-1$ 时，$F_G^T = [\underline{S}_{G-1}^G, \overline{S}_{G-1}^G]$；当 $k_1 = k_2 = 0$ 时，$F_G^T = [\underline{S}_0^G, \overline{S}_0^G]$；当 $k_1 = k_2 = \dfrac{T-1}{2}$ 时，$F_G^T = [\underline{S}_{(G-1)/2}^G, \overline{S}_{(G-1)/2}^G]$。

由上述转换函数 F_G^T 的形式可以得到其性质，具体如下：

性质一：如果一个 T 粒度的不确定语言变量的上界与下界的下标值之和为 $T-1$，则转换后的上、下界的下标值之和仍互补。假设 $S_k^T = [\underline{S}_{k_1}^T, \overline{S}_{k_2}^T]$ 和 $S_k^G = [\underline{S}_{k_3}^G, \overline{S}_{k_4}^G]$ 分别是两个不同粒度的不确定语言变量，即：如果 $k_1 + k_2 = T - 1$ 时，那 $k_3 + k_4 = G - 1$。

证明：因为 $k_3 + k_4 = \dfrac{I_T(\underline{S}_{k_1}^T)(G-1)}{T-1} + \dfrac{I_T(\overline{S}_{k_2}^T)(G-1)}{T-1} = \dfrac{(k_1+k_2)(G-1)}{T-1} = \dfrac{(T-1)(G-1)}{T-1} = G - 1$，所以，该性质得证。

性质二：某一粒度的不确定语言变量转化为另一粒度，再从另一粒度转化为该粒度后仍然是它本身。设 $S_k^T = [\underline{S}_{k_1}^T, \overline{S}_{k_2}^T]$ 和 $S_k^G = [\underline{S}_{k_3}^G, \overline{S}_{k_4}^G]$ 是两个不同粒度的不确定语言变量。

证明：由于 $S_k^G = F_G^T = \left[I_G^{-1}\left(\dfrac{I_T(\underline{S}_{k_1}^T)(G-1)}{T-1}\right), I_G^{-1}\left(\dfrac{I_T(\overline{S}_{k_2}^T)(G-1)}{T-1}\right)\right]$，

$$S_k^T = F_T^G = \left[I_T^{-1}\left(I_T\left(I_T^{-1}\left(\dfrac{I_T(\underline{S}_{k_1}^T)(G-1)}{T-1}\right)\right)\dfrac{T-1}{G-1}\right),\right.$$
$$\left.I_T^{-1}\left(I_T\left(I_T^{-1}\left(\dfrac{I_T(\overline{S}_{k_2}^T)(G-1)}{T-1}\right)\right)\dfrac{T-1}{G-1}\right)\right]$$
$$= [I_T^{-1}(k_1), I_T^{-1}(k_2)] = [\underline{S}_{k_1}^T, \overline{S}_{k_2}^T]，故该定理得证。$$

经过上述分析发现，此转换函数在转化过程中不会造成信息的丢失和失真，还可以进行多粒度不确定语言变量的双向转化，且转化函数计算简单，具有很强的实用性。

c. 不同专家评价信息的集成

在多属性决策过程中，对较主观的决策数据进行集结时，位置权重的确定非常重要。自从 Yager 给出了 OWA 算子理论之后，人们才逐渐开始了对位置权重的研究。在多属性决策时，会对不同的专家赋予一个权重，由于不同专家的擅长领域与知识经验的不同，需要考虑专家给出评价值的合理性，需要对专家的评价值进行排序，制定相应的位置权重。综上，本节将采用混合算术集成算子 ULHA 对不同专家的信息进行集成。

$$B = (b_{ij})_{m \times n} = ULHA(b_{ij}^1, b_{ij}^2, \cdots, b_{ij}^p) = \sum_{h=1}^{p} \alpha_h a_{ij}^{\delta(h)} = \left[\sum_{h=1}^{p} \alpha_h \underline{a}_{ij}^{\delta(h)}, \sum_{h=1}^{p} \alpha_h \overline{a}_{ij}^{\delta(h)}\right]$$

(6-21)

式中，$\bm{B} = (b_{ij})_{m \times n}$ 为多粒度语言变量规范化并统一粒度后的决策矩阵，$\alpha = (\alpha_1, \alpha_2, \cdots, \alpha_p)$ 是位置权重向量，且 $\alpha_h \geqslant 0 (h=1,2,\cdots,p)$，$\sum_{h=1}^{p}\alpha_h = 1$，不确定语言变量 $a_{ij}^{\delta(h)}$ 是不确定语言变量集合 $a_{ij}^k = p\beta_k b_{ij}^k (k=1,2,\cdots,p)$ 按照降序排列后的第 h 个位置上的元素，β 为专家权重，p 为平衡因子，k 为专家人数。

① 位置权重的确定：本节采用基于离散正态分布的位置权重确定方法，其公式如下：

$$\alpha_h = \frac{e^{-\frac{(h-\psi_p)^2}{2\sigma_p^2}}}{\sum_{h=1}^{p} e^{-\frac{(h-\psi_p)^2}{2\sigma_p^2}}}, h = 1, 2, \cdots, p \tag{6-22}$$

其中，$\psi_p = \frac{p+1}{2}$，$\sigma_p = \sqrt{\frac{1}{p}\sum_{h=1}^{p}(h-\psi_p)^2}$。

② 对 $a_{ij}^k = p\beta_k b_{ij}^k (k=1,2,\cdots,p)$ 进行排序的步骤如下：

步骤一：对不确定语言变量 a_{ij}^k 进行两两比较，求对应的可能度 $p_{ij}^{kh} = p(a_{ij}^k \geqslant a_{ij}^h)$。

$$p_{ij}^{kh} = p(a_{ij}^k \geqslant a_{ij}^h) = \min\left\{\max\left[\frac{\Theta(\overline{a}_{ij}^k) - \Theta(\underline{a}_{ij}^h)}{\Theta(\overline{a}_{ij}^k) - \Theta(\underline{a}_{ij}^k) + \Theta(\overline{a}_{ij}^h) - \Theta(\underline{a}_{ij}^h)}, 0\right], 1\right\} \tag{6-23}$$

其中，$\Theta(x)$ 表示取语言变量 x 的下标，$k = 1, 2, \cdots, p, h = 1, 2, \cdots, p$。

步骤二：建立可能度矩阵 $\boldsymbol{p}_{ij}$：

$$\boldsymbol{p}_{ij} = \begin{bmatrix} p_{ij}^{11} & p_{ij}^{12} & \cdots & p_{ij}^{1p} \\ p_{ij}^{21} & p_{ij}^{22} & \cdots & p_{ij}^{2p} \\ \vdots & \vdots & \vdots & \vdots \\ p_{ij}^{p1} & p_{ij}^{p2} & \cdots & p_{ij}^{pp} \end{bmatrix} \tag{6-24}$$

根据可能度公式可知，$\boldsymbol{p}_{ij}$ 矩阵为互补判断矩阵，满足 $p_{ij}^{kh} \geqslant 0$，$p_{ij}^{kk} = 0.5$，$p_{ij}^{kh} + p_{ij}^{hk} = 1$。

步骤三：计算排序向量

$$\tau_{ij}^k = \frac{\sum_{h=1}^{p} p_{ij}^{kh} + \frac{p}{2} - 1}{p(p-1)} \tag{6-25}$$

根据 τ_{ij}^k 的大小，对 a_{ij}^k 的大小进行排序。τ_{ij}^k 越大，a_{ij}^k 越大；反之，a_{ij}^k 越小。

依据上述公式，在计算出位置权重向量 α 及对不确定语言变量 $a_{ij}^{\partial(h)}$ 进行降序排列后，利用 $ULHA$ 集成算子求得不同专家的信息集成矩阵 $\boldsymbol{B} = \boldsymbol{b}_{ij} = [\underline{b}_{ij}, \overline{b}_{ij}]$。

d. 计算正理想解和负理想解

正理想解：$f_j^* = \max_i(\overline{b}_{ij})$ (6-26)

负理想解：$f_j^- = \min_i(\underline{b}_{ij})$ (6-27)

e. 计算群体效益不确定语言变量和个别遗憾不确定语言变量

群体效益不确定语言变量 $[S_i^L, S_i^U]$：

$$S_i^L = \sum_{j=1}^{n}\left[\frac{W_j(f_j^* - \overline{b}_{ij})}{(f_j^* - f_j^-)}\right] \tag{6-28}$$

$$S_i^U = \sum_{j=1}^{n}\left[\frac{W_j(f_j^* - \underline{b}_{ij})}{(f_j^* - f_j^-)}\right] \tag{6-29}$$

个别遗憾不确定语言变量 $[R_i^L, R_i^U]$：

$$R_i^L = \max_j\left[\frac{W_j(f_j^* - \overline{b}_{ij})}{(f_j^* - f_j^-)}\right] \tag{6-30}$$

$$R_i^U = \max_j\left[\frac{W_j(f_j^* - \underline{b}_{ij})}{(f_j^* - f_j^-)}\right] \tag{6-31}$$

群体效益值反映了备选方案的整体综合表现，S 越小方案越优，个别遗憾值则反映了各备选方案在某一指标下的最差表现，R 越小，说明该方案相对其他方案没有明显的缺陷。

f. 计算方案产生的利益比率不确定语言变量

利益比率不确定语言变量 $[Q_i^L, Q_i^U]$：

$$Q_i^L = v\frac{(S_i^L - S^-)}{(S^* - S^-)} + (1-v)\frac{(R_i^L - R^-)}{(R^* - R^-)} \tag{6-32}$$

$$Q_i^U = v\frac{(S_i^U - S^-)}{(S^* - S^-)} + (1-v)\frac{(R_i^U - R^-)}{(R^* - R^-)} \tag{6-33}$$

其中，$S^- = \min_i S_i^L$，$S^* = \max_i S_i^U$，$R^- = \min_i R_i^L$，$R^* = \max_i R_i^U$，$v \in [0,1]$ 为决策机制系数，$v > 0.5$ 表示根据大多数人的意见，即依据最大化群体效用的决策机制进行决策，$v < 0.5$ 表示根据反对的情况，即依据最小化个体遗憾的决策机制进行决策，$v = 0.5$ 表示根据均衡的情况制定策略，即依据决策者协商达成共识的决策机制进行决策。

g. 建立 Q 的排序向量

$$\pi_i = \frac{\sum_{j=1}^{m} p_{ij} + \frac{m}{2} - 1}{m(m-1)} \tag{6-34}$$

其中，$p_{ij} = p(Q_i \geq Q_j)$ 是 $Q_i \geq Q_j$ 的可能度。依据排序向量 π_i 的大小，对备选方案进行排序，π_i 越小说明方案越优，反之，则说明方案越劣。

青秀山站暗挖隧道面临着地下水位较高、地质极差、围岩处于半成岩状地层、隧道开挖成型困难极大等挑战，同时含水泥质粉砂岩地层的暗挖隧道面临着突水坍塌安全风险大等多重问题。由于站台隧道所处环境与地质条件的复杂性，为了保障施工安全的顺利进行，需要对隧道的施工方案的风险大小进行评估决策，确定一个安全、经济、可行的施工方案。依据站台隧道的条件，初步拟定了三个施工方案 A_1（CD 法）、A_2（CRD 法）和 A_3（三台阶法）。

根据已有的三个施工方案，为了评价三个不同施工方案的风险大小情况，邀请了不同领域的 4 位专家，分别是大学教授 E_1、投资商 E_2、经理 E_3 和公司副总 E_4，来对三个方案的指标进行多属性决策评价。专家 E_1 和 E_3 采用粒度为 7 级的语言评价集 $S_k^7 = S_{[0,6]}^7 = (S_0^7, S_1^7, S_2^7, S_3^7, S_4^7, S_5^7, S_6^7)$ =（非常大，大，较大，一般，较小，小，非常小），专家 E_2 和 E_4 采用粒度为 9 级的语言评价集 $S_k^9 = S_{[0,8]}^9 = (S_0^9, S_1^9, S_2^9, S_3^9, S_4^9, S_5^9, S_6^9, S_7^9, S_8^9)$ =（极大，非常大，大，较大，一般，较小，小，非常小，极小）。专家给出的三个施工方案的指标评价信息见表 6-5、表 6-6。

专家 E_1 和 E_3 给出的施工方案评价矩阵（7 级）　　　表 6-5

指标	E_1			E_3		
	A_1	A_2	A_3	A_1	A_2	A_3
C_1	$[S_1, S_2]$	$[S_0, S_1]$	$[S_1, S_2]$	$[S_2, S_3]$	$[S_1, S_2]$	$[S_1, S_2]$
C_2	$[S_4, S_4]$	$[S_4, S_5]$	$[S_3, S_4]$	$[S_3, S_3]$	$[S_3, S_4]$	$[S_4, S_4]$

续表

指标	E_1			E_3		
	A_1	A_2	A_3	A_1	A_2	A_3
C_3	$[S_3,S_4]$	$[S_2,S_3]$	$[S_2,S_3]$	$[S_3,S_4]$	$[S_2,S_3]$	$[S_3,S_3]$
C_4	$[S_2,S_3]$	$[S_1,S_2]$	$[S_2,S_3]$	$[S_3,S_4]$	$[S_2,S_2]$	$[S_3,S_4]$
C_5	$[S_2,S_3]$	$[S_1,S_2]$	$[S_2,S_3]$	$[S_3,S_4]$	$[S_3,S_3]$	$[S_2,S_3]$
C_6	$[S_3,S_4]$	$[S_3,S_4]$	$[S_3,S_4]$	$[S_3,S_4]$	$[S_2,S_3]$	$[S_3,S_4]$
C_7	$[S_4,S_5]$	$[S_3,S_4]$	$[S_3,S_4]$	$[S_2,S_3]$	$[S_3,S_4]$	$[S_3,S_4]$
C_8	$[S_4,S_5]$	$[S_4,S_5]$	$[S_3,S_4]$	$[S_3,S_4]$	$[S_3,S_4]$	$[S_3,S_3]$

专家 E_2 和 E_4 给出的施工方案评价矩阵（9级） 表6-6

指标	E_2			E_4		
	A_1	A_2	A_3	A_1	A_2	A_3
C_1	$[S_3,S_4]$	$[S_4,S_5]$	$[S_3,S_4]$	$[S_4,S_4]$	$[S_3,S_4]$	$[S_2,S_3]$
C_2	$[S_5,S_6]$	$[S_5,S_5]$	$[S_3,S_4]$	$[S_4,S_5]$	$[S_3,S_4]$	$[S_5,S_5]$
C_3	$[S_3,S_4]$	$[S_3,S_5]$	$[S_1,S_4]$	$[S_3,S_4]$	$[S_4,S_4]$	$[S_3,S_3]$
C_4	$[S_4,S_4]$	$[S_4,S_5]$	$[S_3,S_4]$	$[S_4,S_5]$	$[S_3,S_4]$	$[S_3,S_4]$
C_5	$[S_3,S_3]$	$[S_4,S_5]$	$[S_3,S_4]$	$[S_4,S_5]$	$[S_3,S_4]$	$[S_4,S_5]$
C_6	$[S_2,S_3]$	$[S_3,S_4]$	$[S_5,S_5]$	$[S_3,S_4]$	$[S_3,S_4]$	$[S_4,S_5]$
C_7	$[S_3,S_4]$	$[S_5,S_5]$	$[S_3,S_4]$	$[S_4,S_5]$	$[S_3,S_4]$	$[S_3,S_4]$
C_8	$[S_4,S_5]$	$[S_3,S_4]$	$[S_4,S_5]$	$[S_4,S_5]$	$[S_3,S_4]$	$[S_4,S_5]$

1）数据的规范化

按照式（6-19）对成本型指标施工难度 C_2、围岩变形程度 C_3、工程造价 C_6、对交通和管线的影响 C_7 和对周边环境的影响 C_8 进行转化。不同专家规范化后的矩阵记为 $r_{ij}^h = [\underline{r}_{ij}^h, \overline{r}_{ij}^h]$，专家 E_1 和 E_3、专家 E_2 和 E_4 的规范化矩阵见表6-7、表6-8。

专家 E_1 和 E_3 的规范化矩阵（7级） 表6-7

指标	E_1			E_3		
	A_1	A_2	A_3	A_1	A_2	A_3
C_1	$[S_1,S_2]$	$[S_0,S_1]$	$[S_1,S_2]$	$[S_2,S_3]$	$[S_1,S_2]$	$[S_1,S_2]$
C_2	$[S_5,S_6]$	$[S_5,S_5]$	$[S_3,S_4]$	$[S_4,S_5]$	$[S_3,S_3]$	$[S_5,S_5]$
C_3	$[S_3,S_4]$	$[S_2,S_3]$	$[S_2,S_3]$	$[S_3,S_4]$	$[S_2,S_3]$	$[S_3,S_3]$
C_4	$[S_2,S_3]$	$[S_1,S_2]$	$[S_2,S_3]$	$[S_3,S_4]$	$[S_2,S_2]$	$[S_3,S_4]$
C_5	$[S_2,S_3]$	$[S_1,S_2]$	$[S_2,S_3]$	$[S_3,S_4]$	$[S_3,S_3]$	$[S_2,S_3]$
C_6	$[S_3,S_4]$	$[S_3,S_4]$	$[S_3,S_4]$	$[S_3,S_4]$	$[S_2,S_3]$	$[S_3,S_4]$
C_7	$[S_4,S_5]$	$[S_3,S_4]$	$[S_3,S_4]$	$[S_2,S_3]$	$[S_3,S_4]$	$[S_3,S_4]$
C_8	$[S_4,S_5]$	$[S_4,S_5]$	$[S_3,S_4]$	$[S_3,S_4]$	$[S_3,S_4]$	$[S_3,S_3]$

专家 E_2 和 E_4 的规范化矩阵（9 级） 表 6-8

指标	E_2			E_4		
	A_1	A_2	A_3	A_1	A_2	A_3
C_1	$[S_3,S_4]$	$[S_4,S_5]$	$[S_3,S_4]$	$[S_4,S_4]$	$[S_3,S_4]$	$[S_2,S_3]$
C_2	$[S_5,S_6]$	$[S_5,S_5]$	$[S_3,S_4]$	$[S_4,S_5]$	$[S_3,S_4]$	$[S_5,S_5]$
C_3	$[S_3,S_4]$	$[S_3,S_4]$	$[S_4,S_4]$	$[S_3,S_4]$	$[S_4,S_4]$	$[S_3,S_4]$
C_4	$[S_4,S_4]$	$[S_4,S_5]$	$[S_3,S_4]$	$[S_4,S_4]$	$[S_3,S_4]$	$[S_3,S_4]$
C_5	$[S_3,S_3]$	$[S_4,S_5]$	$[S_4,S_5]$	$[S_4,S_5]$	$[S_3,S_4]$	$[S_4,S_4]$
C_6	$[S_2,S_3]$	$[S_3,S_4]$	$[S_5,S_5]$	$[S_3,S_4]$	$[S_3,S_4]$	$[S_3,S_4]$
C_7	$[S_3,S_4]$	$[S_5,S_5]$	$[S_3,S_4]$	$[S_4,S_5]$	$[S_3,S_4]$	$[S_3,S_4]$
C_8	$[S_4,S_5]$	$[S_3,S_4]$	$[S_4,S_5]$	$[S_3,S_4]$	$[S_3,S_4]$	$[S_4,S_5]$

2）多粒度不确定语言变量的转化

将粒度为 9 的语言评价集作为基本语言评价集，利用转换函数将其他粒度转换为基本语言评价集，并将转换后的决策者偏好矩阵记为 $\boldsymbol{b}_{ij}^h = \boldsymbol{F}_G^T = [\underline{b}_{ij}^h, \overline{b}_{ij}^h]$，为了书写上面更加方便，将语言变量简写为下标，例如将语言变量 $S_{1.33}$ 简写为 1.33，将不确定语言变量 $[S_{1.33}, S_{2.67}]$ 简写为 $[1.33, 2.67]$。专家 E_1 和 E_3 的多粒度不确定语言变量的转化矩阵如下：

$$\boldsymbol{b}_{ij}^1 = \begin{bmatrix} [1.33,2.67] & [2.67,2.67] & [4.00,5.33] & [2.67,4.00] \\ [0.00,1.33] & [1.33,2.67] & [2.67,4.00] & [1.33,2.67] \\ [1.33,2.67] & [2.67,4.00] & [2.67,4.00] & [2.67,4.00] \\ [2.67,4.00] & [4.00,5.33] & [5.33,6.67] & [5.33,6.67] \\ [1.33,2.67] & [4.00,5.33] & [2.67,4.00] & [1.33,2.67] \\ [2.67,4.00] & [2.67,4.00] & [2.67,4.00] & [2.67,4.00] \end{bmatrix}$$

$$\boldsymbol{b}_{ij}^3 = \begin{bmatrix} [2.67,4.00] & [4.00,4.00] & [4.00,5.33] & [4.00,5.33] \\ [1.33,2.67] & [4.00,5.33] & [2.67,4.00] & [2.67,2.67] \\ [1.33,2.67] & [5.33,5.33] & [4.00,4.00] & [4.00,5.33] \\ [4.00,5.33] & [4.00,5.33] & [2.67,4.00] & [4.00,5.33] \\ [4.00,4.00] & [2.67,4.00] & [4.00,5.33] & [5.33,5.33] \\ [2.67,4.00] & [4.00,5.33] & [4.00,5.33] & [4.00,4.00] \end{bmatrix}$$

因为专家 E_2 和 E_4 的粒度为 9，不需要再进行转化，所以 $r_{ij}^2 = b_{ij}^2$ 和 $r_{ij}^4 = b_{ij}^4$ 仍为其本身，即：

$$\boldsymbol{b}_{ij}^2 = \begin{bmatrix} [3,4] & [5,6] & [3,4] & [4,4] & [3,3] & [2,3] & [3,4] & [4,5] \\ [4,5] & [5,5] & [3,4] & [4,4] & [4,5] & [3,4] & [5,5] & [3,4] \\ [3,4] & [3,4] & [4,4] & [3,4] & [4,5] & [5,5] & [3,4] & [4,5] \end{bmatrix}$$

$$\boldsymbol{b}_{ij}^4 = \begin{bmatrix} [4,4] & [4,5] & [3,4] & [4,5] & [3,4] & [3,4] & [3,4] & [4,5] \\ [3,4] & [3,4] & [4,4] & [3,4] & [3,4] & [3,4] & [3,4] & [3,4] \\ [2,3] & [5,5] & [3,4] & [3,3] & [4,4] & [4,5] & [3,4] & [4,5] \end{bmatrix}$$

3）评价信息的集成

借助混合算数集成算子 $ULHA$ 对不确定语言决策矩阵 $\boldsymbol{b}_{ij}^h = [\underline{b}_{ij}^h, \overline{b}_{ij}^h]$ 进行集结，得到决策方案 A_i 关于指标属性 C_j 的综合属性值 $\boldsymbol{b}_{ij}$。首先借助式（6-22）计算出了位置权重为 $\alpha = (0.34, 0.21, 0.29, 0.16)$，专家权重为 $\beta = (0.35, 0.29, 0.20, 0.16)$。

根据式（6-23）和式（6-24）求得可能度矩阵：

$$\boldsymbol{p}_{11} = \begin{bmatrix} 0.500 & 0.085 & 0.545 & 0.628 \\ 0.915 & 0.500 & 1.000 & 1.000 \\ 0.455 & 0.000 & 0.500 & 0.602 \\ 0.372 & 0.000 & 0.398 & 0.500 \end{bmatrix}$$

根据式（6-38）计算排序向量 τ_{11}^k，计算结果为：$\tau_{11}^1 = 0.230$，$\tau_{11}^2 = 0.368$，$\tau_{11}^3 = 0.213$，$\tau_{11}^4 = 0.189$。由于 $\tau_{11}^2 > \tau_{11}^1 > \tau_{11}^3 > \tau_{11}^4$，所以 $a_{11}^2 > a_{11}^1 > a_{11}^3 > a_{11}^4$，即：$4\beta_2 b_{11}^2 > 4\beta_1 b_{11}^1 > 4\beta_3 b_{11}^3 > 4\beta_4 b_{11}^4$。与不确定语言变量 $a_{11}^{\delta(h)}$ 一一对应为 $a_{11}^{\delta(1)} > a_{11}^{\delta(2)} > a_{11}^{\delta(3)} > a_{11}^{\delta(4)}$。同理，可以对其他不确定语言变量进行排序，最后依据式（6-34）得到不同专家的集成矩阵 $\boldsymbol{B} = [\underline{b}_{ij}, \overline{b}_{ij}]$。

$$\boldsymbol{B} = \begin{bmatrix} [2.60, 3.70] & [3.83, 4.43] & [3.50, 4.67] & [3.67, 4.58] \\ [2.08, 3.25] & [3.33, 4.25] & [3.09, 4.00] & [2.75, 3.59] \\ [1.92, 3.09] & [4.00, 4.58] & [3.42, 4.00] & [3.17, 4.08] \\ [3.42, 4.33] & [3.25, 4.42] & [3.75, 5.25] & [4.33, 5.50] \\ [3.08, 3.92] & [3.17, 4.33] & [3.67, 4.58] & [3.17, 4.00] \\ [3.34, 4.25] & [3.92, 4.83] & [3.17, 4.33] & [3.67, 4.50] \end{bmatrix}$$

4）计算正理想解和负理想解

在上述专家集成矩阵 $\boldsymbol{B}$ 的基础上，依据式（6-39）和式（6-40）计算出正理想解为 $f^* = (3.70, 4.58, 4.67, 4.58, 4.33, 4.83, 5.25, 5.50)$，负理想解为 $f^- = (1.92, 3.33, 3.09, 2.75, 3.08, 3.17, 3.17, 3.17)$。

5）属性权重的计算

① 基于不确定语言变量的指标主观权重的计算

根据建立的地铁车站隧道工程施工方案风险评估指标体系，发放调查问卷，得到相邻指标间的重要度并对指标进行排序处理。通过对所有有效问卷进行统计与整理，得出影响因素指标间的关系为：$C_1 > C_2 > C_6 > C_8 > C_7 > C_3 > C_5 > C_4$，且专家确定相邻指标的相对重要性比值为 $r_8 = 1.03$，$r_7 = 1.15$，$r_6 = 1.22$，$r_5 = 1.32$，$r_4 = 1.21$，$r_3 = 1.09$，$r_2 = 1.14$。

根据式（6-9）得到排序后第 8 个评价指标的主观权重为 $\lambda_8^* = [1 + r_2 r_3 r_4 r_5 r_6 r_7 r_8 + r_3 r_4 r_5 r_6 r_7 r_8 + r_4 r_5 r_6 r_7 r_8 + r_5 r_6 r_7 r_8 + r_6 r_7 r_8 + r_7 r_8 + r_8]^{-1} = [1 + 13.259]^{-1} = 0.070$。依据权重 λ_8^* 的值，根据式（6-23）计算重要性排序后第 7，6，…，2 个指标的权重值为 $\lambda_7^* = 0.072$，$\lambda_6^* = 0.083$，$\lambda_5^* = 0.101$，$\lambda_4^* = 0.134$，$\lambda_3^* = 0.162$，$\lambda_2^* = 0.176$，$\lambda_1^* = 0.201$。根据式（6-19）中各评价指标的序关系可求得评价指标的主观权重向量为 $\lambda = (0.201, 0.176, 0.083, 0.070, 0.072, 0.162, 0.101, 0.134)$。

② 基于不确定语言变量的指标客观权重的计算

根据式（6-2）计算出不确定语言变量 b_{ij} 与 b_{kj} 之间的距离为 $d(b_{11}, b_{11}) = 0$，$d(b_{11},$

$b_{21}) = 0.061$, $d(b_{11}, b_{31}) = 0.081$，同理，可以计算出其他不确定语言变量之间的距离，本节不再赘述。根据式（6-11）和式（6-12）求得决策方案的偏差，如表6-9所示。

决策方案的偏差、指标熵值和差异度 表6-9

D_{1j}	偏差	D_{2j}	偏差	D_{3j}	偏差	D_j	偏差
D_{11}	0.14	D_{21}	0.18	D_{31}	0.11	D_1	0.43
D_{12}	0.06	D_{22}	0.10	D_{32}	0.15	D_2	0.31
D_{13}	0.11	D_{23}	0.09	D_{33}	0.17	D_3	0.37
D_{14}	0.18	D_{24}	0.14	D_{34}	0.21	D_4	0.53
D_{15}	0.14	D_{25}	0.19	D_{35}	0.20	D_5	0.53
D_{16}	0.08	D_{26}	0.12	D_{36}	0.11	D_6	0.31
D_{17}	0.14	D_{27}	0.28	D_{37}	0.25	D_7	0.67
D_{18}	0.27	D_{28}	0.16	D_{38}	0.22	D_8	0.65

最后，根据式（6-13）～式（6-15）求得指标的客观熵权为 $\omega = (0.137, 0.164, 0.159, 0.109, 0.116, 0.126, 0.088, 0.101)$。

③ 综合权重的计算

根据综合权重计算公式求出综合权重为 $W = (0.143, 0.115, 0.123, 0.096, 0.137, 0.095, 0.143, 0.148)$。

6）计算群体效益不确定语言变量和个别遗憾不确定语言变量

在得到指标综合权重的前提下，依据式（6-28）和式（6-29）计算群体效益不确定语言变量 $S_1^L = 0.149$，$S_2^L = 0.305$，$S_3^L = 0.215$，$S_1^U = 0.716$，$S_2^U = 0.912$，$S_3^U = 0.677$，即：$S_1 = [S_{0.149}, S_{0.716}]$，$S_2 = [S_{0.305}, S_{0.912}]$，$S_3 = [S_{0.215}, S_{0.677}]$。依据式（6-30）和式（6-31）计算个别遗憾不确定语言变量 $R_1^L = 0.079$，$R_2^L = 0.057$，$R_3^L = 0.034$，$R_1^U = 0.158$，$R_2^U = 0.182$，$R_3^U = 0.098$，即 $R_1 = [S_{0.079}, S_{0.158}]$，$R_2 = [S_{0.057}, S_{0.182}]$，$R_3 = [S_{0.034}, S_{0.098}]$。

7）计算方案产生的利益比率不确定语言变量

基于上述计算可以求出 $S^- = S_{0.149}$，$S^* = S_{0.912}$，$R^- = S_{0.034}$，$R^* = S_{0.182}$。当根据决策者最小化个体遗憾的决策机制进行决策时，取 $v = 0.1$，依据式（6-32）和式（6-33）计算出利益比率不确定语言变量为 $Q_1^L = S_{0.274}$，$Q_2^L = S_{0.160}$，$Q_3^L = S_{0.009}$，$Q_1^U = S_{0.829}$，$Q_2^U = S_{1.000}$，$Q_3^U = S_{0.458}$，即 $Q_1 = [S_{0.274}, S_{0.829}]$，$Q_2 = [S_{0.160}, S_{1.000}]$，$Q_3 = [S_{0.009}, S_{0.458}]$。当根据决策者主观偏好的协商共识机制进行决策时，即 $v = 0.5$ 时，求出利益比率不确定语言变量 $Q_1^L = S_{0.152}$，$Q_2^L = S_{0.180}$，$Q_3^L = S_{0.044}$，$Q_1^U = S_{0.790}$，$Q_2^U = S_{1.000}$，$Q_3^U = S_{0.562}$，即 $Q_1 = [S_{0.152}, S_{0.790}]$，$Q_2 = [S_{0.180}, S_{1.000}]$，$Q_3 = [S_{0.044}, S_{0.562}]$。当根据决策者最大化群体效用的决策机制进行决策时，取 $v = 0.9$，求出利益比率不确定语言变量为 $Q_1^L = S_{0.030}$，$Q_2^L = S_{0.199}$，$Q_3^L = S_{0.078}$，$Q_1^U = S_{0.753}$，$Q_2^U = S_{1.000}$，$Q_3^U = S_{0.666}$，即 $Q_1 = [S_{0.030}, S_{0.753}]$，$Q_2 = [S_{0.199}, S_{1.000}]$，$Q_3 = [S_{0.078}, S_{0.666}]$。

8）求解排序向量进行方案排序

为了研究在多粒度不确定语言变量环境下VIKOR多属性决策方法的决策机制系数 v 对妥协解的影响，选取不同的决策机制系数 v 值进行灵敏度分析。将参数 v 从区间 $[0, 1]$ 范围内以步长0.4为取值来分析对妥协解的排序情况的影响。通过对比与分析得到了不同的排序结果，如表 6-10 所示。

v 不同取值对应的各方案折中排序值 π_i 及排序结果　　　　表 6-10

v	π_1	π_2	π_3	方案排序	最优方案
0.1	0.383	0.382	0.236	$A_3<A_2<A_1$	A_3
0.5	0.344	0.383	0.274	$A_3<A_1<A_2$	A_3
0.9	0.313	0.383	0.304	$A_3<A_1<A_2$	A_3

由表 6-10 可知，当 $v=0.1$ 时，排序向量为 $\pi=(0.383,0.382,0.236)$。由于 $\pi_3<\pi_2<\pi_1$，所以 $Q_3<Q_2<Q_1$，故三个方案中风险最小的是 A_3 方案，最大的是 A_1 方案。当 $v=0.5$ 时，排序向量为 $\pi=(0.344,0.383,0.274)$。由于 $\pi_3<\pi_1<\pi_2$，所以 $Q_3<Q_1<Q_2$，故三个方案中风险最小的是 A_3 方案，最大的是 A_2 方案。当 $v=0.9$ 时，排序向量为 $\pi=(0.313,0.383,0.304)$。由于 $\pi_3<\pi_1<\pi_2$，所以 $Q_3<Q_1<Q_2$，故三个方案中风险最小的是 A_3 方案，最大的是 A_2 方案。

综上所述，对于三种施工方案而言三台阶法的评价等级最佳，CRD 法方案次之，CD 法方案最小。根据不确定语言变量与 VIKOR 多属性决策方案风险评估模型对工程的综合评判，最终选取方案三的三台阶法对南宁轨道交通 3 号线青秀山站隧道进行施工开挖，与工程实际选择的施工方法一致。

(3) 地铁车站隧道施工方案的风险控制及变形监测

尽管通过不确定语言变量与 VIKOR 的地铁隧道施工方案风险评估模型选出的最终方案与实际施工方案一致，但在施工过程中，由于地铁隧道工程的水文地质条件和周边环境千变万化，可能会产生新的不稳定因素，且产生的危险源和重大危险源也不尽相同，因此，对于地铁隧道工程的风险控制与变形监测就显得极其重要。本节主要研究了地铁隧道在施工过程中存在的风险以及对风险的控制措施等，并结合对隧道工程中的实际监测数据，对支护结构展开了进一步的分析，防止因隧道施工过程中产生的不确定因素带来安全隐患，确保施工的安全性以及整体结构的稳定性。同时，通过对地铁隧道施工过程中的风险控制以及监测数据的分析也充分验证了利用基于不确定语言变量与 VIKOR 评估模型计算所得施工方案的可行性，具有一定的实用价值。

1) 施工风险控制

由于地铁工程隧道施工项目具有复杂性以及不确定性等特点，且正向着信息化、绿色化、智能化与机械化的方向发展，各类不确定因素风险都可能会在施工过程中发生。所以风险控制需要相关专业人员熟悉施工的全过程以及各工况的具体情况，及时辨识和找到各类风险源加以严格控制，避免重大危险的发生。在南宁地铁 3 号线青秀山站隧道开挖与施工过程中，要想对施工风险进行控制，首先要明确存在哪些风险，青秀山隧道的主要风险及风险控制措施如下。

a. 塌方。风险等级为一级，由于隧道埋深较大，且位于含水的泥质粉砂岩、粉细砂岩地层中，隧道内正线、横通道、斜坡通道、竖向通道交叉较多，施工中可能发生塌方、洞口失稳的风险。采用降水、加强超前支护和初期支护以及制定风险处置等措施降低风险等级。

b. 隧道拱顶、拱脚或边墙发生坍塌。风险等级为二级，在隧道围岩变差、初期支护做得不及时、量测数据失真等情况下，常规隧道断面开挖时，同样存在拱顶、边墙、拱脚发生局部坍塌的情况。应该加强监测，同时制定相应的施工应急预案。

c. 突水突泥。风险等级为二级，由于南宁地铁 3 号线青秀山站隧道为软弱岩层隧道，其中软弱的泥质粉砂岩占隧道总长度的 85% 左右，该岩层中存在的主要风险为突水突泥，存在鸡窝状的富水夹层可能性较大。应加强监测，并组织专家对掌子面发生坍塌的原因进行分析，重新制定或调整施工工艺，进行技术交底。

d. 构建筑物沉降、倾斜超限。风险等级为三级，在暗挖隧道下穿青山立交桥桩、金汇如意坊及秀山花园小区时，应建立严密的结构倾斜、沉降监测体系，对施工过程进行全面的监控测量，随时反馈信息，指导施工生产。

e. 地面沉降超限。暗挖隧道开挖将对地面产生一定的影响，然而，由于隧道为深埋结构，且隧道上部都存在较厚的粉砂质泥岩层，其初始风险等级为三级。在施工过程中，为了控制地面沉降应加强监测，一旦发现地面沉降过大时，应停止开挖，采取有效措施后再继续开挖。

2）变形监测

在对地铁隧道进行开挖时，一定不可避免地会对土体原本的应力状态造成影响，导致周边环境以及周围建筑物等发生不同程度的破坏，甚至发生安全事故，所以，为了确保工程的顺利进行，必须对隧道施工时的地表沉降及周边建筑物环境等进行系统、全面地监测，与此同时，动态实时监测可以预测下一步环境的发展趋势，验证原设计方案的合理性，对于总结经验、改进和提高原设计水平具有一定的指导意义。

能够及时掌握工程上的关键信息，动态把握工程质量，以保证工程安全的顺利进行；通过对监测数据的采集，及时调整施工进度或者改进设计参数；将潜在的安全隐患进行准确及时地预测，以确保隧道和周围环境的安全；利用监测数据收集科研资料，对于提高隧道工程的设计和施工水平具有重要意义，可以为以后其他类似的工程提供参考与借鉴。

在青秀山隧道工程中，出于对施工安全、周边稳定的方面考虑，对地表沉降及周边建筑（秀山花园）进行了全过程的测量和监控，通过实际监测数据对隧道工程情况进行追踪，并对可能发生的风险进行综合分析与判断，尽可能地降低在施工过程中对周边环境的影响，消除潜在风险。

秀山花园的监测点平面布置图如图 6-32 所示，对施工过程中现场周围地表监测点位的监测数据进行汇总，得到相应的监测曲线图如图 6-33 所示。

由图 6-33 可知，自沉降监测期间，秀山花园的竖向位移值介于 $-3.3 \sim +4.6$ mm 之间，其中累计最大值为测点 J8-14，累计值为 $+4.6$ mm，监测数据在正常范围内，根据监测数据反馈可见暗挖隧道的支护结构设计比较合理，对周边环境的影响较小。

隧道监测点的平面布置如图 6-34 所示，对施工过程中现场监测点位的监测数据进行汇总，得到相应的隧道地表沉降监测曲线图，见图 6-35。

根据暗挖隧道地表沉降变化曲线分析可知，各位移点变化规律及幅度基本保持一致。暗挖隧道地表沉降的竖向位移值介于 $-8.3 \sim +0.6$ mm 之间，其中累计最大值为测点 D1-2，位于凤岭南路西侧，累计值为 -8.3 mm，监测数据在正常范围内，根据监测数据反馈可见暗挖隧道的支护结构及施工方案设计比较合理，地表沉降小对周边环境的影响较小。

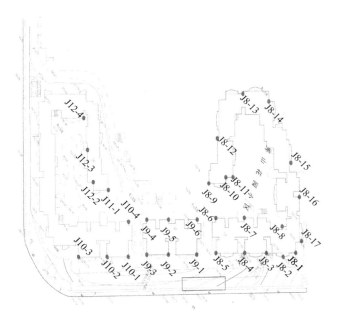

图 6-32 秀山花园小区建筑物沉降布点图

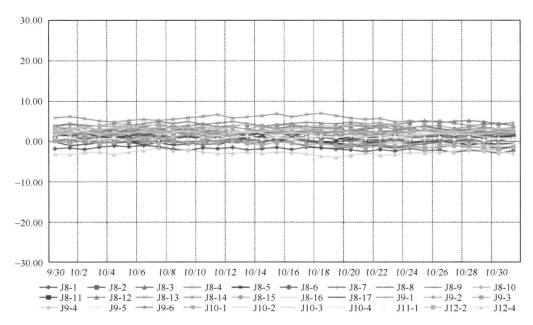

图 6-33 秀山花园沉降监测曲线图

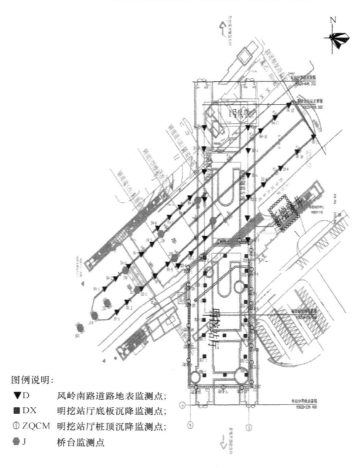

图例说明:
- ▼ D 凤岭南路道路地表监测点;
- ■ DX 明挖站厅底板沉降监测点;
- ⊙ ZQCM 明挖站厅桩顶沉降监测点;
- ⬢ J 桥台监测点

图 6-34 暗挖隧道地面监测布点图

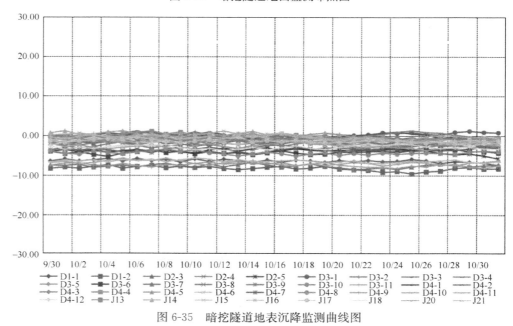

图 6-35 暗挖隧道地表沉降监测曲线图

参 考 文 献

[1] 洪开荣. 我国隧道及地下工程发展现状与展望[J]. 隧道建设, 2015, 35(2): 95-107.
[2] 张军伟, 陈云尧, 孙毅夫, 等. 我国隧道施工坍塌事故分布特征分析(2006-2016)[J]. 灾害学, 2017, 32(4): 132-137.
[3] 熊松. 浅埋暗挖隧道破裂角的基础理论研究[D]. 北京: 北京交通大学, 2012.
[4] 杨珺博. 应力释放与开挖方法对隧道支护受力及地表沉降的影响[D]. 湘潭: 湘潭大学, 2011.
[5] 梁斌. 隧道围岩与支护结构稳定可靠性分析方法研究[D]. 长沙: 湖南大学, 2015.
[6] 郝杰, 侍克斌. 基于块体和松动压力理论的隧洞围岩稳定性分析[J]. 地下空间与工程学报, 2015, 11(3): 626-631.
[7] 王红英. 隧道单层衬砌结构数值模拟研究[D]. 武汉: 中国科学院研究生院(武汉岩土力学研究所), 2010.
[8] 汪树玉, 刘国华, 包志仁. 结构优化设计的现状与进展[J]. 基建优化, 1999(4): 3-14.
[9] 蔡新, 李洪煊, 武颖利, 等. 工程结构优化设计研究进展[J]. 河海大学学报: 自然科学版, 2011, 39(3): 269-276.
[10] T. AMIRSOLEYMANI. Geometric Design of Tunnel in Highly Stressed Rock, International Symposition on Tunnelling for Water Resources and Power Projects[J]. Oxford and IBH Publishing Co, 1989, 26(5): 111-116.
[11] Rozvany G, Zhou M, Gollub W. Continuum-type optimality criteria methods for large finite element systems with a displacement constraint. Part II[J]. Structural & Multidisciplinary Optimization, 1990, 2(2): 77-104.
[12] ARNE GRNHAUG. Optimization of linings in road tunnelling[M]. 2020.
[13] G BARLA, J CSHARP, U RAABAGLIATI. Excavation and support optimisation for a large underground storage facility in weak jointed chark[J]. Proc. Int. Congress on Rock Mechanics, Aachen/Deutschland/1991, 1: 1067-1072.
[14] G. REN, J. V. SMITH, J. W. TANG, etc. Underground excavation shape optimization using an evolutionary procedure[J]. Computers and Geotechnics, 2005(3): 122-132.
[15] 田韶英, 陈学峰. 小断面隧道结构优化设计[J]. 铁道标准设计, 2000(12): 44-45.
[16] 邓斌, 饶和根, 廖卫平, 等. 软岩隧道支护结构优化研究[J]. 铁道科学与工程学报, 2017, 14(10): 2203-2213.
[17] 肖文, 蒋洋, 柴贺军. 走马岭隧道围岩稳定数值分析及支护结构优化[J]. 成都理工大学学报: 自然科学版, 2006(6): 561-565.
[18] 聂雄. 非对称连拱隧道力学特性数值模拟研究及结构优化[D]. 北京: 北京交通大学, 2015.
[19] 王永辉. 小坝田隧道支护结构优化及二次衬砌施作时机研究[D]. 兰州: 兰州交通大学, 2014.
[20] 高跃峰. 拓扑优化方法在软弱围岩隧道结构优化中的适用性研究[D]. 焦作: 河南理工大学, 2014.
[21] 李少杰. 偏压作用下双连拱隧道的施工及其结构优化设计研究[D]. 重庆: 重庆交通大学, 2013.
[22] 张伟. 钢筋网壳锚喷结构在软岩巷道的支护机理与应用[D]. 成都: 西南交通大学, 2007.
[23] BARTON N, GRIMSTAD E, ASA G, et al. Norwegian method of tunnelling[J]. World Tunnelling, 1992, 5(5).

[24] FREEMAN T J. The behaviour of fully-bonded rock bolts in the Kielder experimental tunnel[J]. Tunnels and Tunnellling, 1978(7): 37-40.

[25] INDRARTNA B, KAISER P K. Analytical model for the design of grouted rock bolts[J]. International Journal for Numerical and Analytical Methods in Geomechanics, 1990, 14: 227-251.

[26] PELIZZA S, KIM SANG-HWAN, KIM JONG-SOO. A study of strength parameters in the reinforced ground by rock bolts[C]//Proceedings of the World Tunnel Congress and 32nd ITA Assembly Seoul, Korea: [s. n.], 2006.

[27] OSGOUI R R. Ground reaction curve of reinforced tunnel using a new elasto-plastic model[D]. Turin: The Technical University of Turin, 2006.

[28] 朱浮声. 锚喷加固设计方法[M]. 北京: 煤炭工业出版社, 1996.

[29] STILLBORG BENGT. Professional users handbook for rock bolting[M]. Trans Tech Publications, 1994.

[30] 刘琴琴. 隧道围岩与支护结构的相互作用研究[D]. 南京: 南京理工大学, 2010.

[31] 李隽. 岩质边坡稳定性及锚喷加固研究[D]. 南京: 河海大学, 2006.

[32] 杨忠峰, 郭吉平, 朱文轩. 对称型节理发育岩体隧道锚喷支护形式分析[J]. 施工技术, 2017, 46(1): 85-88.

[33] 叶婷婷, 周科平, 胡建华, 等. 基于随机有限元的隧道锚喷支护可靠度方案优化设计[J]. 矿冶工程, 2015, 35(6): 6-10.

[34] 谭显坤, 左昌群, 刘代国, 等. 软岩大变形隧道锚喷支护的力学效应及失效原因分析[J]. 科学技术与工程, 2015, 15(8): 228-232+243.

[35] 李勇峰, 孙洋, 徐颖. 超深埋特长隧道锚喷支护优化研究[J]. 铁道建筑, 2013(8): 72-75.

[36] 卢义玉, 陈凌云, 冯卫强, 等. 锚喷支护及小导管注浆在隧道塌方段中的应用[J]. 重庆大学学报, 2009, 32(5): 572-576.

[37] 王剑波, 何朋立, 陈新胜, 等. 隧道锚喷参数优选正交有限元强度折减分析[J]. 青岛理工大学学报, 2007(2): 1-5+22.

[38] 霍玉华. 锚喷支护条件下隧道围岩稳定性的三维数值分析[J]. 西部探矿工程, 2005(S1): 182-183.

[39] 李之达, 刘劲勇, 易辉, 等. 锚喷支护对隧道围岩的稳定性分析[J]. 湘潭大学自然科学学报, 2005(3): 50-52+79.

[40] 黄伟, 马芹永, 袁文华, 等. 深部岩巷锚喷支护作用机理及其力学性能分析[J]. 地下空间与工程学报, 2011, 7(1): 28-32.

[41] 王述红, 张紫杉, 王存根, 等. 岩体结构面产状随机分布空间表征[J]. 东北大学学报: 自然科学版, 2017, 38(1): 121-125.

[42] 孙源呈, 姚利娜. 不确定奇异随机分布系统的故障诊断和容错控制[J]. 山东大学学报: 工学版, 2017, 47(5): 238-245.

[43] 孔凡忠, 姚振汉, 王朋波. 模拟含随机分布椭圆形夹杂弹性体的边界元法[J]. 清华大学学报: 自然科学版, 2002(8): 1091-1094+1116.

[44] 赵文武. 大跨度预应力混凝土斜拉桥施工控制分析[D]. 北京: 清华大学, 2004.

[45] 朱忠隆, 孙钧, 张庆贺. 盾构法隧道施工变形智能模糊控制方法研究[J]. 岩土力学, 2005(6): 896-900.

[46] 林强, 刘明华, 茹锋, 等. 隧道通风系统模糊控制算法研究[J]. 公路交通科技, 2010, 27(9): 85-88.

[47] 温少芳, 刘海宁, 王军, 等. 冻土隧道施工通风模糊控制系统的研究[J]. 铁道工程学报, 2006

(8): 76-79.

[48] 王超, 江洁, 林森海, 等. 基于神经网络的自由漂浮空间机械臂自适应鲁棒控制[J]. 空间控制技术与应用, 2017, 43(2): 7-12+35.

[49] 于潇雁, 陈力. 漂浮基柔性两杆空间机械臂基于状态观测器的鲁棒控制及振动控制[J]机械工程学报, 2016, 52(15): 28-35.

[50] 元波, 陈力. 漂浮基弹性基座空间机械臂的鲁棒控制[J]. 力学季刊, 2014, 35(4): 687-693.

[51] 王海泉, 郭迎清, 陆军, 等. 航空发动机二自由度鲁棒控制 LMI 方法研究[J]. 航空动力学报, 2009, 24(6): 1413-1419.

[52] 徐刚, 孙健国, 张绍基. 用 H~∞ 方法设计航空发动机鲁棒控制系统[J]. 航空动力学报, 1995(1): 91-93.

[53] 高大伟. 航空发动机分布式控制时延系统稳定性及鲁棒控制方法研究[D]. 南京: 南京航空航天大学, 2014.

[54] 黄宏伟, 龚文平, 庄长贤, 等. 重力式挡土墙鲁棒性设计[J]. 同济大学学报: 自然科学版, 2014, 42(3): 377-385.

[55] M. INUIGUCHI, M. SAKAWA. Minimax regret solution to linear programming problems with an interval objective function[J]. European Journal of Operational Research, 1995, 86: 526-536.

[56] H. E. MAUSSER, M. LAGUNA. A heuristic to minimax absolute regret for linear programs with interval objective function coefficients[J]European Journal of Operational Research, 1999, 117: 157-174.

[57] G. YU, J. YANG. On the robust shortest path problem[J]. Computers Ops Res, 1998, 25: 457-468.

[58] R. YOKOYAMA, K. ITO. Optimal design of energy supply systems based on relative robustness criterion[J]. Energy Conversion and Management, 2002, 43: 499-514.

[59] M. AGHASSI, D. BERTSIMAS. Robust game theory. Math. Program[J]. Ser. B, 2006, 107: 231-273.

[60] 赵昕, 顾保南. 2018 年中国城市轨道交通运营线路统计和分析[J]. 城市轨道交通研究, 2019, 22(1): 1-7.

[61] 沙鹏, 伍法权, 李响, 等. 高地应力条件下层状地层隧道围岩挤压变形与支护受力特征[J]. 岩土力学, 2015, 36(5): 1407-1414.

[62] 管新邦. 不同开挖方法对公路隧道围岩稳定影响分析[J]. 公路工程, 2018, 43(6): 189-193.

[63] 关玲. 不同的开挖方式对公路隧道围岩稳定性影响分析——以重庆公路隧道为例[J]. 公路工程, 2019, 44(1): 156-160.

[64] WANG B, ZHANG Z, HE C, etal. Implementation of a long-term monitoring approach for the operational safety of highway tunnel structures in a severely seismic area of China[J]. Structural Control & Health Monitoring, 2017, 24(11): e1993.

[65] 房倩, 粟威, 张顶立, 等. 基于现场监测数据的隧道围岩变形特性研究[J]. 岩石力学与工程学报, 2016, 35(9): 1884-1897.

[66] 李永靖, 岳玮琦, 邢洋. 基于收敛约束法的隧道围岩空间变形特性分析[J]. 辽宁工程技术大学学报(自然科学版), 2018, 37(3): 553-557.

[67] 郑涛, 孙捷城, 王国富. 地铁隧道矿山法施工事故风险分析与评价[J]. 铁道科学与工程学报, 2018, 15(5): 1356-1362.

[68] 练志勇. 突变大断面地铁隧道施工力学行为及地表沉降研究[D]. 成都: 西南交通大学, 2009.

[69] 闫明超, 曾鹏, 何知思, 等. 超大断面隧道变截面段施工技术研究[J]. 铁道建筑, 2015(7):

[70] 田治旺. 地铁渡线区间变截面大跨度隧道施工技术优化研究[D]. 北京:北京工业大学,2017.
[71] 梁中勇,饶军应,聂凯良,等. 特大断面地铁车站变截面处暗挖施工技术[J]. 铁道建筑,2018,58(5):77-80.
[72] 田古生. 软岩公路隧道加宽带变截面施工力学行为研究[D]. 兰州:兰州交通大学,2018.
[73] MA L,DING L,LUO H. Non-linear description of ground settlement over twin tunnels in soil[J]. Tunnelling and Underground Space Technology,2014,42:144-151.
[74] OSMAN A S. Stability of unlined twin tunnels in undrained clay[J]. Tunnelling & Underground Space Technology Incorporating Trenchless Technology Research,2010,25(3):290-296.
[75] 王建国,王渭明,贺广良,等. 大断面小净距三孔并行隧道施工方案优化[J]. 铁道建筑,2018,58(2):51-55.
[76] HASANPOUR R,CHAKERI H,OZCELIK Y,etal. Evaluation of surface settlements in the Istanbul metro in terms of analytical,numerical and direct measurements[J]. Bulletin of Engineering Geology and the Environment,2012,71(3):499-510.
[77] 刘保东,王锐,方瑾,等. 地铁盾构隧道施工对邻近已有隧道的影响分析[J]. 结构工程师,2018,34(5):156-161.
[78] DO N A,DIAS D,ORESTE P. 3D numerical investigation of mechanized twin tunnels in soft ground-Influence of lagging distance between two tunnel faces[J]. Engineering Structures,2016,109:117-125.
[79] YANBIN LUO,JIANXUN CHEN,HONGYU WANG,et al. Deformation rule and mechanical characteristics of temporary support in soil tunnel constructed by sequential excavation method[J]. KSCE Journal of Civil Engineering,2017,21(6):2439-2449.
[80] 晏莉,阳军生,刘宝琛. 浅埋双孔平行隧道开挖围岩应力和位移分析[J]. 岩土工程学报,2011,33(3):413-419.
[81] 白雪峰,王梦恕. 双线隧道开挖对邻近隧道影响的两阶段分析方法[J]. 土木工程学报,2016,49(10):123-128.
[82] RADI E. Path-independent integrals around two circular holes in an infinite plate under biaxial loading conditions[J]. International Journal of Engineering Science,2011,49(9):893-914.
[83] 凌昊,仇文革,孙兵,等. 双孔盾构隧道近接施工离心模型试验研究[J]. 岩土力学 2010,31(9):2849-2853.
[84] 刘效成,陈寿根,张超,等. 重叠盾构隧道施工中两隧道相对位置变化的影响模型试验研究[J]. 铁道建筑,2018,58(1):107-109+128.
[85] 谢雄耀,牛俊涛,杨国伟,等. 重叠隧道盾构施工对先建隧道影响模型试验研究[J]. 岩石力学与工程学报,2013,32(10):2061-2069.
[86] 国家铁路局. TB 10003—2016 铁路隧道设计规范[S]. 北京:中国铁道出版社,2017.
[87] 张顶立. 隧道及地下工程的基本问题及其研究进展[J]. 力学学报,2017,49(1):3-21.
[88] 李树林. 基于模糊理论的铣挖隧道围岩质量分级方法[D]. 长沙:湖南大学,2018.
[89] SINGH B,GOEL. R Rock Mass Classification:A Practical Approach in Civil Engineering[M]. Elsevier,1999.
[90] 刘仰鹏,贺少辉,汪大海,等. 超大跨度深埋地下结构围岩压力计算研究[J]. 岩土力学,2015,36(S2):118-124.
[91] 王乐华,李建荣,李建林,等. RMR法评价体系的修正及工程应用[J]. 岩石力学与工程学报. 2013(S2):3309-3316.

[92] 中华人民共和国住房和城乡建设部. GB/T 50218—2014 工程岩体分级标准[S]. 北京：中国计划出版社，2014.

[93] 中华人民共和国住房和城乡建设部. GB 50307—2012 城市轨道交通岩土工程勘察规范[S]. 北京：中国计划出版社，2012.

[94] 张向东. 隧道力学[M]. 徐州：中国矿业大学出版社，2010.

[95] 朱永全，宋玉香. 隧道工程[M]. 北京：中国铁道出版社，2007.

[96] 孙志岗. 地铁区间交叠小净距隧道施工力学效应研究[D]. 重庆：重庆大学，2017.

[97] 张文彦. 城市地铁渡线区变截面群洞隧道施工技术的优化研究[D]. 合肥：合肥工业大学，2009.

[98] 中华人民共和国住房和城乡建设部. GB 5091—2013 城市轨道交通工程监测技术规范[S]. 北京：中国建筑工业出版社，2013.

[99] 仇文革. 地下工程近接施工力学原理与对策的研究[D]. 成都：西南交通大学，2003.

[100] 傅鹤林，郭磊，欧阳刚杰，等. 大跨隧道施工力学行为及衬砌裂缝产生机理[M]. 北京：科学出版社，2009.

[101] 王景春，赵福全，何旭升，等. 基于欧式距离的地铁隧道围岩韧性评估[J]. 铁道标准设计，2019，63(10)：106-111.

[102] 何新成. 基于LIBSVM算法在隧道围岩分级上的应用[J]. 公路，2019，64(4)：334-338.

[103] 牟瑞芳，蔡其杰. 基于云模型及粗糙集理论的围岩稳定性分级方法研究[J]. 安全与环境学报，2018，18(4)：1251-1257.

[104] 李科. 基于熵权-云模型的隧道围岩分级方法研究[J]. 现代隧道技术，2018，55(4)：69-75＋86.

[105] 柳厚祥，李汪石，查焕奕，等. 基于深度学习技术的公路隧道围岩分级方法[J]. 岩土工程学报，2018，40(10)：1809-1817.

[106] 穆成林，黄润秋，裴向军，等. 基于组合赋权-未确知测度理论的围岩稳定性评价[J]. 岩土工程学报，2016，38(6)：1057-1063.

[107] 王凤菲，王恩茂，徐同启. 基于组合赋权-未确知测度理论的地铁隧道围岩质量评价[J]. 铁道标准设计，2019，63(6)：129-134.

[108] 陈鹏宇，余宏明，谢凯，等. 基于支持度的隧道围岩质量分级组合评价方法[J]. 岩土工程学报，2013，35(12)：2233-2237.

[109] HOLLING C S. Resilience and Stability of Ecological Systems[J]. Annual Review of Ecology & Systematics，1973，4(4)：1-23.

[110] MACASKILL K，GUTHRIE P. Multiple interpretations of resilience in disaster risk management[J]. Procedia Economics and Finance，2014，18：667-674.

[111] FRANCIS R，BEKERA B. A metric and frameworks for resilience analysis of engineered and infrastructure systems[J]. Reliability Engineering & System Safety，2014，121(1)：90-103.

[112] 王景春，赵福全，王炳华，等. 多因素影响下的地铁车站深基坑韧性评估[J]. 中国安全科学学报，2019，29(10)：154-159.